Osnabrücker Jahrbuch
Frieden und Wissenschaft
13 / 2006

Veröffentlichung des Universitätsverlags Osnabrück bei V&R unipress

Osnabrücker Jahrbuch
Frieden und Wissenschaft
13 / 2006

# Kulturelle Vielfalt – Grenzen der Toleranz?

■ OSNABRÜCKER FRIEDENSGESPRÄCHE 2005

■ MUSICA PRO PACE 2005

■ BEITRÄGE ZUR FRIEDENSFORSCHUNG

Herausgegeben vom Oberbürgermeister der
Stadt Osnabrück und dem Präsidenten der
Universität Osnabrück

V&R unipress

*Wissenschaftlicher Rat der Osnabrücker Friedensgespräche:*
Prof. Dr. Roland Czada, Politikwissenschaft, Universität Osnabrück
Dr. des. Daniela De Ridder, Frauen- und Gleichstellungsbeauftragte, Universität Osnabrüc
Prof. Dr. Dr. Rolf Düsterberg, Literaturwissenschaft, Universität Osnabrück
Prof. Dr. Wulf Gaertner, Volkswirtschaftslehre, Universität Osnabrück
Priv.doz. Dr. Stefan Hanheide, Musikwissenschaft, Universität Osnabrück
Prof. Dr. Mohssen Massarrat, Politikwissenschaft, Universität Osnabrück
Prof. Dr. Peter Mayer, Wirtschafts- und Sozialwissenschaften, Fachhochschule Osnabrück
Prof. em. Dr. Reinhold Mokrosch, Ev. Theologie, Universität Osnabrück
Prof. Dr. Alrun Niehage, Ökotrophologie, Fachhochschule Osnabrück
Priv.doz. Dr. Thomas Schneider, Literaturwissenschaft, Universität Osnabrück
Prof. Dr. György Széll, Soziologie, Universität Osnabrück
Prof. Dr. Wulf Eckart Voß, Rechtswissenschaft, Universität Osnabrück
Prof. Dr. Albrecht Weber, Rechtswissenschaft, Universität Osnabrück
Prof. em. Dr. Tilman Westphalen, Anglistik, Universität Osnabrück
Dr. Henning Buck (Geschäftsführung)

*Verantwortlicher Redakteur:* Dr. Henning Buck
*Redakt. Mitarbeit:* Andrea Dittert, Joachim Herrmann, Dr. Michael Pittwald, Silke Voss
*Einband:* Tevfik Göktepe, Atelier für Kommunikationsdesign, unter
Verwendung der »Komposition Nr. 118« von Friedrich Vordemberge-Gildewart
(Osnabrück 1899 – 1962 Ulm) aus dem Jahr 1940. Mit freundlicher Genehmigung:
© Kunsthaus Lempertz, Köln

**Mit Dank für freundliche Unterstützung der Osnabrücker Friedensgespräche an:**
– die Oldenburgische Landesbank AG
– die RWE Westfalen-Weser-Ems AG
– den Förderkreis Osnabrücker Friedensgespräche e.V.

*Redaktionsanschrift:* Geschäftsstelle der Osnabrücker Friedensgespräche
Universität Osnabrück, Neuer Graben / Schloss, D-49069 Osnabrück
Tel.: + 49 (0) 541 969 4668, Fax: + 49 (0) 541 969 4766
ofg@uni-osnabrueck.de – www.friedensgespraeche.de

Bibliografische Information der Deutschen Nationalbibliothek
Die Deutsche Nationalbibliothek verzeichnet diese Publikation in der
Deutschen Nationalbibliografie; detaillierte bibliografische Daten sind
im Internet über http://dnb.d-nb.de abrufbar.
1. Aufl. 2006

ISBN 10: 3-89971-337-0
ISBN 13: 978-3-89971-337-4
ISSN: 0948-194-X
[nur Buchhandelsausgabe]

# Inhalt

## III. Beiträge zur Friedensforschung

## IV. Anhang

# Vorwort der Herausgeber

Im Sommer des Jahres 2006 ist es erneut der Nahost-Konflikt, der mit Bildern des Schreckens und des Flüchtlingsleids, mit Bildern von zivilen menschlichen Opfern der Bomben- und Raketenangriffe und der Zerstörung eben noch befriedeter Städte und Dörfer die Aufmerksamkeit der Welt einfordert. Erneut haben im Libanon und in Israel die Akteure in einer anscheinend politisch unauflöslichen Konfrontation ihren militärischen Machtmitteln den Vorzug gegeben vor einem Interessenausgleich, der auf dem Verhandlungsweg zu suchen wäre.

Aus europäischer Sicht scheint es beiden Seiten – vor unterschiedlichen Erfahrungshintergründen – am Vermögen zu fehlen, ihr Gegenüber überhaupt als verhandlungsbereiten und -würdigen Partner anzuerkennen. Man hat, wie zu hören ist, zu viele schlechte Erfahrungen miteinander gemacht, um sich noch vertrauen zu können. Zu viel Energie wurde – wie an demonstrativen Bekundungen aus der Bevölkerung auf beiden Seiten zu sehen ist – dafür aufgewandt, vor allem den Gegensatz zur anderen Seite zu begründen und dem eigenen Volk das Selbstbewusstsein der Gegnerschaft zur sicheren Gewissheit, ja zur Gewohnheit zu machen.

Die Osnabrücker Friedensgespräche haben im Jahr 1986 mit dem Versuch begonnen, solche durch Vorurteile, Erfahrungen, Unwissenheit und Verständigungsverweigerung erzeugten und aufrechterhaltenen Klüfte zu überbrücken. Seinerzeit als Antwort auf die Manifestationen einer bundes- und europaweiten Friedensbewegung gegründet, haben die Friedensgespräche sich seither bemüht, viele dieser gewaltträchtigen Konfliktfragen für ihr Publikum transparent zu machen, indem sie sich der Untersuchung von Argumentationen und Begründungen, von Ideologien und Politiken widmeten, anstatt Angstmache und Beschwörungen zu verbreiten.

Eigene vernunftgegründete Urteile möglich zu machen, um zu Friedensfähigkeit und Frieden zu gelangen, anstatt eingefahrene Sichtweisen weiterzureichen, wurde zum Ziel der von Stadt und Universität getragenen Veranstaltungsreihe, die nun seit mehr als zwanzig Jahren besteht.

Die Sinnhaftigkeit, die Reihe gemeinsam weiterzuführen, ist bei den institutionellen Trägern, bei den persönlich Engagierten im programmver-

7

antwortlichen Wissenschaftlichen Rat der Friedensgespräche und, wie wir glauben, auch im Publikum unumstritten.

Die Friedensgespräche des Jahres 2005, die die vorliegende Ausgabe unseres Jahrbuches dokumentiert, sind hier zusammengefasst unter dem Thema der *Toleranz*: Sie gilt es zu stärken gegenüber Minderheiten in der eigenen Gesellschaft, aber auch gegenüber neuen Herausforderungen, die die globalisierte Welt mit ihrer zunehmenden Zahl von Begegnungen und Austauschbeziehungen mit sich bringt. Dass hierbei auch von Grenzen die Rede sein wird, versteht sich von selbst angesichts realer Konfrontationen, die ernst genommen werden müssen, damit sie als Konfliktursachen bearbeitet werden können. »Wohin geht Europa?« fragte eines der sechs Friedensgespräche des letzten Jahres. Viele fragen dies, die der Gedanke und die Realität der gemeinsamen politischen Existenz in einer zuvor exklusiven Runde europäischer Staaten irritieren und schrecken, und die auch materielle Nachteile befürchten. Der Wunsch scheint gewachsen, plausible *Grenzen* der Toleranz zu definieren, deren Beachtung Sicherheit verspricht. Dies ist das Bedürfnis vor allem derer, die nicht selbst marginalisiert und ausgegrenzt werden möchten.

Die Gesundheitspolitik ist mit ihren alarmierenden Rufen nach Reform so ein Feld, in dem die Aussicht auf Einbußen an Schutz und Nachteile bei Kosten und Leistungen des Systems fast die Oberhand gewonnen haben. In kaum einem anderen innenpolitischen Handlungsfeld wird heute so viel Vertrauen verspielt.

Die Religionsfreiheit ist bei uns seit dem Westfälischen Frieden wichtiges Kennzeichen der Freiheit der Person. Das Grundgesetz bestätigt diese Freiheit und verbietet es, dass jemandem aufgrund seines Glaubensbekenntnisses Nachteile entstehen. Dennoch ist auch hier Misstrauen gegenüber denen eingezogen, die mit Gesetzesbrechern und Gewalttätern das religiöse Bekenntnis teilen. Hier gibt es Klärungsbedarf auf beiden Seiten. Es geht um Forderungen nach Loyalitätsbeweisen von Einwanderern gegenüber den Gesellschaften, die ihrerseits Schwierigkeiten haben, ihre Integrationsbereitschaft glaubhaft zu machen und praktisch umzusetzen.

Solche Verstrickungen werden allerdings fast zwangsläufig auch in außenpolitische Diskussionen eingetragen. Die Frage, welche Positionen eine zeitgerechte, auf alle Kontinente schauende deutsche Außenpolitik einzunehmen hätte, findet dementsprechend durchaus unterschiedliche Antworten. Unumstritten ist aber die Erkenntnis, dass nur eine gemeinsame europäische Außenpolitik Gestaltungsmöglichkeiten für eine friedlichere Zukunft bieten kann.

Hans-Jürgen Fip
Oberbürgermeister

Prof. Dr. Claus Rollinger
Präsident der Universität

8

# Editorial: Toleranz – ein Ideal verblasst

»Toleranz ist nicht nur ein hoch geschätztes Prinzip, sondern eine notwendige Voraussetzung für den Frieden und für die wirtschaftliche und soziale Entwicklung aller Völker«, erklärten die Mitgliedstaaten der Organisation der Vereinten Nationen für Bildung, Wissenschaft, Kultur und Kommunikation (UNESCO) bei ihrer Generalkonferenz im Oktober/November 1995 in Paris.[1] Vor mehr als zehn Jahren verabschiedeten sie eine aufschlussreiche *Erklärung von Prinzipien der Toleranz*, die eine Reihe von Bestimmungen über die »Bedeutung von Toleranz«, über das Verhältnis von »Toleranz und Staat«, über »soziale Dimensionen« der Toleranz sowie über »Bildung und Erziehung« zur Toleranz vornahm.

Wer diese Erklärung heute liest, wird sogleich ihre Historizität bemerken. Damals war man »entschlossen, alle positiven Schritte zu unternehmen, die notwendig sind, um den Gedanken der Toleranz in unseren Gesellschaften zu verbreiten«. Man hielt dies für grundsätzlich möglich; man wusste die Menschen in aller Welt »auf dem Weg zu einer toleranteren Gesellschaft« und nicht etwa auf dem Rückweg von dort. Die Kriege im Kosovo und Rest-Jugoslawien, die Anschläge des 11. September 2001, die »Anti-Terror-« Feldzüge gegen Afghanistan und den Irak waren noch nicht geführt, noch bestand keine »Achse des Bösen«.

Wer heute sich zum Gebot der Toleranz bekennt, dazu auffordert, im Sinne der UNESCO-Erklärung den »multikulturellen Charakter der Menschheit an[zu]erkennen und [zu] respektieren«, und noch verkündet: »ohne Toleranz gibt es keinen Frieden«, mag als ›guter Mensch‹ bezeichnet werden – als Kompliment ist das meist nicht gemeint. Die Bedrohung durch »Terroristen«, deren Bezeichnung jedem unbezweifelbar mitteilt, dass diese keine anderen Zwecke verfolgen, als Angst und Schrecken zu verbreiten, ist bei den Menschen angekommen und bereits zur Gefühlslage geworden: Meinungsumfragen bestätigen, dass viele Menschen auf Befragen bekunden, ›Angst vor Terrorismus‹ zu verspüren. Hier scheint die UNESCO-Erklärung zu spät zu kommen: »Erziehung zur Toleranz«, so heißt es dort, »soll sich bemühen, das Entstehen von *Angst* vor anderen und der damit verbundenen Ausgrenzungstendenz zu verhindern«.

Wenn heute über notwendige »Grenzen der Toleranz« debattiert wird, so bestätigt sich allenthalben der gegenläufige Pendelausschlag, hin zu eher weniger Toleranz und mehr Grenzen. Man kann nur hoffen, dass das Bild des Pendels zutreffend ist, sodass Aussicht besteht, dass sich auch diese Tendenz verändern wird.

*Innerhalb Deutschlands* und anderer europäischer Gesellschaften hat die öffentliche Aufmerksamkeit sich fokussiert und vor allem islamische Gruppierungen und Milieus mit einem Generalverdacht belegt. Dieser Verdacht besagt nichts Geringeres, als dass die Muslime in Deutschland zwangsläufig in einem Loyalitätskonflikt mit ihrer Herkunftskultur und -religion stehen und im Konfliktfall ihre Gastgesellschaft, die hier geltenden Gesetze und die deutschen Mitbürger »verraten« werden. Ein sehr grundsätzliches Misstrauen ist ihnen gegenüber eingezogen; Scharia und Grundgesetz, Schleier und Glaubensfreiheit, Burka und Frauenrechte stehen für unauflösliche Gegensätze, wie Politiker und Journalisten mit Problembewusstsein den Bürgern immer wieder erklären. Statt der rechtsstaatlichen Unschuldsvermutung gilt nun die Treuebeweispflicht der Einwanderer. »Integration *anstatt* Toleranz«, so wäre wohl der aktuelle Stand der ›Toleranzförderung‹ in Deutschland zu beschreiben.

Dabei ist dieses Deutschmacher-Programm einerseits so lächerlich, wo es um Erlernen und Reproduzieren von Wissensbrocken aus der Leitkultur geht, und andererseits so maßlos und unerfüllbar, denn die dauerhafte Andersartigkeit der Fremden wird selbst noch in der Zufriedenheit über ›erreichte Integrationserfolge‹ auf Generationen fortgeschrieben. Wer »drin« ist, weiß im Übrigen um die Uneinnehmbarkeit der deutschen Sprachfestung. Hier wäre doch an die einstige Aufgeschlossenheit zu erinnern, so wie sie sich die UNESCO-Mitglieder in die Hand versprochen hatten:

> »Toleranz bedeutet die Anerkennung der Tatsache, dass alle Menschen, natürlich mit allen Unterschieden ihrer Erscheinungsform, Situation, Sprache, Verhaltensweisen und Werte, das Recht haben, in Frieden zu leben und *so zu bleiben, wie sie sind.*«

Auch die *Europäische Union* selbst ist sich ihrer Sache – der politischen, rechtlichen und wirtschaftlichen Annäherung und Vereinigung der Staaten und Bevölkerungen des Kontinents – nicht mehr sicher, und die Idee der *splendid isolation*, die man seit dem 19. Jahrhundert den Briten auf ihrer Insel anlastete, gewinnt für viele ›Kern-Europäer« an Attraktivität: Obwohl schon alles anders geworden ist, möchten nun viele so bleiben, wie sie – in der kleineren EU – waren. Aber dafür ist es vielfach zu spät. Zunehmend stoßen auch Bürger ohne »Migrationshintergrund« auf obrig-keitliche ›Grenzen der Toleranz‹.

Die UNESCO-Entschließung verband einst mit ihren *Prinzipien der To-leranz* sehr deutlich auch die Einbeziehung *aller* Menschen in ein vorhan-denes Netz sozialer Schutz- und Sicherungssysteme und brandmarkte Ausgrenzung als Verstoß gegen das Toleranzgebot:

> »*Intoleranz* zeigt sich oft in Form von Marginalisierung schutzlo-ser Gruppen und ihrer *Ausgrenzung von sozialer und politischer Partizipation*, verbunden mit Gewalt und Diskriminierung.«

Aber die politischen ›Reformen zur Sicherung (!) der Sozialsysteme‹ sind mit der Einrichtung verschiedener anerkannter gesellschaftlicher Armuts-bezirke wie »Hartz IV«, »Ein-Euro-Jobs« und einer Errungenschaft na-mens »Niedriglohnsektor«, die sehr wohl – und zwar auf Dauer – zu Ausgrenzung führen, bereits weit vorangeschritten.

Auch die *internationale Gemeinschaft* erhielt bzw. gab sich selbst einen klaren Auftrag: »Toleranz muss geübt werden von einzelnen, von Gruppen und von Staaten«, heißt es in der Pariser UNESCO-Erklärung von 1995, und: »Toleranz ist vor allem eine *aktive Einstellung*, die sich stützt auf die Anerkennung der allgemeingültigen Menschenrechte und Grundfreiheiten anderer«:

> »Für ein harmonisches internationales Zusammenleben ist es we-sentlich, dass einzelne, Gemeinschaften und Nationen den multi-kulturellen Charakter der Menschheit anerkennen und respektie-ren. Ohne Toleranz gibt es keinen Frieden, und ohne Frieden kann es weder Demokratie noch Entwicklung geben.«

Warum nur sieht die Realität heute so anders aus? Den Deutschen wächst zu Urlaubszeiten wieder die Nord- und Ostsee ans Herz; bei geplanten Fernreisen sollte man sich dagegen auf der Homepage des Auswärtigen Amtes über mögliche Gefährdungen informieren – all dies ein Ausfluss der veränderten internationalen Beziehungen der Staaten, denn persönlich unbeliebt gemacht haben sich im Ausland nur die wenigsten Reisenden.

Neue Blockbildungen, das Schmieden von Koalitionen für politische Kampagnen und militärische ›Missionen‹, zumeist auf Veranlassung der westlichen Führungsmacht USA oder um dieser zu begegnen, haben ›Tole-ranz‹ zu einem selten vernehmbaren außenpolitischen Prinzip werden lassen.

*Kulturelle Vielfalt – Grenzen der Toleranz?* So lautet der Titel des 13. Bandes des Jahrbuchs der Osnabrücker Friedensgespräche.

Er bietet neben der Dokumentation der Veranstaltungen in der Reihe der Osnabrücker Friedensgespräche des Jahres 2005 drei weitere Beiträge zur Friedensforschung, die zuerst genannt seien:

*Jochen Oltmer* skizziert in einem historischen Rückblick *Aktive Intoleranz und beschränkte Duldung: Osteuropäische Juden in der Weimarer Republik* die durchaus rassistisch und schäbig zu nennende Haltung von Behörden und der Öffentlichkeit im Deutschen Reich lange vor Beginn des Nationalsozialismus. *Reinhold Mokrosch* gibt einen an den islamischen Ursprungsschriften orientierten Überblick über die gewandelten Verständnisse des Begriffs »Djihad«, des Reizwortes vieler Debatten um Integration und Abgrenzung. Der Heidelberger *Klaus von Beyme* schließlich bietet anlässlich eines Vortrags an der Universität Osnabrück eine politologische *tour de force* durch das gesellschaftliche Konfliktfeld, das kulturelle Vielfalt mit ihren divergenten Bestrebungen im Angesicht der staatlich-gesellschaftlichen Regelungsbestrebungen und -bedürfnisse notwendigerweise immer mit sich bringt.

Die für den vorliegenden Band titelgebende »Kulturelle Vielfalt« versteht sich dabei allerdings sowohl im innergesellschaftlichen als auch internationalen Rahmen. Das Gleiche gilt für die unterschiedlichen Reflexionen auf Hinwendung und Integration sowie auf Unterscheidung und Abgrenzung von anderen Kulturen.

So konnten etwa die Nachrichten aus dem Baltikum, die der frühere estnische Ministerpräsident *Mart Laar* in seinem Festvortrag zum Tag der Deutschen Einheit am 3. Oktober in der Reihe »*Europa sieht Deutschland*« überbrachte, das Publikum bestärken im Zutrauen in die politische und wirtschaftliche Kraft der Europäischen Union.

Der Transformationsprozess der drei baltischen Länder von ehemaligen Sowjetrepubliken hin zu kleinen europäischen ›Tigerstaaten‹, die in großem Tempo weit reichende Entwicklungsprozesse hin zur Demokratie und zur ökonomischen Prosperität vollzogen haben, macht eine Erfolgsstory aus. Deutschland als Vorbild und politisch einflussreichem Nachbarn und Freund wurde Anerkennung und Dank aus »*baltischer Perspektive*« bezeugt. Wenn dieses Verhältnis in der jüngeren Vergangenheit als wieder etwas abgekühlt geschildert wurde, so wurde dies aufgrund neuer Prioritäten im EU-Erweiterungsprozess nachvollziehbar. Berücksichtigt man aber das große Potential der baltischen Länder sowie ihre begrenzte Größe *in puncto* Geografie und Bevölkerung, so müssen weitere neue Partner in Ost- und Mittelosteuropa im Hinblick auf ihre EU-Mitgliedschaft schon problematischer erscheinen. So wird dann der schon beschlossene – nicht unproblematische – Beitritt Rumäniens und Bulgariens zum Argument gegen die EU-Aufnahme der Türkei: Es geht »zu schnell« und es werden »zu viele« Mitglieder in der EU, lautet ein verbreitetes Urteil landauf und landab in EU-Europa.

Nahe liegend war es da, »*Regierbarkeit, Demokratie und Friedensfähigkeit der EU*« zum Thema eines Friedensgesprächs mit den Politikwissenschaftlern *Gesine Schwan* und *Volker Rittberger* zu machen. Die »Dynamik des kapitalistischen Systems so zu regeln, dass man sie in ihren fruchtbaren Tendenzen erhält und die destruktiven Teile eben nicht zur Wirkung kommen lässt«, lautete die – begründet vorgetragene – Hoffnung der Präsidentin der Europa-Universität in Frankfurt (Oder).

»Das »Projekt Europa« sei, bei aller Skepsis für die Einzelheiten, »grundlegend positiv anzusehen« und man müsse ihm »einfach optimistisch gegenüberzutreten«, befand auch der Vorsitzende der Deutschen Stiftung Friedensforschung. Um »zu mehr Ordnung und Sicherheit in der Welt beizutragen«, rät Rittberger an, dass die »Friedensmacht Europa« sich verstärkt »als Zivilpolizeimacht bereithielte«.

Mit *Wolfgang Schäuble* und *Claudia Roth* waren zwei Bundespolitiker bei der Friedensgesprächen zu Gast, deren außenpolitische Positionen mehr Gemeinsamkeiten als Gegensätze aufwiesen. Die Parteivorsitzende der GRÜNEN betonte, es gehe um die Stärkung der »Friedenspotentiale in der Zivilgesellschaft, in Medien, Kultur und Bildung«. Eine solche Politik könne zu einer »*Kultur der Konfliktprävention*« werden, »wenn sie Gewalt fördernden ökonomischen Interessen frühzeitig entgegentreten und die Logik der Gewalteskalation entschärfen kann«.

Auf das Verhältnis zu den USA angesprochen, betonte Wolfgang Schäuble: »Wir müssen immer darauf hinwirken, dass sich die Amerikaner einer *multilateralen* Partnerschaft und Entscheidungsprozedur anvertrauen.« Schäuble meinte: »Dazu ist die Chance heute größer, als sie lange Zeit war.« Zugleich sah der stellvertretende CDU-Vorsitzende den Rückschlag für die Europäische Union: »Allerdings ist es ein schlimmes Zeichen«, so Schäuble, »dass die EU-Verfassung in Frankreich gescheitert ist. Das ist Ausdruck einer Krise«.

Dass die an der Ablehnung des Verfassungsentwurfs für die EU zu ermessende Vertrauenskrise vor allem auch innenpolitische und innergesellschaftliche Veranlassungen hat, zeigten drei weitere Friedensgespräche des Jahres 2005.

»*Gesundheit: Ware oder öffentliches Gut?*« lautete die Frage an die Experten *Ellis Huber* und *Karl Lauterbach*. Die vorangegangene öffentliche Debatte um »Bürgerversicherung« und »Kopfpauschale« hatte da schon Wirkung getan und – ähnlich wie in den Jahren zuvor bei der Rentenversicherung – vor allem ein ›überkommenes Anspruchdenken‹ der Versicherten kritisiert und mehr »Eigenverantwortlichkeit« der Bedürftigen angemahnt. Lauterbach, Berater des Bundesgesundheitsministeriums, räumte ein, »dass unser Bildungssystem und unser Gesundheitssystem schon jetzt als ungerecht beurteilt werden müssen«. »In keinem europäischen Land«, kritisierte Lauterbach, hängen »die Bildungsergebnisse so stark vom Einkommenshintergrund und Bildungshintergrund der Eltern ab wie in Deutschland«. Weiter sagte er: »Es gibt kaum ein Land, in dem eine so große Abhängigkeit der Lebenserwartung vom Einkommen besteht wie in Deutschland, wo man auf das Bismarcksche System der Sozialversicherung oft so stolz ist.« Die Vorschläge zur Wiedergewinnung von sozialer Sicherheit und Gerechtigkeit konnten dem Publikum gleichwohl keinen Königsweg weisen: einerseits wurde für eine verbesserte Finanzierung der Sozialversicherungen durch Beitragserhebung auf andere Einkommensarten geworben, andererseits die Förderung einer neuen »Fähigkeit von Gesellschaften, psycho-soziale Gesundheit herzustellen«, angemahnt: »Die Gesellschaft, die es schafft, ein hohes Maß an sozialer Kohärenz – eine Kultur der Nächstenliebe und der Mitmenschlichkeit – praktisch umzusetzen«, wünschte sich der frühere Berliner Ärztekammerpräsident, der doch zuvor diagnostiziert hatte: »Das Gesundheitssystem der Bundesrepublik krankt daran, dass keiner keinem mehr traut«.

Am 7. Juli 2005, dem Tag einer Serie von Sprengstoffanschlägen in sechs Londoner U-Bahn-Stationen und einem Bus, fand ein Friedensgespräch zwischen *Nadeem Elyas*, dem Vorsitzenden des Zentralrates der Muslime in Deutschland, und *Karl Kardinal Lehmann*, dem Vorsitzenden der Deutschen Bischofskonferenz, statt. »*Wie gehen wir mit dem Fundamentalismus um?*« – mit dieser Frage setzten die Osnabrücker Friedensgespräche die Debatte fort, die bereits drei Monate zuvor *Manfred Lahnstein* und *Ernst Gottfried Mahrenholz* unter der Themenstellung »*Kulturelle Vielfalt – Grenzen der Duldsamkeit?*« begonnen hatten. In beiden Fällen stand – wie bereits in früheren Jahren von den Friedensgesprächen thematisiert – das Verhältnis der ›geborenen‹ zur zugewanderten Bevölkerung in Deutschland zur Debatte.

Manfred Lahnstein erläuterte seine Position, dass »die Berufung auf kulturelle Identität« keine Grundlage für »gesellschaftlich-politische Gestaltung«, sein könne; um »*bewusste Wertentscheidungen*« komme man nicht herum. Er empfahl, »die Grundlage in den Werten unserer abendländischen Säkularisation oder auch im Grundrechtekatalog unserer Verfassung« zu suchen. Daher müsse »Patriotismus *Verfassungs*patriotismus sein« und »die Grenzen der Duldsamkeit [seien] dort erreicht, wo andere – auch andere Kulturen – diese Grundlage nicht akzeptieren«.

Aber nicht das Grundgesetz war strittig, sondern allenfalls die Frage, woher die dort kodifizierten Werte bezogen wurden. Nadeem Elyas stellte klar: »Wenn wir über Deutschland sprechen, dann gelten hier das Grundgesetz und die freiheitlich-demokratische Grundordnung. In diesem Rahmen bewegen wir uns [...]«. Wer tatsächlich kulturelle Grenzziehungen begründen wollte, anstatt sie nur als gegeben zu unterstellen, müsste sich in die Details, in die Schriften der religiösen Überlieferungen einlassen – und stünde doch vor dem Problem, dass zur Schrift in allen Religionen die *Auslegung* gehört. Auf diese persönliche Erfahrung wies Ernst G. Mahrenholz hin und resümierte: »Das zeigt mir, dass wir nicht glauben müssen, dass Scharia und Grundgesetz unüberwindbare Gegensätze wären.«

Mahrenholz bezog sich im Übrigen ebenfalls auf das Grundgesetz und erinnerte an das »sittliche Verfassungsgebot«, den gegenwärtig 2,2 Millionen Muslimen in Deutschland »und damit auch ihrer Kultur mit dem Respekt zu begegnen, den die Anerkennung der Würde des Menschen fordert«.

Friedensmusik erklang beim Konzert *musica pro pace* anlässlich des Osnabrücker Friedenstages unter dem Motto »Erinnerung an 1945« mit Werken von *Olivier Messiaen* und *Johannes Brahms*. Es musizierten der Osnabrücker Jugendchor mit der Domkantorei (Einstudierung: *Johannes Rahe*) und das Osnabrücker Symphonieorchester unter Leitung von *Hermann Bäumer*. *Stefan Hanheide* führt in die Werke des Konzerts ein.

Henning Buck

---

1   http://www.unesco.de/c_bibliothek/tol_erklaerung.htm. – Hervorhebungen durch den Verf.

# ■ OSNABRÜCKER FRIEDENSGESPRÄCHE 2005

Claus Rollinger, Reinhold Mokrosch, Karl Lehmann, Nadeem Elyas,
Hans-Jürgen Fip, Franz-Josef Bode

# Europa quo vadis? – Regierbarkeit, Demokratie und Friedensfähigkeit der EU

Podiumsveranstaltung in der Marienkirche
am 22. Februar 2005

*Prof. Dr. Gesine Schwan*          Präsidentin der Europa-Universität
                                   Viadrina, Frankfurt (Oder)

*Prof. Volker Rittberger PhD*      Vorsitzender des Stiftungsrates der Deut-
                                   schen Stiftung Friedensforschung in Os-
                                   nabrück, Professor für Politikwissen-
                                   schaft an der Universität Tübingen

*Prof. Dr. Roland Czada*           Universität Osnabrück, Gesprächsleitung

*Roland Czada:* Das Thema »Europa« verlangt nach Argumenten, durchaus auch nach einer gesunden Portion Skepsis und nicht zuletzt nach
Auseinandersetzung.

Frieden heißt weder, Erlösung vom Streit zu erhoffen, noch etwa, den
Streit zu unterdrücken. Frieden heißt, produktiv mit Streit umzugehen und
sich in zivilisierter Weise zu einigen, und zwar so, dass nicht Machtunter-
schiede zum Einsatz von Gewalt führen, sondern dass die besten Argumente siegen.

Frau Schwan wird in ihren Ausführungen zunächst den Schwerpunkt
auf die Begriffe ›Regierbarkeit‹ und ›Demokratie‹ der Europäischen Union
legen. Herr Rittberger wird sich anschließend eingehender zum Stichwort
›Friedensfähigkeit der EU‹ äußern.

*Gesine Schwan:* Oft wird die Frage gestellt, ob die Europäische Union,
zumal nach ihrer Erweiterung auf 25 Mitglieder, denn »überhaupt noch
regierbar« sei, ob sie nicht »zu groß« und ob sie denn »demokratisch
legitimiert« sei. Die Europäische Union wird aktuell also vielfach in einem
Spannungsverhältnis zur Eigenschaft der Regierbarkeit und zum Wert der

Demokratie gesehen. Dabei steht der Gedanke Pate, dass es eher der Nationalstaat sei, der als ›regierbar‹ und ›demokratisch‹ gelten und der eher demokratische Politik verwirklichen könne. Von dieser Folie aus werden vielfach Europa und die Europäische Union in Frage gestellt. Das Problem ist allerdings, dass spätestens nach dem Ende des Ost-West-Konflikts deutlich geworden sein müsste, dass die Kompetenzen und die Fähigkeiten des Nationalstaates, politisch zu wirken – sowohl in seinem Hoheitsbereich als auch darüber hinaus – sich stark verringert haben.

Die eigentliche Herausforderung angesichts der Entwicklungen, die wir unter dem Stichwort ›Globalisierung‹ fassen, besteht darin, den Nationalstaat wenigstens zu ergänzen und womöglich zu erweitern, damit politische Gestaltung von Wirtschaft und sozialem Umfeld überhaupt möglich bleibt. Ich habe die Hoffnung, dass die Europäische Union dieses erreichen kann. Denn weil der Nationalstaat in dieser Hinsicht keine zureichenden Perspektiven mehr hat, bietet die Europäische Union als politisches Gemeinwesen am ehesten eine Chance, demokratische Politik und demokratisches Regieren gestalten zu können.

Aber ich betone auch, dass dieses nicht selbstverständlich ist. Wir können nicht mit Sicherheit damit rechnen, dass es so kommt. Es wird vielmehr von uns selbst, von unserer Politikfähigkeit hier und an anderen Orten in der EU abhängen, ob uns das gelingt. Der Nationalstaat als Einheit, die unsere Vorstellungen bisher in erster Linie politisch gestaltet hat, muss jedenfalls vor vielen heutigen Herausforderungen kapitulieren.

So hat auch die *Politikverdrossenheit* gegenüber der nationalstaatlichen Politik, die wir nicht nur in Deutschland feststellen, damit zu tun, dass man von dieser Politik mehr erwartet, als sie noch leisten kann. Das ist in gewisser Weise *verrückt* – und diesen Terminus verwende ich hier bewusst. Denn Europawahlen und auch Kommunalwahlen haben zumeist eine deutlich geringere Beteiligung als gerade die nationalstaatlichen Wahlen – und dies, obwohl die Kommunen und Europa mindestens ebenso viel zu entscheiden haben, wenn nicht zum Teil mehr als der Nationalstaat.

Wir machen uns oft nicht klar, dass viele unserer Gesetze nur nachvollziehen, was im Europäischen Parlament beschlossen wurde. Dies ist immer häufiger der Fall. Stattdessen kultivieren wir eine Erwartungshaltung an die nationalstaatliche Politik, der diese nicht länger gerecht werden kann. Das heißt nicht, dass die Politik ohnmächtig ist. Sie kann durchaus etwas für uns ›Kunden‹ tun, aber sie kann es nur im Konzert mit anderen.

Eine der Herausforderungen der Globalisierung nach dem Zweiten Weltkrieg war doch die Einsicht, dass die kapitalistische Wirtschaftsdynamik zwar unverzichtbar ist, dass sie aber politisch geregelt werden muss, soll sie nicht selbstzerstörerisch wirken. Deutschland hat dafür das Konzept der »Sozialen Marktwirtschaft« entwickelt. Es war Inhalt und Aufgabe der Überlegungen von *Karl Arnold* und anderen – und auch von *Ludwig Erhard*, der Assistent des liberalen Sozialisten Professor *Franz Oppenheimer* gewesen war –, die Dynamik des kapitalistischen Systems so zu regeln, dass man sie in ihren fruchtbaren Tendenzen erhält und die destruktiven Teile eben nicht zur Wirkung kommen lässt. Dafür war der Nationalstaat die maßgebliche politische Ebene. Hier wurde über Steuerpolitik, Rentenpolitik, Sozialpolitik, Subventionspolitik usw. entschieden.

Weil die Wirtschaftssubjekte sich heute aber zu großen Teilen über die Grenzen der Nationalstaaten hinweg dieser Einflussnahme entziehen können, ist Politik auf dieser Ebene nicht mehr wirkungsvoll. Und weil zudem die technologische Entwicklung, die in ganz Europa und darüber hinaus zu einem neuen Stand der internationalen Arbeitsteilung führt, sich einer rein nationalstaatlichen Regelung widersetzt. Wenn wir also das Ziel beibehalten wollen, die wichtige Wettbewerbs-Dynamik weiter politisch zu gestalten, dann ist das nur möglich, wenn wir in einem größeren politischen Raum gemeinsam handeln, uns abstimmen und auf diese Weise einen sehr viel größeren Teil der Wirtschaft beeinflussen.

So viele Länder wie in der EU unter einen Hut zu bringen, ist allerdings nicht leicht. Auch innerhalb der Bundesrepublik erleben wir die Schwierigkeit, die verschiedenen Bundesländer zur Gemeinsamkeit zu bringen. Wie auf der Ebene der Bundesrepublik, so meine ich, ist es auch auf der Ebene der Europäischen Union. Die Institution allein aber wird es nicht richten. Es müssen die politischen Akteure, ihre politische Kultur und insbesondere ein gemeinsamer *Grundkonsens* hinzukommen, damit die Institutionen ihrer eigentlichen Bestimmung entsprechend funktionieren können.

Wenn Gesetze angewandt und gegenüber Personen durchgesetzt werden, die absolute Gegner dieser Gesetze sind oder sie einfach nicht respektieren, werden diese Gesetze auf längere Sicht nicht halten: das ist eine alte Einsicht der Politikwissenschaft, der politischen Ideengeschichte. Es muss also in etwa eine Entsprechung zwischen den *Institutionen* und der politischen Kultur – also den Einstellungen der *Menschen*, ihren Vorstellungen und ihren Motiven – geben.

Dieser Grundkonsens erfordert nicht, dass alle sich einig sind. Der Politikwissenschaftler *Ernst Fränkel* beklagte schon in den frühen Jahren der Bundesrepublik, dass nicht genügend politisch gestritten wurde. Damit meinte er, dass nicht genügend sachliche Alternativen abgehandelt würden, sondern stattdessen Polemik und Personalisierung die Oberhand gewännen. Seine These war: Nur wenn wir einen Grundkonsens darüber haben, *wie* wir uns verständigen – vor allem über die Wege und Institutionen, und welches Mindestmaß an Gerechtigkeit wir dabei walten lassen wollen –, nur dann können wir uns über alle vorhandenen Alternativen streiten.

21

So einen Grundkonsens gibt es aber nicht ein für alle Mal. Wir können uns zwar glücklich preisen, das Grundgesetz zu haben. Wer aber dessen erste 20 Artikel durchgeht, wird erkennen, wie groß die Bandbreite ist, in der argumentiert werden kann, und wie im Konfliktfall die Gewichtung ist. Ein Grundkonsens muss sich immer erneut im lebendigen Diskurs herausbilden und also auch im Streit der Argumente. Das gilt für Deutschland, aber auch für Europa.

Welche Chancen haben wir, das auch in der EU zu schaffen? Die Bemühungen, einen *Verfassungsvertrag* in Europa zustande zu bringen, dienten auch dazu, die vielen komplizierten, teils unübersichtlichen Regelungen der Willensbildung und der Gesetzgebung in der Europäischen Union so weit übersichtlicher zu machen, dass die Mitglieder – die einzelnen Bürger der Europäischen Union, aber auch die kollektiven politischen Akteure – damit besser umgehen können. Es muss vor allem durchsichtiger werden, wer wofür die Verantwortung trägt und wer wofür steht. Dafür brauchen wir auch eine positive *Personalisierung*, dergestalt dass wir überall – in Gemeinden und größeren politischen Gemeinwesen – wissen, welche Person wofür ansprechbar ist. Auch in einer Demokratie kommt man ohne diese persönliche Dimension nicht aus. Der Verfassungsvertrag sollte der Vereinfachung dienen, denn die Europäische Union mit ihren 25 Mitgliedern ist eben doch komplizierter als ein einzelner Nationalstaat.

In diesen Verfassungsvertrag gingen sehr unterschiedliche Traditionen ein. Die Veranlassung, dabei zu Kompromissen zu kommen und Toleranz walten zu lassen, musste einfach sehr viel größer sein, als es bei einer Verfassungsgebung in einem einheitlichen Nationalstaat der Fall gewesen wäre. Wobei einzuräumen ist, dass ein heutiger Nationalstaat sehr viel multikultureller ist, als dies z.B. 1948/49 in Deutschland der Fall war. Heute weist ein Nationalstaat sehr viel mehr unterschiedliche Kulturen auf, nicht allein ethnische, sondern auch Generationenkulturen und regionale Kulturen. Dies gilt natürlich umso mehr für die Europäische Union, was insbesondere beim Streit um die Präambel und die Frage, ob *Gott* dabei erwähnt werden soll, deutlich wurde. Ich habe nicht dafür plädiert, in die Präambel einen Gottesbezug aufzunehmen – auch wenn ich mich immer wieder als Christin und Katholikin öffentlich bekannt habe. Allenfalls wäre die Möglichkeit einer individuellen Berufung auf Gott sinnvoll, wobei diese Berufung auf den christlichen Gott die Berufung auf andere Konfessionen und Religionen nicht ausschließen würde.

Für mich sage ich: die von Gott gegebene Würde der Menschen, sich anders entscheiden zu können, als ich es erwarte und erhoffe, ist größer und wichtiger, als alle gegen ihren Willen unter einen Hut zu bringen. Bei der Diskussion um die Präambel zeigte sich, dass die französische Tradition in dieser Hinsicht anders ist als die deutsche und andere Traditionen.

Wir brauchen also erheblich größere Toleranzen, aber wir können es durchaus schaffen, wenn gegenseitiges Verständnis für unsere unterschiedlichen historischen Entstehungsweisen und unsere Motive besteht.

Gesine Schwan

Jene Institutionen, die die demokratischen Regelungen in der Vergangenheit umgesetzt und vollzogen haben, sind auch künftig unverzichtbar. Aber in den letzten 20 Jahren wird mehr und mehr deutlich, dass sie es allein nicht schaffen. Wir sind zunehmend einerseits auf *zivilgesellschaftliche* Organisationen und Initiativen angewiesen und andererseits darauf, dass die großen wirtschaftlichen Akteure, die großen und auch die mittelständischen Unternehmen sich an der demokratischen Gestaltung des Gemeinwesens beteiligen.

Das Engagement muss aus verschiedenen Quellen kommen. Die Kräfte, die im traditionellen politischen Bereich legitimiert sind, reichen nicht mehr aus. Die anderen Akteure, zum Beispiel die zivilgesellschaftlichen, so genannte NGO's, haben zwar keine demokratische Legitimation, genießen aber oft mehr Vertrauen bei den Bürgern. Das bestätigen Umfragen. Natürlich macht es einen Unterschied, ob es sich um Bürgerinitiativen handelt, die lediglich die Ruhe in ihrem Wohnviertel wahren wollen, oder um solche, die sich Gemeinde-Interessen verpflichtet fühlen und über den eigenen Tellerrand hinausschauen.

Auch die demokratischen Regierungen sind angewiesen auf diese Vertrauensquellen, um die vielen uns bewegenden Probleme vernünftig und praxisnah anzugehen. Und das gilt auch für die großen Unternehmen: manche handeln weiterhin allein unter betriebswirtschaftlichen Gewinn-*maximierungs*interessen und erzielen damit keineswegs immer eine Gewinn*optimierung*. Heute stehen eher Ziele obenan, die mit Begriffen wie *good governance* oder *corporate governance* beschrieben werden können.

Damit ist der Begriff genannt, der heute für demokratisches Regieren – die Verbindung von Regierbarkeit und Demokratie – in Europa generell unverzichtbar ist: Wir sind auf ein System der *good governance* geradezu angewiesen. Deren Akteure sind die traditionell gewählten Regierungen, die Parlamente, die Zivilgesellschaft, die großen Unternehmen auf privater Ebene – und natürlich auch die internationalen Zusammenschlüsse unterschiedlichster Art.

Wir müssen als Bürger handeln, versehen mit einer immer wieder zu erneuernden, demokratischen politischen Kultur z.B. in Bürgerinitiativen, in Parteien, in traditionellen Interessensverbänden, in Unternehmen, und dabei das Ziel verfolgen, zu einer gemeinsamen demokratischen Gestaltung unserer Verhältnisse zu kommen.

Die demokratische und politische Kultur darf nicht einfach einem scheinbar zwingenden Mechanismus der wirtschaftlichen Abläufe unterworfen werden. Der Nationalstaat und die traditionellen Institutionen schaffen es nicht mehr allein – ob Europa und die Europäische Union es schaffen, hängt in ganz hohem Maße von uns selbst ab.

*Volker Rittberger:* Ich gehöre zu jener Generation in Deutschland, für die das europäische Projekt identitätsstiftend war, auch weil es eine Lebensvoraussicht eröffnete, die unseren Eltern und Großeltern in dieser Klarheit nicht gegeben war. Das »Projekt Europa« ist, bei aller Skepsis für Einzelheiten, grundlegend positiv anzusehen und man muss ihm einfach optimistisch gegenübertreten.

Mein Thema ist: Was schafft Europa an Frieden in dieser Welt? Kann Europa überhaupt in irgendeiner Form Frieden bringen? Die erste Antwort darauf ist: Europa *ist* Frieden nach *innen*. Dies gilt, wenn wir Frieden als die verringerte Wahrscheinlichkeit definieren, dass Interessenkonflikte unter Rückgriff auf physische Gewaltmittel bearbeitet werden. Die in Europa weitgehende und sich noch vertiefende komplexe *Interdependenz* im Sinne einer wechselseitigen Abhängigkeit und Verwundbarkeit hat zur Ausbildung eines dichten Institutionengeflechts zur Steuerung dieser Abhängigkeiten geführt. Über die Errichtung und Regulierung des europäischen Binnenmarkts hinaus hat die EU inzwischen Kompetenzen u.a. in der Finanz-, der Rechts-, der Außen- und sogar der Sicherheitspolitik erworben. Diese institutionellen Arrangements stabilisieren die kooperative Konfliktbearbeitung und machen eine gewaltsame Konfliktbearbeitung unter Rückgriff auf Selbsthilfestrategien höchst unwahrscheinlich.

Der Friede in Europa ist jedoch mehr als die bloße Abwesenheit militärischer Gewalt: Europa ist eine *Sicherheits*gemeinschaft, die durch einen stabilen Frieden gekennzeichnet ist, auch wenn es viele Unterschiede von Recht und Ordnung in den Mitgliedstaaten gibt. Die aus dem europäischen Integrationsprozess hervorgegangene Sicherheitsgemeinschaft Europa manifestiert sich darin, dass die nationalen Identitäten partiell durch eine europäische Identität überwölbt werden. In einer Sicherheitsgemeinschaft wird der Rückgriff auf physische Gewaltmittel zur Bearbeitung von Konflikten nicht mehr nur noch als unzweckmäßig betrachtet; militärische Gewalt ist vielmehr kein *legitimes* Mittel der Interessenverfolgung mehr. Die Mitgliedstaaten identifizieren sich in einem hohen Maße miteinander, sodass die europäische Sicherheit als Ganzes die nationale Sicherheit überwölbt oder zumindest ergänzt. Grundlage der europäischen Identität ist eine weitgehende *Werte*gemeinschaft. Alle Mitgliedstaaten bekennen sich zu den Prinzipien einer offenen Gesellschaft, der Demokratie und Rechtsstaatlichkeit.

Die Bürger Europas leben heute somit in einer stabilen und friedlichen Sicherheitsgemeinschaft, in der alle Beteiligten wechselseitig bereit sind, Werte und Interessen der anderen bei ihren eigenen Aktivitäten zu berücksichtigen. Falls Interessenkonflikte und Uneinigkeit auftreten, verständigt man sich auf Regeln und auf die Klärung in Verhandlungen. Der sich vertiefende europäische Integrationsprozess findet Ausdruck im Bemühen um einen europäischen Verfassungsvertrag, obgleich der Verfassunggebungsprozess aufgrund des Scheiterns der Referenden in den Niederlanden und Frankreich ins Stocken geraten ist. Freilich wird in der Diskussion häufig verkannt, dass wir mit den *Proto*-Verfassungsverträgen, deren Name mit den Abschlussorten Nizza (2001), Amsterdam (1997) und Maastricht (1992) verbunden ist, längst in einen permanenten Verfassunggebungsprozess für Europa eingetreten sind. Zugleich erweitern die Europäer ihren Kreis weiter; sie verständigen sich über künftige Beitrittsländer. Dabei besteht zwar immer die Gefahr, dass es zu Blockaden kommt. Solche Entscheidungsblockaden wirken sich aber im Falle Europas nicht so aus, dass sie die Entscheidungs*prozesse* völlig unmöglich machen.

Warum herrscht in Europa Frieden nach innen? Dafür ziehen Sozialwissenschaftler, Politologen und andere unterschiedliche Erklärungen heran: Die prominenteste ist die Theorie des *demokratischen Friedens*.

Die Theorie des demokratischen Friedens beruht auf dem empirischen Befund, dass Demokratien keine Kriege gegeneinander führen und auch sonst in ihrem außenpolitischen Verhalten zumeist ein niedrigeres Gewaltniveau aufweisen, als im internationalen Durchschnitt zu erwarten wäre. Alle Mitgliedstaaten der EU sind demokratische Rechtsstaaten. Alle implementieren und garantieren die Menschenrechte für ihre Bürgerinnen und Bürger. Alle praktizieren marktwirtschaftliche Systeme offener, pluralistischer Gesellschaften. Die Prämissen, unter denen in Europa Verfassunggebungsprozesse verlaufen, spiegeln geradezu die Idee des demokratischen Friedens wider.

Diese weitgehende praktische *Homogenität* in Europa stärkt das wechselseitige Vertrauen und die Sicherheit. Die Entscheidungsprozesse in der Demokratie erschweren und verhindern den Einsatz von Gewalt. Die strukturelle Bedrohung von Staaten für Staaten, die charakteristisch für einen Großteil der durch Anarchie geprägten internationalen Beziehungen ist, wird somit gedämpft, wenn nicht gar überwunden. Aufgrund der demokratischen Verfasstheit müssen die Mitgliedstaaten nicht mehr ständig fürchten, durch andere zu Schaden zu kommen und die eigene Selbstständigkeit einzubüßen. Dieses wechselseitige Vertrauen wird freilich nicht allein von den Regierungen und Eliten der Mitgliedstaaten, sondern auch von einer sich entwickelnden europäischen Zivilgesellschaft mitgetragen, die einen gemeinsamen und friedlichen Entwicklungsprozess vorantreibt.

Nun fragt sich: was bringt diese *Friedenszone Europa*, dieses Europa der Demokratien, für ihre Nachbarschaft und für die weitere Welt?

Bei der Außenwirkung der Friedenszone Europa lassen sich zwei grundlegende Friedens*dividenden* unterscheiden. Zum einen wirkt sich das »Projekt Europa« in immer stärkerem Maße auf die Politiken der EU-Anrainerstaaten und -regionen aus. Die Perspektive des Beitritts zur Europäischen Union setzt die Umsetzung von demokratischen, rechtsstaatlichen und marktwirtschaftlichen Reformen voraus und wirkt somit stabilitäts- und ordnungsstiftend. Die identitätsstiftenden Werte und Normen Europas erlangen auf diese Weise verstärkt auch in den Nachbarschaftsregionen Europas ein hohes Maß an Verbindlichkeit.

Zum anderen bezieht sich die Außenwirkung der Friedenszone Europa auf eine europäische Außenpolitik, die auf eine (potenziell) globale Interventionsfähigkeit zur Verhinderung massiver Menschenrechtsverletzungen und auf Stabilisierung von durch Bürgerkriege zerrütteten Gesellschaften gerichtet ist. Die Theorie des demokratischen Friedens hilft uns auch hier zum Verständnis des Verhaltens von EU-Europa weiter, freilich in weniger optimistischem Ausmaß.

Demokratien sind *werteorientierte* Systeme, deren Institutionen und Verfahren durch liberale Wertvorstellungen geprägt sind. Im Liberalismus stehen die unveräußerlichen gleichen Rechte des Individuums auf Freiheit und Eigentum im Mittelpunkt. Jeder Staat ist verpflichtet, diese Rechte zu achten, zu respektieren und zu schützen. Demokratische Gesellschaften reagieren daher *empfindsam* darauf, wenn die fundamentalen Menschenrechte an anderen Orten verletzt werden, weil Staaten durch Handeln oder durch Unterlassen ihrer Schutzverpflichtung gegenüber ihren Bürgern nicht nachkommen. Dies kann in demokratischen Gesellschaften zu einem Handlungsdruck seitens der Bevölkerung auf die Regierungen führen, den vermuteten oder tatsächlichen Werteverstößen, den Politiziden und Genoziden, ein Ende zu bereiten.

Volker Rittberger

Dieser Handlungsdruck wird in Demokratien an ein politisches System herangetragen, in dem *Parteien* um den nächsten Wahlerfolg konkurrieren. Aufgrund des Wiederwahlinteresses von Regierungen und ihrer Rechenschaftspflicht gegenüber den Wählerschaften in regelmäßig stattfindenden Wahlen erzeugt dieser Handlungsdruck ›Publikumskosten‹.

Je stärker in der Parteienkonkurrenz bestimmte Positionen und Wahrnehmungen mobilisiert werden, desto stärker können sich solche Publikumskosten geltend machen. Die Interventionsbereitschaft variiert folglich mit der Ausprägung der Publikumskosten in verschiedenen Demokratien, aber auch damit, ob sich eine Demokratie objektiv und subjektiv für interventionsfähig hält und/oder es ist oder nicht. Von diesen Faktoren hängt die Variationsbreite in den Reaktionen von Demokratien auf massive Menschenrechtsverletzungen ab.

Dass solche für die politische Willensbildung in Demokratien charakteristischen Merkmale und Prozesse ein hohes Maß an Plausibilität aufweisen, hat nicht zuletzt der zweite Präsidentschaftswahlkampf von *Clinton* gegen *Dole* im Jahre 1996 gezeigt: Die Osterweiterung der NATO, von der Clinton-Regierung ungewollt, stand damals auf der Tagesordnung. Weil die Republikaner mit Senator Dole wegen der Weigerung, diese Erweiterung der NATO aktiv zu betreiben, den Druck auf Clinton massiv erhöhten, stiegen plötzlich die Publikumskosten für dessen Administration – Clintons Wiederwahlstrategie war stark gefährdet. Man vollzog eine Kehrtwende und wollte nun viel rascher als vorher geplant die Osterweiterung der NATO durchziehen. Das Beispiel illustriert, wie Friedenspolitik in

27

vielfältiger Weise mit demokratischen Verhältnissen und Prozessen verflochten sein kann.

Demokratien – oder Verbünde von Demokratien – lassen sich auch nach den von ihnen eingenommenen Rollen unterscheiden. Sie können die Rolle einer »Militärmacht«, einer »Handelsmacht« oder einer »Zivilmacht« einnehmen. Unter den Militärmächten in der Welt, die in der Lage und je nach Bedrohungswahrnehmung auch willens sind, ihre Fähigkeiten – auch die der militärischen Macht – einzusetzen, ragen derzeit die USA heraus. Die Europäische Union als das hier für uns interessante und zentrale Bezugssystem ist sicherlich keine Militärmacht. Die EU gibt jährlich ca. 160 Mrd. Euro für ihr Militär aus und kommt insgesamt in den 25 Mitgliedstaaten auf eine große Zahl von Soldatinnen, Soldaten und Waffen. Aber sie ist keine wirkliche militärische Macht. Zwar hat die Europäische Union im Jahre 2003 auf Grundlage des Beschlusses des Europäischen Rates auf dem Gipfel in Helsinki (1999) eine »schnelle Eingreiftruppe« aufgestellt, über die langfristige Entwicklung dieser je nach Aufgabe neu zusammengestellten Einheiten hat sich die EU freilich noch nicht verständigen können. Die Verbesserung der kollektiven militärischen Fähigkeiten der EU steckt noch in den Anfängen. Die EU ist vor allem die größte *Handelsmacht* der Welt – wenn auch nicht die größte Finanzmacht, denn das sind nach wie vor die USA mit ihrem Dollar als dem zentralen Reservemedium und Zahlungsmittel. Der Euro ist noch nicht so weit.

Obgleich Europa im Weltmaßstab eine untergeordnete Rolle als Militärmacht einnimmt, ist es beim Ausbau und der Umsetzung von Strategien und Instrumenten der zivilen Krisenprävention vielen Staaten voraus. Europa ist eine *Zivilmacht*. Es kommt nun darauf an, sich darüber klar zu werden, welche Kosten und welche Vorteile dieses mit sich bringt. Zu den Vorteilen gehört zweifellos, dass die Strategien und Instrumente einer Zivilmacht ein höheres Maß an Glaubwürdigkeit bei der Intervention in Konflikte genießen. Das höhere Maß an Legitimität trägt dazu bei, die Effektivität der Konfliktbearbeitung zu erhöhen, weil sie in den Augen der Betroffenen am Allgemeinwohl und nicht an der Verwirklichung eigennütziger Ziele orientiert ist.

Zu den Kosten gehört – und das sieht man an Deutschland –, dass jedes Land sich immer als Partner eines anderen begreifen lernen muss oder es *de facto* sein wird, weil es sich selber nicht für imstande sehen will oder kann, in Konflikte mit massiver Gewaltanwendung einzugreifen.

Wir haben es hier in Europa mit zwei Problemen zu tun.

*Erstens*: Wir sind noch nicht weit genug, um uns über den *Funktionswandel des Militärs* selbst klar zu werden. Sollten die Bundeswehr und andere EU-Streitkräfte eingesetzt werden, so kämen nicht Panzer zum

Einsatz, sondern Menschen. Diese Truppen mit ihren Soldatinnen und Soldaten wären faktisch so etwas wie eine Bereitschaftspolizei. Diesen Funktionswandel des Militärs gerade bei internationalen Einsätzen haben wir noch nicht wirklich gut genug durchdacht.

*Zweitens* sind wir noch nicht so weit, die Welt als ein Umverteilungssystem wahrzunehmen. Wir geben vergleichsweise noch zu viel Geld für die Gewalt- bzw. für Sicherheitsapparate aus. Diese sind aber wichtig, denn sie garantieren uns funktionierende Sicherheitsstrukturen und helfen somit Unsicherheitsstrukturen zu vermeiden, die in vielen Teilen der Welt heute das Leben der Menschen beeinträchtigen. Gleichwohl binden die hohen Aufwendungen für die Gewalt- und Sicherheitsapparate Mittel, die von der »Zivilmacht Europa« eingesetzt werden könnten, um jenseits der unmittelbar angrenzenden Regionen diese Unsicherheitsstrukturen aus der Welt zu schaffen.

Fraglich ist jedoch, welche Strategien, Maßnahmen und Instrumente – aufgrund unseres eigenen Wertebezugs – geeignet sind, um zu mehr Ordnung und Sicherheit in der Welt beizutragen. Ein wichtiger Beitrag wäre erstens, dass Europa sich tatsächlich als Zivilpolizeimacht bereithielte. Des Weiteren kann man fragen, ob neben ihren Fähigkeiten zur Ausbildung als zivile Polizeimacht die Verstärkung der Entwicklungshilfe eine Lösung wäre. Hierin sehen viele einen Königsweg. Das ist aber angesichts der 60 Milliarden Euro, die hier fließen, ganz unzureichend im Vergleich mit den Mitteln, die ansonsten ausgegeben werden. Geld allein – also die Erhöhung der Entwicklungshilfe, was häufig gefordert wird – ist nicht der entscheidende Schlüssel.

Der Schlüssel ist vielmehr der erforderliche Wandel im Selbstverständnis und in der Strategie der Europäischen Union als Handelsmacht. In diesem Zusammenhang könnte und müsste die EU diese Rolle als Frieden stiftende Handelsmacht verstärkt in die seit 2001 laufenden Welthandelsverhandlungen, die ›Doha-Runde‹ der WTO-Mitgliedstaaten, einbringen. Hierbei dürfte die EU gegebenenfalls auch Konflikte mit den USA nicht scheuen, um den ärmeren und ärmsten Gesellschaften dieser Erde günstigere Rahmenbedingungen zur wirtschaftlichen Entwicklung zu ermöglichen.

Konflikte, die aus der Umverteilung wirtschaftlichen Wohlstands resultieren, gibt es in Europa bereits. Die Öffnung Europas, die Osterweiterung der EU, hat für viele in den alten EU-Ländern Verlust-Gefahren heraufbeschworen und auch real werden lassen. Trotzdem wäre eine Abkapselung ein Schritt in die falsche Richtung. Obgleich Europa die Verlust-Ängste seiner Bürger ernst nehmen muss, kann es sich einem aktiven Engagement in der Welt nicht verschließen. Europa hat als sichere Friedenszone große Ressourcen und kann diese weltweit als zivile Friedensmacht auch tatsächlich nutzen. Es muss sich zukünftig aktiv und entschieden für die Belange der ärmeren und ärmsten Gesellschaften der Welt einsetzen. Dies ist neben den operativen Maßnahmen als Polizeimacht die wichtigste strukturelle Kernaufgabe einer künftigen Friedenspolitik.

Die Rolle einer zivilen Friedensmacht darf dabei allerdings nicht mit Pazifismus verwechselt werden. Auch die Polizei in Osnabrück trägt, wenn es darauf ankommt, Pistolen und übt unmittelbaren Zwang aus.

*Roland Czada:* Es scheint Einvernehmen darüber zu bestehen, dass die Projekte der europäischen Integration eine der größten, wenn nicht die größte und erfolgreichste Friedensinitiative der Weltgeschichte oder mindestens seit 1648, dem Jahr dem Westfälischen Friedensschlusses, sind. Gleichzeitig muss man erkennen, dass ein damals etabliertes außenpoliti-

sches Prinzip, das der staatlichen *Souveränität*, derzeit in Europa verabschiedet wird. Europa ist ein System *geteilter* Souveränität. Ein System, in dem zwar europäisches Regieren stattfindet, aber vereinbart zwischen den verschiedenen Regierungen. Es regieren die Mit-

Volker Rittberger, Roland Czada, Gesine Schwan

gliedstaaten, und wenn wir von Deutschland sprechen, regieren die Mitgliedstaaten und die deutschen Bundesländer mit. Zugespitzt gesagt, kommen wir dann auf 36 Regierungen in Deutschland. Das *muss* doch die Frage der Regierbarkeit Europas aufwerfen. Nach einem Wort von *Fritz Scharpf* haben die »Bürger [...] das Recht, anständig regiert zu werden«, und dazu gehört, nachvollziehen zu können, wie regiert wird. Eine häufige Kritik an der Praxis des Regierens ist deren mangelnde Transparenz: Man weiß ja kaum mehr, *wo* die Orte des Entscheidens sind, ob im Landtag, im Bundestag oder im europäischen Parlament.

Es gibt auch positive Beispiele, etwa die Schweiz oder die skandinavischen Länder. Diese Staaten sind nicht weniger erfolgreich als die Mitgliedstaaten der Europäischen Union. Sie haben alle eine geringere Arbeitslosigkeit als die meisten Mitgliedstaaten der Europäischen Union. Die Zweifel bei den Bürgern darüber, ob es in der Europäischen Union möglich sein wird, auch die wirtschaftlichen Probleme zu lösen, werden plausibel, wenn es in Staaten, die nicht Mitglied der EU oder der europäischen Währungsunion sind, besser läuft. Die Schweden sagen: ›Hätten wir den Euro, so hätten wir unsere währungspolitische Souveränität aufgegeben, weil wir dann den Maastricht-Kriterien unterworfen wären, und damit auch unsere politische Souveränität. Nur weil wir unsere eigene Wirtschaftspolitik machen, können wir auch den schwedischen Wohlfahrtsstaat halten.‹ In Dänemark sieht es ähnlich aus. Ob es zu einer erweiterten europäischen Währungsunion kommen wird, ist fraglich, denn es gibt Möglichkeiten für ein besseres Regieren, als es im Euroraum mit seiner geteilten Souveränität möglich ist.

*Gesine Schwan:* Dem Satz, dass die Bürger ein ›Recht‹ haben, gut regiert zu werden, stimme ich nicht zu. Ich glaube vielmehr, die Bürger haben die *Pflicht*, sich selber um eine gute Regierung zu kümmern. Die Vorstellung, einfach etwas erwarten zu können, ist unrealistisch und im Übrigen befördert das eine Art Konsumentenmentalität, die einer Demokratie und einer demokratischen Kultur nicht gut zu Gesicht steht. Genauso unrealistisch ist die Vorstellung einer ›absoluten Souveränität‹. Nicht die Staaten, die souverän sind, werden am besten regiert, sondern im Fall von Schweden, Norwegen und Finnland liegt die positive Entwicklung daran, dass sie einen anderen innergesellschaftlichen Grundkonsens haben. Man lässt die Schwachen nicht einfach im Stich, geht ganz anders miteinander um. Dort können die organisierten Interessen ganz anders aufeinander aufbauen, und es gehört zu einer Reformpolitik, dass man die Verunsicherungen, die mit ihr verbunden sind – zumal wenn es sich um Kürzungen handelt –, kompensieren kann. Dies geschieht durch eine Vertrauensvorgabe in der Gesellschaft und dadurch, dass man sich kennt und aufeinander baut.

Sogar die USA, von denen wir annehmen, dass sie der mächtigste Staat der Welt sind, müssen feststellen, dass sie nicht völlig souverän sind. Die Idee, ein Staat könne heutzutage souverän sein, ist eine Schimäre. Wir werden weltweit mit vitalen Problemen wie der Klimaentwicklung oder der Migration konfrontiert, und wenn wir uns nicht darum kümmern, werden wir von diesen Problemen überrollt.

*Volker Rittberger:* In innereuropäischer Blickrichtung wird überdeutlich, dass die meisten Staaten ihre Hoheitsrechte und Kompetenzen in hohem Maße zusammenlegen oder sie an dritte Instanzen delegieren. Selbst die mächtigsten Staaten dieser Erde erweisen sich als durchaus bereit, sich solchen souveränitätsbeschränkenden institutionellen Arrangements zu unterwerfen. Auch die USA als derjenige Staat, der heute am meisten bei der Aufgabe von Souveränität zögert, sind bereit, teilweise auf sie zu verzichten. Obgleich sich die USA in vielen Politikfeldern, etwa beim

Klimaschutz oder der Internationalen Strafgerichtsbarkeit, schwer tun, akzeptieren sie die Entscheidungen des verbindlichen Streitschlichtungsmechanismus der 1994 gegründeten Welthandelsorganisation WTO. Zu Zeiten der WTO-Gründung sagte der damalige konservative Senator *Jesse Helms:* »Wenn die Genfer zum dritten Mal gegen uns entscheiden, treten wir wieder aus«. Die USA sind heute noch Mitglied, klagen ihrerseits heftig gegen andere und akzeptieren, dass sie in solchen Verfahren auch unterliegen können. Freilich bleibt die auf die beispiellose Machtposition der USA gestützte unilateralistische Ausrichtung der amerikanischen Außenpolitik der Regierung von George W. Bush in fast allen Politikbereichen ein Problem bei der Bearbeitung der derzeit drängendsten Weltprobleme. Dennoch ist es auch richtig, in dieser Hinsicht den demokratischen Optimismus zu wahren. Das Gute am amerikanischen System ist, das Datum zu kennen, wann der jetzige Präsident aus dem Amt scheidet. Das ist in Ländern, die nicht demokratisch verfasst sind, unmöglich. Es ist nicht absehbar, ob der Nachfolger oder die Nachfolgerin von Bush die gleiche Linie fortführt. Clinton verfolgte vor dem Hintergrund derselben Machtfülle wie Bush heute in den 1990er Jahren eine ganz andere Politik und vielleicht wird es nach der nächsten Präsidentschaftswahl wieder eine Richtungsänderung geben. Im demokratischen Wettbewerbssystem könnten sich solche Interessen erneut durchsetzen.

So wäre es auch im Hinblick auf die aktuelle Entwicklung verkehrt, den USA die Fähigkeit zur multilateralen Politik abzusprechen – was immer die jetzt amtierende Bush-Administration tut.

*Roland Czada:* Frau Schwan, Sie lobten die Skandinavier dafür, dass sie »die Schwachen nicht einfach im Stich« ließen. Sie, Herr Rittberger sprechen von »globaler Umverteilungspolitik«, also von einem weltweiten Wohlfahrtsstaat. Man wird aber einräumen müssen, dass die EU kein Umverteilungsstaat ist. Der Etat der EU beträgt ohne die Agrarhilfen und die Verwaltungskosten sicher nicht mehr als etwa 50 Milliarden Euro; das entspricht etwa dem Etat der Stadt New York. Angesichts dessen wäre es sehr optimistisch, den Anspruch einer Umverteilung an die Europäische Union zu stellen. Die nationale Diskussion beherrschen Stichworte wie »Hartz IV«. Bei diesem Thema geht es darum, wie die Kosten – auch die sozialen Kosten –, die durch den freien Markt und die Freizügigkeit innerhalb der EU entstehen, durch den nationalen Wohlfahrtsstaat kompensiert werden sollen. Es ist bekannt, wie hoch z.B. die Einkommensunterschiede im Vergleich Polens mit Deutschlands sind. Da stellt sich die Frage: Wie geht das zusammen? Wo endet das? In der Mitte? Oder verdienen die Polen in wenigen Jahren ebenso viel wie die Westdeutschen? Kommt es etwa umgekehrt? Das sind *Verteilungs*fragen, deren Behandlung bei Wahlen eine Rolle spielen kann. Wen werden diejenigen wählen, die sich als Opfer dieser Politik sehen?

*Gesine Schwan:* Es geht in der Europäischen Union sicherlich nicht darum, dass alle Mitgliedsländer ein gleiches Budget bekommen. Mit ihrer Mitgliedschaft haben aber z.B. Portugal und Spanien sowie Irland erheblich an Wohlstand gewonnen. Sie sind hochinteressante Wirtschaftspartner für die ›Nettozahler‹ in der EU geworden, darunter auch die Bundesrepublik. Sie hat dazugewonnen durch ihre Exportmöglichkeiten in jene Länder, die durch ihren Beitritt in die EU erst einen Markt entwickeln konnten. Ohne diese Exporte würden wir wirtschaftlich schlechter dastehen. Man muss die Dinge in ihrem Zusammenhang sehen. Um aus der wirtschaftlichen Krise herauszukommen, müssen aber noch andere Handlungsfelder erschlossen werden.

Die Märkte abzuschotten, um die eigene Souveränität zu wahren und den freien Kapitalverkehr zu unterbinden, hieße einen ›geschlossenen Handelsstaat‹ zu schaffen – ein unmögliches Paradox. Wir müssen stattdessen eine Perspektive entwickeln, in der die verschiedenen Länder von ihren jeweiligen Niveaus aus damit anfangen, ihre komparativen Kostenvorteile ausnutzen, ohne dass das Gesamtsystem zerbricht. Ich habe nie dafür plädiert, dass Unternehmen, die auch für deutsche Arbeitsplätze verantwortlich sind, in Polen keine Arbeitsplätze einrichten sollen. Natürlich soll das möglich sein. Sie sollen auch die komparativen Kostenvorteile ausnutzen, und auch bis zu einem gewissen Grad die besseren Steuersituationen. Denn sie schaffen damit in Polen neue Märkte. Und wir sehen es an der statistischen Bilanz, dass auf diese Weise sogar die Deutschen wiederum davon gewinnen, wie die Polen auch.

Die EU hat allerdings bisher keine vernünftige Gesamtperspektive, wie man sich auf die veränderte Welt-Arbeitsteilung einstellen kann. Bisher gibt es zwei Rezepte. Das eine lautet: Wir müssen uns der Weltkonkurrenz aussetzen, d.h. wir müssen die Produktionskosten senken. Das ist betriebswirtschaftlich plausibel, aber aus meiner Sicht keine Perspektive. Wir werden bei den Produktionskosten nie auf ein Niveau kommen, wie unsere Konkurrenz in Südostasien.

Der andere Diskurs sagt: Wir wollen, dass alle auf unser Niveau eines sozialen Wohlfahrtsstaates kommen, einschließlich der Mitbestimmung. Dieser Perspektive stimme ich grundsätzlich zu, aber wir haben dafür keine wirkliche Strategie, auch nicht in Europa. Wir müssen uns in Europa darauf einigen, dass die neu hinzukommenden Länder eine gewisse Zeit lang ihre Steuervorteile nutzen können. Denn ihnen fehlt es in ganz beträchtlichem Maß an Kapital – ebenso wie es den neuen Bundesländern an Kapital fehlt – und somit haben sie eine größere Arbeitslosenquote. Haben sie aufgeholt, muss auch über die Steuervorteile gesprochen werden. Es ist die ›Lissabon-Strategie‹, die einerseits auf die Aufhebung der Preisunterschiede in der Union zielt, aber auch diese abgestimmte Strategie enthält, wie die Europäer sich ökonomisch auf die Globalisierung einstellen, interne Unterschiede ausgleichen und dann weiter gemeinsam handeln.

Das Grundproblem der Arbeitslosigkeit muss in der Verantwortung aller liegen, nicht allein bei den Regierungen oder den Gewerkschaften. Auch die Unternehmen müssen ihre Verantwortung wahrnehmen, und wenn sie auch eine betriebswirtschaftliche Herausforderung bedeutet. Die Unternehmen müssen Gewinn machen. Deshalb muss man die Frage der Schaffung von Arbeitsplätzen vor allem durch intelligente Innovation und intelligente Marktentwicklung angehen. Der Unternehmer ist derjenige, der neue Märkte erschließt, neue Produkte entwickelt und mit Risiko investiert. In diesem Bereich haben wir bisher nicht genügend Debatte.

Wir differenzieren nicht genug zwischen den mittelständischen Unternehmern und den Großunternehmen. Erfahrungsgemäß sind die mittelständischen Unternehmen mit Innovationen erfolgreicher als die großen. Diese Entwicklung ist interessant und sollte genutzt werden. Es gibt viele Beispiele für Unternehmen, die sich weltweit neue Märkte erschließen und zugleich in Deutschland Arbeitsplätze schaffen. Offenbar ist das möglich, wenn man eine intelligente Unternehmenspolitik betreibt und wenn man kooperiert. Das gilt auch für den deutsch-polnischen Raum: Seitdem die EU-Mitgliedschaft der neuen Länder beschlossene Sache ist, sind die deutschen Unternehmen in dieser Grenzregion sehr viel aktiver, um mit Polen gemeinsam etwas zu beginnen. Allein in den letzten Monaten seit Beginn des EU-Beitritts Polens und der anderen Länder, hat sich der deutsche Export nach Polen um 20% erhöht. Wir müssen unternehmerische Kompetenz eher herausfordern, wir müssen die Unternehmen belohnen, die auf diesem Gebiet aktiv sind. Dann haben wir eine Chance, die Probleme anzugehen, die im Moment nur dürftig mit »Hartz IV« behandelt werden.

*Roland Czada:* Der Steuerwettbewerb zwischen den EU-Mitgliedsländern, Herr Rittberger, berührt ja einen Kernbereich der Souveränität. Werden die Mitgliedstaaten der EU irgendwann bereit sein, ihre Steuerhoheit abzugeben, damit die Steuersätze harmonisiert werden können und so der ruinöse Steuerwettbewerb zwischen den europäischen Mitgliedstaaten ein Ende findet? Das wäre dann ja das Ende der nationalstaatlichen Souveränität.

*Volker Rittberger:* Die Kompetenz der Besteuerung ist ein klassisches Kennzeichen des souveränen Staates, genauso wie die Währung. Viele Staaten der Europäischen Union haben indessen ihre Währungshoheit aufgegeben und diese bei der Einführung des Euro zusammengelegt. Es gibt Anfänge der Souveränitätsaufgabe auch im militärischen Bereich. Beide sind klassische Bestandteile des traditionellen Staatsverständnisses. Wir befinden uns aber in einem Prozess, bei dem dieses Verständnis sukzessive transformiert wird.

Es ist nicht so, dass in Europa im Hinblick auf Koordination und auf Abstimmung in Steuerfragen überhaupt nichts geschieht. Es gibt auch in unserem Land und in einzelnen Bundesländern Ansätze, im Wettbewerb z.B. eine gemeinsame Ansiedlungspolitik zu betreiben, um ruinöse Folgen der Konkurrenz zu vermeiden. Dabei geht es um Erschließungsabgaben, Gewerbesteuer usw. Im europäischen Rahmen wäre es dagegen fast verwunderlich, wenn überall in Europa die gleichen Steuern zu zahlen wären, da wir es doch nach wie vor mit großen sozialökonomischen Unterschieden zu tun haben. Somit lässt sich die jetzige Praxis durchaus im Sinne eines differenzierten Mehr-Ebenen-Regierens verstehen. Mit der EU, dem Bund, den Ländern und den Kommunen haben wir vier Ebenen des Regierens, manchmal als fünfte Ebene noch den Landkreis. In solchen Systemen wollen wir aber auch den Anspruch der *Subsidiarität* gewahrt wissen. Die Frage ist nur: In *welchen* Prozessen können und müssen Angleichungen erfolgen, wie wir sie in Europa in vielen Fällen erlebt haben.

Die europäische Gesetzgebung hat beispielsweise Standards im Wirtschaftsleben festgelegt, die am Beginn der EU und der Europäischen Wirtschaftsgemeinschaft kaum vorstellbar gewesen wären. Auf der Grundlage der wechselseitigen Anerkennung wurden Unterschiede nicht einfach normativ vereinheitlicht, sondern eben gegenseitig anerkannt. So wird es auch mit dem Steuersystem kommen. Auch in dieser Frage wird – vor allem durch den Verfassungsvertrag, der neue Mehrheitsbeschlussverfahren vorsieht – der Druck groß werden, sich wechselseitig füreinander rechtfertigen zu müssen. So werden wir mittel- bis langfristig die Angleichungsprozesse voranbringen.

Denn entscheidend ist doch, dass keines der heutigen Mitglieder auf die Idee käme, aus der EU wieder auszutreten. Europa ist weit entfernt von der Möglichkeit eines Bürger- oder Sezessionskrieges, wie ihn die amerikanischen Staaten in den 1860er Jahren durchgefochten haben. Die Dramatisierung der Situation mag also aktualistisch verständlich sein, perspektivisch trifft sie nicht zu.

*Publikum:* Frau Schwan, ob Sie vielleicht noch etwas sagen könnten zu Ihren Ideen eines ›sozialen bzw. sozialverträglichen Europa‹?

*Publikum:* Die Zivilgesellschaft habe in der Demokratie eine zunehmende Bedeutung bekommen, stellte Frau Schwan fest. Auch die Beschreibung, dass die Zivilgesellschaft sich vor allem gemeinnützig orientiere und dadurch eine höhere Glaubwürdigkeit habe, teile ich.

Haben wir dann aber nicht ein ›Demokratieproblem‹? Gerade jene Teile der Gesellschaft, die über eine höhere Glaubwürdigkeit verfügen, sind an den wichtigen politischen Entscheidungsprozessen nicht direkt beteiligt. Fast alle Entscheidungen werden von *Parteien* vorbereitet, die eine viel geringere Glaubwürdigkeiten genießen.

Haben wir nicht gleichzeitig auch ein Problem bei der Verfassung für Europa? Die gesamte Zivilgesellschaft ist bei der Debatte um eine neue europäische Verfassung *de facto* außen vor gehalten worden. Auch die Europaverfassung muss Möglichkeiten vorsehen, die es der Zivilgesellschaft erlauben, in geeigneter Form politisch zu intervenieren.

*Publikum*: Die überforderten Nationalstaaten, so wurde gesagt, hätten ihre Zukunft nur in einer Europäischen ›Wertegemeinschaft‹. Soll diese denn so weit gefasst werden, dass sie auch die Türkei einschließt?

*Gesine Schwan*: Ohne ein Mindestmaß an *Gerechtigkeit* werden weder ein nationales noch ein europäisches Gemeinwesen wirklich demokratisch funktionieren. Darin ist auch die soziale Dimension eingeschlossen. ›Sozialverträgliches Europa‹ – das klingt gut; aber was bedeutet es konkret? Sollen alle die gleiche Sozialversicherung haben? Das wird wahrscheinlich nicht möglich sein, weil die verschiedenen Staaten so unterschiedliche Traditionen haben. In der Perspektive der Antwort auf die Globalisierung dürfen wir allerdings nicht unsere Standards nach unten regulieren. Wir müssen vielmehr versuchen, zu einem größeren Wohlstand und auch zu einer größeren sozialen Sicherheit zu gelangen.

Manchmal wird der Begriff ›sozial‹ als Gegenkonzept zu der US-amerikanischen Konzeption des Neoliberalismus verwendet. Sicherlich bestehen Unterschiede sowohl im Freiheitsverständnis als auch im Verständnis der sozialen Sicherheit. Wir sollten die EU aber unabhängig von solchen Gegenbildern aufbauen. Die Europäische Union kann ihre Werte nur dann verwirklichen, wenn sie in den ›Reformprozessen ohne Grenzen‹ die Menschen nicht untergehen lässt. Wir müssen einen Mindeststandard an sozialer Gerechtigkeit aushandeln, aber es gibt keine Theorie, die von vornherein wüsste, wann und wo und wie hoch die Gerechtigkeit angesetzt werden kann. Das muss ausgehandelt werden, wie wir aus der Theorie der Demokratie wissen. Aber dafür müssen wir uns auch einsetzen, denn die Regierung läuft nicht von allein. Wir müssen uns selbst aktivieren, und eine Regierung ist nur so gut, wie die Gesellschaft kritisch und aktiv ist.

Zur Frage, ob es nicht paradox ist, dass zivilgesellschaftliche Organisationen, die oft mehr Glaubwürdigkeit oder Vertrauen genießen, von den

Entscheidungsprozessen ausgeschlossen sind, sage ich: Diese Organisationen mögen mehr Vertrauen genießen, sind aber nicht an den Schaltstellen der Macht. Dort regieren vielmehr die Parteien, die viel weniger Vertrauen genießen. Dieses Bild ist erklärbar: Hätten diese zivilgesellschaftlichen bzw. Nichtregierungsorganisationen die gleichen Verpflichtungen wie die Parteien, müssten sie ein ebenso breites Spektrum abdecken, um legitimiert zu sein, für ein Parlamentsmandat zu kandidieren, dann bekämen sie die gleichen Probleme.

Dieses Problem der Demokratie hat weniger mit den Menschen und Organisationen selbst zu tun als mit deren funktionalen Unterschieden. In einer kleinen Partei sind nicht so viele Kompromisse nötig. Müssen verschiedene Interessengruppen zusammengebracht werden, so ändert sich das. Sicher sind Parteien zu kritisieren, wo sie ihre Regelungsansprüche übertreiben. Aber prinzipiell sehe ich keine Alternative zur Partei als legitimierender Organisation für die politische Willensbildung. Im Übrigen sind die NGO's eben nicht demokratisch legitimiert.

Deswegen brauchen wir diese Art von *good governance*, also das Zusammenspiel von beiden, bei dem auch Nichtregierungsorganisationen eine Rolle als unabhängige kleine Akteure spielen und ganz anders manövrieren können als die großen Parteien. Aber auch in den Parteien muss es unabhängige Leute geben, die – anders als die von der Wählerzustimmung stark abhängigen Mandatsträger – sich frei äußern können.

Die Entscheidung darüber, ob wir der *Türkei* eine seriöse Perspektive der Zugehörigkeit zur EU geben sollen oder nicht, ist in keinem Fall ohne Risiken. Sowohl die Entscheidung, der Türkei eine Perspektive zu geben, als auch die Entscheidung dagegen enthalten erhebliche Risiken. Ich glaube, dass die Entscheidung, der Türkei die Perspektive *nicht* zu geben, größere Risiken enthält als die andere. Die Risiken, ihr die Perspektive zu geben, bestehen darin, dass die Türkei ein so großer Faktor in der Europäischen Union wird, dass sie allein auf Grund ihres Stimmgewichts ein Übergewicht erhält. Weiter liegen die Risiken darin, dass das, was in *formaler* Hinsicht, d.h. rechtsstaatlich und menschenrechtlich, dort durchgesetzt wird und noch werden muss, in vielen Bereichen des Landes *praktisch* nicht wirklich durchgesetzt wird. Dieser Unterschied darf sicher bei den Verhandlungen nicht außer Acht bleiben.

Auf der anderen Seite besteht das Risiko darin, dass *ohne* die Perspektive der EU-Mitgliedschaft die Demokratisierungs- und Reformbemühungen der EU-Regierungen bezüglich der Türkei und entsprechende Bemühungen der türkischen Regierung keine guten Chancen haben. Von der Entwicklung der Türkei sind wir aber auf jeden Fall betroffen.

Es wird für die EU richtiger und besser sein, einen Prozess der Demokratisierung, der Entwicklung des Rechtsstaats und der sozialen Sicherung in der Türkei mitzubefördern. Wenn es gelingt, ein stark *islamisches* geprägtes Land in eine überzeugte, menschenrechtsorientierte Demokratie zu überführen, wäre das ein großer Gewinn für die Europäische Union. Die Sorge vieler vor massenhafter Migration nach Westen wird sich wie im Fall der neuen EU-Beitrittsländer in Osteuropa als unbegründet erweisen. Das Gegenteil war dort der Fall. Viele Bürger dieser Länder kehrten nach Hause zurück, als sie die sichere Perspektive hatten, zur EU zu gehören. Deswegen ist es richtig, der Türkei diese Perspektive ebenso zu eröffnen.

Allerdings müssen diese Verhandlungen ergebnisoffen sein. Die Diskrepanz zwischen der realen Menschenrechtspolitik und der formalen Demokratie muss überwunden werden.

*Volker Rittberger:* Ich will zunächst auf einige Kritikpunkte an der EU eingehen: Die Frage, ob die EU ein *Umverteilungssystem* ist, muss man eindeutig bejahen. Andernfalls würden sich die neuen Bundesländer nicht so sehr beschweren, keine Hilfen mehr aus Brüssel zu erhalten. Die EU *ist* ein soziales und wirtschaftliches Umverteilungssystem; einen diesbezüglichen Test würde die EU sofort bestehen.

Zweitens: Die EU *bietet* institutionelle Anlaufstellen für die Zivilgesellschaft, und zwar sowohl durch den Wirtschafts- und Sozialausschuss als auch durch den Ausschuss der Regionen. Beide Ausschüsse waren im Verfassunggebungsprozess und somit am Ergebnis des Verfassungsvertrages durchaus beteiligt.

Drittens: Die *Wertegemeinschaft* der EU ist für die Identitätsbildung der Menschen nicht zu vernachlässigen. So sehr sie auch am utilitaristischen Nutzen orientiert ist, spielen doch Gesichtspunkte der Identifikation der Bürgerinnen und Bürger mit der EU eine zentrale Rolle. Nur so können Bürger und Bürgerinnen für die Idee der EU gewonnen werden.

Eine Umfrage nach den Wertevorstellungen in den Ländern Europas verdeutlicht allerdings, wie heterogen diese sind. In deren Ergebnis stehen auf der einen Seite die 25 EU-Mitgliedsländer, zwischen denen es nur minimale Unterschiede in den Wertvorstellungen gibt. Daneben stehen die neuen Beitrittsländer Rumänien und Bulgarien, dann folgt die Türkei. Zwischen den 25 und den beiden Beitrittsanwärtern auf der einen Seite und der Türkei auf der anderen Seite gibt es bei allen zentralen Werten extreme Diskrepanzen, wie die Zusammenfassung der Untersuchung von Kollegen der Humboldt-Universität feststellt:

»Die von der Europäischen Union als wichtig erachteten Werte finden eine hohe Akzeptanz bei den Bürgerinnen und Bürgern der alten und neuen Mitgliedsländer der EU. Sie erhalten eine geringere Unterstützung von den beiden Ländern der letzten Beitritts-

runde. Vor allem aber zeigt sich, dass die Türkei in vielen Werte-
bereichen, von den Wunschvorstellungen der EU abweicht«.[1]

Mitgliedschaft in und Erweiterung der EU bedeuten indessen zweierlei.
Zum einen wirkte die Erweiterung der EU schon in der Vergangenheit
immer wieder als ein Mechanismus, über den vormals autoritär regierte
Staaten wie das Spanien *Francos*, das Portugal *Salazars* oder das Griechenland der Obristen wieder oder erstmals in den demokratischen *mainstream*
Europas eingefädelt werden konnten. Das ist die Perspektive für die Türkei, die sich bei ihrem Beitritt ergibt. Das Gleiche praktizieren wir bereits
im Falle Kroatiens und Mazedoniens. Diese Perspektive dient der Sicherung und Festigung der Demokratie in den potenziellen Beitrittsländern
einerseits und der Stabilisierung der Nachbarschaftsregionen der EU andererseits.

Die andere Frage aber ist, ob Europa durch eine Aufnahme der Türkei
nicht als *Friedenszone* geschwächt werden würde. Man muss sehen, dass
das Militär in der Türkei nach wie vor eine weitaus größere Rolle spielt als
bei uns. Die zivile, parlamentarische Kontrolle des Militärs in der Türkei
muss jedenfalls so gestärkt werden, wie das in unseren Gesellschaften
üblich und unbestritten erforderlich ist. Zugleich würde mit der Türkei in
der EU ein Grad an Heterogenität erreicht, der von beiden Seiten immense
Anpassungsleistungen erfordert.

Mit der Türkei rücken auch weitere Nachbarn an Europa heran. Denn
die nächsten legitimen Beitrittskandidaten stünden schon vor der Tür:
Israel und die Maghreb-Staaten. Erste Aufnahmeanträge wie z.B. von
Marokko wurden zunächst abgelehnt, da der Nizza-Vertrag den Raum der
südlichen Mittelmeer-Anrainer ausschließt. Warum kommen aber dann die
Anlieger des östlichen Mittelmeers in Betracht?

Wir müssen uns in dieser Debatte frei machen von überkommenen physischen Grenzvorstellungen: Die »historischen Grenzen Europas« waren
auch nur willkürliche geopolitische Festlegungen. Die Grenzen Europas
sind konstruiert, und wir sind derzeit im Prozess ihrer neuerlichen Konstruktion. Diese Konstruktionen, auf die wir uns mehr oder weniger im
Konsens einlassen werden, haben allerdings ihre Konsequenzen. Holen wir
die Türkei zur Stabilisierung der Demokratie und des Friedens nach Europa, so können wir andere – sehr solide, sehr stabile, sehr verlässliche –
Demokratien nicht aus diesem Europa ausschließen. Sicherlich gibt es
zusätzliche wirtschaftliche, utilitaristische Gründe dafür, die Türkei in die
EU einzubinden. Aber die gleichen Gründe sprechen dann auch für andere
Beitrittskandidaten. Und wäre der Begriff der europäischen »Wertegemeinschaft« maßgeblich, so würde er für noch mehr Beitrittskandidaten sprechen.

Wir müssen uns über unsere Werte-Identität in Europa klar werden. Wir müssen uns fragen, ob wir durch Aufnahme der Türkei und weiterer Länder mehr Frieden schaffen. Oder wollen wir doch lieber eine andere Art von Beziehung in den Blick nehmen, als die, die die Beitrittsperspektive eröffnet? Wir sind in den nächsten zehn Jahren in einem Prozess, bei dem wir uns in allen Beitritts- und in allen Mitgliedsländern intensiv über die Wertefrage unterhalten müssen. Aber wir sollten versuchen, sie möglichst ohne allzu vordergründige Antipathien zu diskutieren.

*Roland Czada:* Wohin geht Europa? Diese Frage können wir heute nicht abschließend beantworten. Aber wir wissen, wohin die EU gehen sollte und wohin wir wünschen, dass sie geht. Es soll eine freiheitliche, offene Wertegemeinschaft sein, eine demokratische, verfassungsrechtlich verpflichtete Wertegemeinschaft. Ein kosmopolitisches Europa soll es sein, ein Vorbild für die Welt – vielleicht. Aber wir wissen auch, dass dieses Ziel des kosmopolitischen Europas, ein Vorbild für die Welt zu sein, höchste Anstrengungen voraussetzt und dass es nicht leicht ist, dieses Ziel zu erreichen und dass man es auch verfehlen kann.

---

1   Jürgen Gerhards: Europäische Werte- Passt die Türkei kulturell zur EU? In: Aus Politik und Zeitgschichte B 38/2004, S. 20.

# Kulturelle Vielfalt – Grenzen der Duldsamkeit?

Podiumsveranstaltung in der Aula der Universität
am 26. April 2005

*Prof. Dr. Manfred Lahnstein*    Bundesminister a.D., Professor für Kultur-
und Medienmanagement an der Hoch-
schule für Musik und Theater, Hamburg

*Prof. Dr. Ernst G. Mahrenholz*    Verfassungsrechtler, Vizepräsident a.D.
des Bundesverfassungsgerichts, Karlsruhe

*Daniela De Ridder*    Fachhochschule Osnabrück – Gesprächsleitung

*Daniela De Ridder:* Mit drei Schlaglichtern auf dieses aktuelle Thema
möchte ich einleiten: Nachdem das so genannte ›Kopftuch-Urteil‹ bereits
im letzten Jahr die vorausgegangene Entlassung einer muslimischen Lehrerin aus dem Schuldienst bestätigte, ist in diesen Tagen zu erfahren, wie ein
Bundestags-Untersuchungsausschuss die Vergabe von Einreise-Visa von
der Ukraine nach Deutschland überprüft. Eine Skandalisierung des The-
mas war der Bildung dieses Ausschusses vorangegangen. Aber haben die
Beschuldigten eigentlich etwas anderes getan, als die ›Offene Gesellschaft‹,
die Zivilgesellschaft, zu verteidigen?

Gerade fand die Wahl eines neuen Papstes statt, der umgehend nach
seiner Amtseinführung für einen verstärkten Dialog mit den Muslimen
plädierte, für mehr Toleranz, für mehr Duldsamkeit. Zugleich meinte der
Bewerber um das Amt des Ministerpräsidenten in Nordrhein-Westfalen,
*Jürgen Rüttgers*, die Frage, ob die katholische Kirche und ihr Menschen-
bild anderen Religionen überlegen sei, für sich bejahen zu sollen.

Als drittes Schlaglicht sei an den Mord an *Hatun Sürücü* erinnert. Sie
starb im Februar dieses Jahres in Berlin – ermordet auf offener Straße. Der
Tat verdächtigt wurden ihre drei Brüder, in deren Augen sie die Ehre der
Familie durch ihre Flucht aus einer zwangsweise geschlossenen Ehe verletzt

41

hatte. Ebenso beklemmend wie dieser Mord an der jungen Kurdin waren die Solidaritätsbekundungen für ihre Brüder aus deren Schule.

Hier ist zu fragen, ob Duldung und Toleranz, die unsere Gesellschaft praktizieren, vielleicht sog. *Ehrenmorde* und Selbstjustiz erst ermöglichen. Ist diese Entwicklung unter dem Banner der ›Multikulturalität‹ schon viel zu weit gegangen? Haben sich unter diesem Etikett nicht auch Frauenfeindlichkeit und patriarchalische Parallelgesellschaften entwickelt? Müssen wir nicht der Duldsamkeit unserer Gesellschaft die Schranken aufzeigen und Mördern und befremdlichen Ehrenkodexen entgegentreten?

Herr Lahnstein, Sie haben die Folgen von Intoleranz auch persönlich verspüren müssen. Das geht z.B. aus Ihrem Buch *Massel und Chuzpe* hervor, in dem Sie das Schicksal Ihrer Schwiegereltern darstellen. Dennoch sind Sie ein Verfechter der Toleranz in unserer Gesellschaft.

Welchen Weg empfehlen Sie angesichts der skizzierten Problematik?

*Manfred Lahnstein:* Während der letzten Jahre habe ich mich eingehend mit dem Thema ›Globalisierung‹ beschäftigt. Dabei bin ich bald zu der Überzeugung gelangt, dass, wenn wir die vielfältigen *kulturellen* Aspekte der Globalisierung nicht ausreichend beachten, wir gedanklich, aber auch vom Handeln her – zu kurz greifen. Parallel dazu hatte ich die Möglichkeit, mit *Helmut Schmidt, Hans Küng* und anderen so wichtige Fragen wie ›Menschenrechte *versus* Menschenpflichten‹ und das Projekt ›Weltethos‹ zu diskutieren. Ich muss gestehen, dass ich mit derartigen Ansätzen bis heute große Schwierigkeiten habe, wie sehr ich auch deren Urheber bewundere. Und bei der ›Goldenen Regel‹ – Was Du nicht willst, dass man Dir tu ... – oder beim »Kategorischen Imperativ« *Kants* oder bei der *Ringparabel* von *Lessing* wollte ich nicht stehen bleiben.

Schließlich beschäftigt mich immer wieder die Frage, wie man heute eine besondere Verpflichtung des Bürgers für die *res publica* über den Gang zur Wahlurne und eine ausreichende Steuergerechtigkeit hinaus begründen kann. Die Frage ist für mich also: Wenn wir heute Patrioten sein wollen: auf welcher Grundlage wollen wir dann bauen?

Dann kam das schreckliche Geschehen des 11. September 2001 und dessen Auswirkungen hinzu. Ich war und bleibe überzeugt, dass die geistige Auseinandersetzung mit Terrorismus, Fundamentalismus und deren Wurzeln nicht primär mit Bezug auf kulturelle Vielfalt oder den Verweis auf die Notwendigkeit eines interreligiösen Dialogs geführt werden kann. Andererseits wollte ich aber auch nicht so wohlfeilen Parolen folgen wie der These vom *Clash of Civilizations* des *Samuel Huntington*.

Schließlich kam mir ein gedruckter Vortrag unter dem Titel *Über den Zusammenprall von Kulturen* in die Hand, gehalten 1981 von dem großen humanistisch-jüdischen Philosophen *Karl Popper*, also viele Jahre vor Huntington. Popper sagt damals:

> »Ich glaube, dass unsere abendländische Zivilisation, trotz allem, was man mit vielem Recht an ihr aussetzen kann, die freieste, die gerechteste, die menschlichste, die beste ist, von der wir aus der Geschichte der Menschheit Kenntnis haben.«

Dann folgt ein zentraler Satz: »Sie ist die beste, weil sie die verbesserungsfähigste ist.«

So weit meine ersten Gedankengänge zum Thema, die hier nur in aller Kürze darstellbar sind. Ich gehe dabei von folgenden Beobachtungen aus:

*Erstens:* Wir reden, wenn wir über uns und andere reden, nicht über Identität, sondern über Identitä*ten*.

*Zweitens:* Unter den wichtigen Identitäten steht die *kulturelle* obenan. Aber auch sie ist in vielfacher Hinsicht einem ständigen Wandel unterworfen, sodass wir mit Festlegungen sehr vorsichtig sein müssen.

*Drittens:* Auch die Berufung auf kulturelle Identität taugt allein nicht für gesellschaftlich-politische Gestaltung, denn wir kommen um *bewusste Wertentscheidungen* nicht herum. Ich finde dafür die Grundlage in den Werten unserer abendländischen Säkularisation oder auch im Grundrechtekatalog unserer Verfassung.

*Viertens:* Deshalb hat für mich Patriotismus *Verfassungs*patriotismus zu sein. Und für mich sind die Grenzen der Duldsamkeit dort erreicht, wo andere – auch andere Kulturen – diese Grundlage nicht akzeptieren. Ich möchte nämlich, dass meine Kinder und Enkelkinder in einer Gesellschaft leben können, die von den gleichen Grundwerten geleitet ist, die auch mich geleitet haben.

Zu meiner ersten Beobachtung: Wir reden nicht über Identität, sondern über Identitäten, also über *Vielfalt*. Die Philosophie hat sich über Jahrhunderte mit dem Thema ›Identität‹ auseinander gesetzt. Die allgemein akzeptierte Schlussfolgerung daraus lautet: Im streng philosophischen Sinne kann man von Identität nicht sprechen. So will ich stattdessen den Begriff der »Sozialen Identität« von *Habermas* benutzen, mit dem die Zugehörigkeit eines Individuums zu verschiedenen Bezugsgruppen bezeichnet ist.

Diese Zugehörigkeit schafft nun aber eine Vielzahl und Vielfalt von Identitäten, deren eine die Identität im Kulturellen ist. Es ist aber unmittelbar einsichtig, dass für jeden von uns diese kulturelle Identität sich situationsbedingt ändert und ständigem Wandel unterliegt. Dieser Wandel vollzieht sich unterschiedlich rasch. Es gibt langlebige Konstanten, wie frühkindliche Einflüsse, religiöse Gruppenüberzeugungen oder einen prägenden Heimatbezug. Wandel und Vielfalt aber sind die Regel.

Wie steht es nun mit der kulturellen Identität von größeren Gruppen, von Städten, von Völkern, von Nationen? Über diese Frage ist viel diskutiert und spekuliert worden. Dabei lässt sich der grundlegende Tatbestand recht einfach beschreiben: Jede Gruppe von Menschen braucht ein Mindestmaß an *Identifikation*, um sich von anderen Gruppen unterscheiden zu können, um die für die Kontinuität der Gruppe überlebenswichtige Kohäsion zu sichern. Diese Identifikation schafft Identitäten, auch kulturelle.

Andererseits ist die gleiche Gruppe ständigen Einflüssen von außen ausgesetzt. Sie rühren im Wesentlichen aus dem Kontakt mit anderen Gruppen her. Deshalb gilt die Beobachtung sich wandelnder Identitäten auch für Gruppen, also auch für Völker oder Nationen. Wer aber diesen Prozess eines ständigen Wandels kultureller Identität hin zur kulturellen Vielfalt bremsen oder gar einfrieren will – aus welcher Ecke auch immer –, der betreibt nichts anderes als kulturelle *Verarmung* – so viel nur zu Reizvokabeln wie jener von der ›nationalen Leitkultur‹.

Das wird übrigens nirgendwo deutlicher als an dem Punkt, der zu Recht als Anker jeder kulturellen Identität gilt: die Sprache. Ein englischer Wissenschaftler hat anhand seiner Muttersprache dargelegt, dass auch die Identität stiftende Wirkung der Sprache nur dann richtig beschrieben werden kann, wenn man vom Prinzip des kulturellen Wandels und kultureller Vielfalt ausgeht.

Seine Thesen und anschaulichen Belege:
-   Sprachen respektieren keine Staatsgrenzen: Wir kennen die Schweiz und Belgien, wo sich jeweils ein Staatsvolk mehrerer Sprachen bedient, drei in Belgien und vier in der Schweiz. Und obwohl die englische Sprache in mehreren Ländern der Welt Muttersprache ist, wird man von kultureller Identität zwischen diesen Ländern kaum sprechen können.
-   Die Sprache ist nicht zwangsläufig eine Grundlage für staatliche Machtstrukturen. Von der Eroberung durch die Normannen im Jahre 1066 bis zum Jahre 1399, also über 330 Jahre hinweg, hat kein König von England englisch gesprochen. Und auch im 18. Jahrhundert holten sich die Briten *Georg I.* aus Hannover, der dreizehn Jahre lang regierte, ohne die Sprache seiner Landeskinder zu sprechen oder zu verstehen.
-   Selbst dort, wo von Nationalsprache so häufig die Rede ist, muss man genauer hinsehen, z.B. in den USA. Noch im Jahre 1890 hat es in den USA mehr als achthundert deutschsprachige Zeitungen gegeben. Heute ist dagegen das Spanische auf dem Vormarsch – nicht nur im Süden Floridas oder in Kalifornien.
-   Wenn wir über Sprache reden, reden wir in Wirklichkeit über Sprach*en*, in der Mehrzahl, selbst dort, wo es nur eine Sprache zu geben scheint. In *George Bernard Shaws* Komödie *Pygmalion* stellt Professor *Higgins* die kühne Behauptung auf: »*I could place any man in London within*

*two miles*«. Dabei ist klar, dass diese Differenzierung durchaus nicht nur geographisch gemeint ist, sondern eben auch soziale Aspekte hat.

Die Identität stiftende Kraft der Sprache soll hier zwar nicht bestritten, aber doch relativiert werden. Denn wenn selbst die Sprache nicht ausreicht, um die eine, singuläre ›kulturelle Identität‹ zu definieren, dann verschwimmt dieser Begriff erst recht, wenn andere, noch weniger eindeutig bestimmbare Aspekte herangezogen werden. Ein derartig differenziertes, gefühlsbehaftetes und sich immer wieder veränderndes Phänomen wie das der kulturellen Identität taugt mithin kaum als Grundlage ethisch-normativer Festlegungen.

Nun wäre der Begriff der kulturellen Identität nicht annähernd ausgeschöpft, wenn darunter nicht auch *religiöse* Aspekte betrachtet würden. Über lange Zeit ist in Europa die Religion für die Ausprägung kultureller Identitäten wirkkräftiger gewesen als selbst die Sprache. Heute

Manfred Lahnstein

noch gibt es – man denke an die islamische Welt, aber ebenso an das Judentum – Kulturen, die sich selbst ganz wesentlich, bis in die Rechtsordnung hinein, durch die Bindung an eine bestimmte Religion definieren.

Bei uns liegen die Verhältnisse heute zweifellos anders: Die in Art. 4 unseres Grundgesetzes verbriefte Glaubens- und Bekenntnisfreiheit bezieht sich eben nicht nur auf unterschiedliche religiöse Bindungen. Sie bezieht auch diejenigen ein, die eine derartige religiöse Bindung für sich selbst ablehnen. Selbstverständlich gibt es bei uns eine Politik aus christlicher Gesinnung, und ein Weltbild ist verbreitet, das auch durch Religion geprägt ist. Aber mit ›religiöser Einbindung‹ ließe sich eine kulturelle Identität unserer Gesellschaft ebenso wenig beschreiben, wie daraus gesellschaftliche oder rechtliche Normen begründet werden könnten – jedenfalls nicht im Rahmen unserer Verfassung.

Der bewusste Einsatz für die *res publica* – und diesen allein nenne ich Patriotismus – lässt sich auf diese Weise nicht begründen, und deshalb trete ich dafür ein, Patriotismus im Kern auf die Verfassung zu bauen. Symbole, Emotionen mögen, werden und sollen dieses Fundament ergänzen und abrunden, können es aber nicht ersetzen. Unser Grundgesetz und insbesondere der Katalog der Grundrechte beschreiben eben keine Identitäten, und schon gar keine deutsche oder nationale. Es ist vielmehr eine ständige Aufforderung, die inneren und äußeren Verhältnisse anhand dieser Grundrechte aktiv zu gestalten. Dieser Aufforderung können wir aber nur nachkommen, wenn wir die Grundrechte immer auch als Grund*werte* verstehen, für die es sich einzusetzen lohnt. Und die Verfassung verpflichtet uns für den Fall des Wertekonfliktes ganz eindeutig auf den zentralen Wert der *Menschenwürde*.

Gewiss kann niemand dazu verpflichtet werden, sich für die *res publica* einzusetzen. Aber jeder einsichtige Mensch wird zu dem Schluss kommen müssen, dass es anders nicht geht. Überleben und Entwicklung jeder Gruppe von Menschen hängt von dem ab, was die amerikanische Soziologie als *Community Building* bezeichnet. Werden die *Instrumente* dieses *Community Building* vernachlässigt, so gerät der innere Zusammenhalt der betreffenden Gruppe so sehr in Gefahr, dass die Gruppe selbst in Gefahr gerät. Wenn Karl Popper über die Stärke der abendländischen Zivilisation spricht, dann meint er genau dies: Die Ziele des *Community Building* in einer Weise zu definieren und zu verfolgen, welche auf Wertvorstellungen beruht, die gleichzeitig ein Leben nach Grundwerten ermöglichen, ohne genau dieses Leben bei anderen in Frage zu stellen. Das behandelt die moderne Philosophie unter solchen Titeln wie ›Diskursethik‹ oder ›Suche nach Letztbegründungen‹. Je mehr Tradition und Religion an Überzeugungskraft verlieren, desto dringlicher wird es, ein derartiges Fundament zu finden, also eine Art ›Höchste Instanz‹ in neuem Gewande, die nicht nur der praktischen Vernunft des Einzelnen entspringt, sondern immer auch der Gemeinschaft der Vernünftigen. Das ist die Grundlage des Popperschen Denkens und auch des von *Hans Jonas* formulierten »Prinzips Verantwortung«, und dazu will ich mich gerne bekennen.

Bezogen auf den größeren Zusammenhang, den *Karl Popper* als »Zusammenprall von Kulturen« bezeichnet hat, ist damit auch die Frage nach dem Ursprung unserer eigenen, der europäisch-abendländischen Kultur gestellt. Diese Kultur hat ihre älteste und tiefste Wurzel in der griechischen Kultur, die selbst keineswegs homogen gewesen ist. Es zeigt sich am Beispiel der Griechen auch, dass ein Zusammenprall vielfältiger Kulturen durchaus nicht immer zu blutigen Kämpfen und zerstörerischen Kriegen führen muss, sondern dass ein solches Zusammentreffen Anlass zu einer ungemein fruchtbaren Entwicklung sein kann. Gleiches lässt sich vom Zusammenprall der griechischen mit der römischen Kultur sagen oder von der Wechselwirkung römischer Zivilisation und christlicher Moralvorstellungen. Später kamen germanische und slawische Einflüsse dazu, und über Jahrhunderte hinweg haben sich abend- und morgenländische Kultur zwar oft bekämpft, aber immer auch befruchtet. Auch jüdische Vorstellungen sind aus der Geschichte unserer europäischen Kultur nicht wegzudenken. Schließlich hat die *Aufklärung* die Entwicklung seither in großartiger Weise bereichert und eine zivilisatorische Gesamtleistung ermöglicht, die in der Menschheitsgeschichte einmalig ist und längst über Europa hinaus wirkt, wie beim Thema Globalisierung unmittelbar deutlich wird.

Zwei Warnungen sind hier allerdings angebracht: Einerseits kann der Zusammenprall von Kulturen natürlich zu furchtbaren Verwerfungen führen; auch Auschwitz ist Bestandteil der europäischen-abendländischen Kulturgeschichte. Andererseits darf die Wertschätzung unserer eigenen Kultur sich immer nur darauf gründen, dass diese sich bisher systemisch als verbesserungsfähig erwiesen hat. Grundlegend ist für mich die Kombination aus einer Werteordnung, die auf Menschenwürde und Menschenrechten aufbaut, einer daraus folgenden freiheitlichen und gerechten Ordnung der Gesellschaft, sowie einer Ordnung der *res publica* nach dem demokratischen Prinzip. Wo immer das gelingt, lässt sich nicht nur materielle Zivilisation, sondern auch wissenschaftliche und geistige Kultur fortentwickeln. Auch der äußere Frieden lässt sich auf diese Weise besser sichern als auf jede andere Weise: noch nie in der Geschichte hat es einen Krieg zwischen zwei funktionierenden Demokratien gegeben.

Wo liegen aber nun die Grenzen der Duldsamkeit?

*Karl Popper* sagt in dem erwähnten Aufsatz: »Die menschliche Gesellschaft braucht den Frieden, aber sie braucht auch ernste ideelle Konflikte: Werte, Ideen, für die wir kämpfen können. In unserer abendländischen Gesellschaft haben wir es gelernt,« – ich füge hinzu, das ist mehr als mühsam gewesen – »dass man das nicht so gut mit Schwertern, sondern weit besser und nachhaltiger mit Wörtern tun kann; und am allerbesten mit vernünftigen Argumenten.«

Dieser Kampf muss sich gegen zwei ganz unterschiedliche Arten von Gegnern richten, und zwar zum einen gegen diejenigen, die in postmoderner Beliebigkeit jeden Wertebezug so relativieren, dass er am Ende völlig verschwunden ist und einem unverbindlichen »Dialog der Kulturen« oder »Gespräch der Religionen« Platz macht. Er muss sich andererseits gegen diejenigen richten, die sich unter Bezug auf Glaubensgrundsätze oder das Axiom einer vorgeblichen ›kulturellen Identität‹ auf eine Position zurückziehen, die die argumentative Auseinandersetzung über Werte unmöglich macht. Gegenüber beiden *Gegnern unseres kulturellen und zivilisatorischen Erbes* sollten wir die Grenzen unserer Duldsamkeit postulieren und artikulieren. Der viel beschworene »interkulturelle Dialog« steht im Übrigen vor der Frage, worüber dabei eigentlich dialogisiert werden soll. Es darf sicher nicht das Motto gelten: »Schön, dass wir wieder einmal miteinander gesprochen haben«. Allzu oft aber wird man an den Spruch erinnert: »Alles verstehen heißt alles verzeihen«. Das aber heißt für mich nicht Dialog; solche Gespräche sind Alibi-Veranstaltungen von ›Gutmenschen‹.

Wenn der interkulturelle, auch der interreligiöse Dialog zu etwas führen soll, dann muss er zu dem vorstoßen, was die betreffenden Kulturen mehr als alles andere zusammenhält – nämlich die jeweilige Werteordnung, wie immer sie auch definiert sein mag. Wenn wir aber zu diesem Punkt kommen, merken wir rasch, dass diese Werteordnungen auf bedeutsame Weise unterschiedlich sind. Dieser Unterschied lässt sich auch unter Berufung auf ›globale‹ Werte oder ›globale‹ Ethik nicht hinweg argumentieren.

Dies wird klar am Beispiel des interreligiösen Dialogs, insbesondere unter den drei monotheistischen Religionen. Vor dem geistesgeschichtlichen Hintergrund seiner Zeit waren die Ringparabel in *Lessings Nathan der Weise* und der in ihr enthaltene Appell zum gegenseitigen Verständnis und zur Toleranz eine bemerkenswerte Leistung. Lessing ließ allerdings einen wesentlichen Umstand außer Acht, mit dem wir uns heute zunehmend beschäftigen müssen: Alle drei monotheistischen Religionen sind Offenbarungsreligionen. Wenn wir ehrlich und redlich argumentieren, so müssen wir anerkennen, dass die jeweiligen Offenbarungen unvereinbar sind. Das Beste, was wir erreichen können, wäre eine geordnete, friedliche und möglichst kooperative *Koexistenz* zwischen den auf den monotheistischen Religionen errichteten Werteordnungen. Das wäre dann eine positive Ausprägung des ›Zusammenpralls der Kulturen‹.

Die andere Grenze der Duldsamkeit wird erreicht, wenn einzelne Werteordnungen als sakrosankt postuliert und damit bewusst aus jedem ernsthaften Dialog herausgenommen werden. Noch schlimmer ist es, wenn die sich daraus ergebenden Rechts- und Kulturnormen aggressiv vertreten und mit allen Mitteln – auch gewaltsam – durchgesetzt werden. Derzeit gilt das vor allem, wenn auch nicht ausschließlich, für den Islam. Hier müssen wir Verfassungspatrioten im besten Sinn sein und widerstehen.

Die britische Zeitung *Economist* hat einmal provokant formuliert: »*The west can live with the Islam. But can Islam live with the west?*«

Natürlich gibt es auch im abendländischen Kulturkreis geistige Strömungen, die mit meinem Verständnis und meiner Werteordnung nicht in Übereinstimmung zu bringen sind. Auch bei uns gibt es Anhänger totalitärer Staats- und Gesellschaftsformen, ebenso wie Verfechter eines Gottesstaates christlicher oder jüdischer Prägung. Aber derartige Strömungen sind zu Randerscheinungen geworden. Das ist in der islamischen Welt anders, wobei ich wohlgemerkt nicht von Fundamentalisten, Extremisten oder gar Terroristen spreche. Insgesamt sind Denken und Handeln im Islam von drei Grundüberzeugungen geprägt, die man weder übersehen noch gleichgültig abtun kann: Ich meine die *Scharia*, den *Djihad* und die *Dhimma*. Wie immer diese islamischen Grundsätze im Einzelnen ausgelegt werden mögen, diese Wertewelt lässt sich mit der des Abendlandes nur sehr schwer in Übereinstimmung bringen. Wer der Scharia gehorcht, kann sich nicht dem Grundgesetz unterwerfen. Die Dhimma ist Gegenpol zu unserer Überzeugung von der prinzipiellen Gleichheit aller Menschen. Und der Djihad entspricht nicht den Anforderungen eines wirklichen Dialogs zwischen Kulturen und Religionen.

Diese eher betrüblichen Feststellungen machen nun die geistige Auseinandersetzung nicht weniger notwendig, und sie ist auch nicht durch Polizeimaßnahmen ersetzbar. Die klare Einsicht, dass wir diese Auseinandersetzung von unserer eigenen Werteposition her führen müssen, dass wir uns nicht mit der Gegenüberstellung vorgeblicher kultureller Vielfalt oder kultureller Identitäten zufrieden geben dürfen, macht die Auseinandersetzung aber *ehrlicher*. Und dazu sind wir aufgefordert, wenn uns an Bewahrung und Entwicklung unserer eigenen kulturellen und ethischen Grundlagen wirklich liegt.

*Daniela De Ridder:* Wie kann es uns denn gelingen, Herr Mahrenholz, zu einer ›kooperativen Koexistenz‹ zu kommen, wenn unter den Beteiligten offensichtlich Prinzipien herrschen, die unvereinbar sind? Sie haben als ehemaliger Kultusminister mehrfach öffentlich deutlich gemacht, dass Sie wenig vom Verbot des Kopftuchtragens in Schulen halten. So werden Sie auch zitiert mit dem Satz: »Es gibt nichts Dümmeres, als zu unterstellen, dass Lehrerinnen mit Kopftuch per se indoktrinieren wollen«.

*Ernst G. Mahrenholz:* Manfred Lahnstein hat eine faszinierende historische und philosophische Darlegung der Geschichte gegeben, die uns auch zu der heutigen Verfassung und zu dem Begriff des Verfassungspatriotismus geführt hat. Ich möchte daran mit der konkreten Frage anknüpfen, wie wir es denn nun unter dem Begriff der Kultur mit den hier lebenden Muslimen halten wollen, denn in diese Frage mündet ja die Problematik.

Was mit dem Prozess der ›Säkularisation‹ angesprochen wurde, möchte ich vertiefen: Die Geistesgeschichte in Deutschland und in Westeuropa – und neuerdings zunehmend in ganz Europa – hat sich in ihrem Verlauf im Hinblick auf das kulturelle Selbstverständnis von der christlichen Kirche losgelöst. Die Französische Revolution beschleunigte diesen, auf die Freiheitsrechte und auf die Idee der Volkssouveränität gegründeten Prozess der Säkularisation. Zu den Freiheitsrechten gehören aber nicht nur die Religionsfreiheit und die Freiheit des Atheisten, seine Auffassung zu bekennen, sondern ebenso die Meinungsfreiheit, die man auch gegenüber der Regierung in Anspruch nehmen darf.

Der Philosoph *Immanuel Kant* hat in seiner kleinen Abhandlung unter der Überschrift *Beantwortung der Frage: Was ist Aufklärung* alles Nötige dazu niedergeschrieben. Dort heißt es u.a., dass man von der Vernunft einen »öffentlichen Gebrauch« machen müsse und selbstverständlich auch Regierungen kritisiert werden müssten. Dagegen hat die katholische Kirche noch fast ein Menschenalter nach der Französischen Revolution opponiert. Man vertrat die Auffassung, dass die »ungezügelte« Meinungsfreiheit ganze Völker notwendigerweise in den Abgrund führe.

Papst *Pius IX.* stützte sich dabei auf den *Syllabus*, eine Sammlung der ›Irrtümer der Zeit‹, der im Grunde alles aufführte, was uns heute an Grundrech-

Ernst G. Mahrenholz

ten lieb und teuer ist – einschließlich der Prinzipien der Volkssouveränität und des Rechtsstaats. Die Wende für die Kirche brachte erst das Zweite Vatikanische Konzil. Seither wird auch hier die Religionsfreiheit als Recht des Individuums verstanden, das über eine unveräußerliche Würde verfügt. Diese Anerkennung der Würde des Menschen führt vom ›Recht der Wahrheit‹ zum Recht der Person. Die Person und ihre Würde stehen im Zentrum, und selbstverständlich gehört die Meinungsfreiheit dazu. Konsequenz der Meinungsfreiheit ist, das hat die Geschichte ergeben, die Loslösung und Abtrennung der Kultur von der Religion.

Von diesem Ausgangspunkt ist auch die Frage nach dem Umgang mit den Muslimen anzugehen. Im Islam gibt es keine Trennung von Religion und Kultur. Nur wenige muslimische Theologen denken darüber anders und vertreten so etwas wie einen islamischen Protestantismus. Aber der Islam ist ein facettenreiches Gebilde und keineswegs so gleichgerichtet wie die katholische Kirche des 19. Jahrhunderts. Der Islam kennt kein weltliches Oberhaupt, ähnlich wie die Protestanten, die auch keine verbindliche Instanz haben, sondern auf Dialog und Diskurs angewiesen sind, um zu Glaubensgewissheiten zu kommen. Der Islam ist in seiner Vielgestaltigkeit kaum zu übertreffen, ist aber – das macht unser Problem aus – in der Kultur tief verwurzelt. Aus welcher Glaubensrichtung des Islam heraus eine Lehrerin ihr Kopftuch tragen möchte, ist für uns wenig bedeutsam. Sie möchte es tragen, und darin liegt unser Problem.

Von drei Grundgegebenheiten wird unsere Gesellschaft aber ausgehen müssen, denn diese verändern sich nicht:

Die erste besteht in der Tatsache, dass wir auf Dauer mit einem Bevölkerungsanteil von Moslems leben werden, der gegenwärtig 2,2 Millionen beträgt und in absehbarer Zeit die 3-Millionen-Grenze erreichen wird.

Die zweite Grundgegebenheit ist ein *sittliches* Verfassungsgebot: Wir haben Muslimen und damit auch ihrer Kultur mit dem Respekt zu begegnen, den die Anerkennung der Würde des Menschen fordert.

Und die dritte ist eine *politische* Grundgegebenheit: Die deutsche Politik muss auf allen Ebenen eine besser durchdachte Integrationspolitik verfolgen, auch wenn sie dazu finanziell nur schwer in der Lage zu sein scheint.

Heute stehen die finanziellen Argumente im Vordergrund. Sobald aber das Maß an Aufmerksamkeit, das wir dem Problem der Integration schulden, wirklich begriffen ist, wird die Politik ein anderes Verhältnis zu der Unausweichlichkeit dieser Aufgabe haben. Ich erinnere nur an die Schreckvokabel ›Parallelgesellschaft‹.

Der heutige Bevölkerungsanteil von zwei und mehr Millionen Muslimen veranlasst viele zu der Haltung: »Wir benehmen uns in einem anderen Lande so, wie man es dort von uns erwartet. Warum sollten wir das nicht auch von den Muslimen verlangen?« Hier hat offenbar die Politik nicht klar genug gemacht, dass es nicht um Besucher oder Gäste, nicht um Gastarbeiter oder um ›geduldete‹ Personen geht, sondern dass die meisten von ihnen ein *Aufenthaltsrecht auf Dauer* haben. Sie sind zwar keine Deutschen, haben aber wie jeder Deutsche ein permanentes Aufenthaltsrecht. Nur wenn wir das verstehen, werden wir es vielleicht schaffen, eine Gesellschaft zu entwickeln, die das *Mit*einander kennt, das *Neben*einander und das *Gegen*einander, je nach dem Stand der Dinge, wie in den USA.

Dort gibt es ein geringeres Miteinander von Bevölkerungsgruppen, ebenso wie ein Neben- und Gegeneinander. Und es gibt dort – selbstverständlich – voll ausgeformte Parallelkulturen.

Wir haben im Grunde die Tatsache zu akzeptieren, dass es je nach Stadt, je nach Gelingen der Integration, zu Parallelgesellschaften kommt. Das kann sehr kooperativ sein, wie ich während meiner Zeit als Landtagsabgeordneter für Hannover-Linden, den Wahlkreis mit dem größten Anteil türkischstämmiger Bevölkerung in Niedersachsen, erfahren habe. Es kann sich ein reines Nebeneinander ergeben, bei dem man nichts miteinander zu schaffen haben will, und es kann konfrontativ werden. Wir haben uns dieser Tatsache zu stellen, denn – salopp gesagt – wir werden die Muslime nicht mehr los. Wir müssen uns auf sie einstellen.

Wir müssen auch *Respekt vor der muslimischen Kultur* entwickeln. Diese Kultur ist wie jede Kultur die Kultur von Menschen, die ihre Würde haben. Kultur ist immer Ausdruck der Menschenwürde. Ihre Ablehnung, insbesondere wenn es sich um die Kultur eines minoritären Bevölkerungsteils handelt, bringt unweigerlich auch unsere Anerkennung der Würde dieser Menschen in ein Zwielicht. Respektieren wir diese Kultur nicht, so haben wir auch ihre Menschen nicht akzeptiert.

Es geht nicht darum, ob wir diese Kultur verstehen. Es geht darum, dass wir sie in ihrer Existenz akzeptieren und in ihrem Sosein wirklich anerkennen, so wie ich als Protestant selbstverständlich die katholische religiöse Kultur akzeptiere. Ich verstehe sie nicht nur, ich akzeptiere sie und erachte sie als eine wirkliche Bereicherung. Koexistenz, wie von Herrn Lahnstein gefordert, wäre mir begrifflich zu wenig. Es muss eine *Akzeptanz* im beschriebenen Sinne sein. Das schließt nicht aus, bestimmte Äußerungsformen der Kultur persönlich nicht akzeptabel zu finden.

*Alice Schwarzer,* eine der Wortführerinnen in der Debatte um das Kopftuch an Schulen, hat das Tragen eines Kopftuchs durch Schülerinnen – was ja bei uns nicht verboten ist – eine *Schariasierung* des deutschen Rechts genannt. Damit knüpft sie an zwei Wissensbruchstücke im Bewusstsein unserer Bevölkerung an: die von der Scharia vorgesehene Strafe bei Diebstahl ist ›Hand abhacken‹, und bei Ehebruch der Frau droht deren ›Steinigung‹ – mehr weiß doch kaum jemand von der Scharia. Vertieft man sich ein wenig in die islamische Gesetzgebung und die Frage ihrer Vereinbarkeit mit unseren Grundrechten, so wird man erfahren, dass es eine ›Erklärung der Menschenrechte‹ des Islam aus dem Jahre 1990 gibt. Darin werden diese Freiheiten aufgezählt mit dem einschränkenden Zusatz: »sofern sie der Scharia entsprechen«.

An dieser Stelle beginnt für die muslimischen Rechtsgelehrten das *Auslegungsproblem*. Doch das kennen auch Christen oder Juden. Die orthodoxen Juden haben das ganze System der Demokratie, um es rechtfertigen zu können, aus dem Talmud ableiten müssen, wie ich von Kollegen in der deutsch-israelischen Juristenvereinigung weiß. Das ist nicht einfach, aber es geschieht. Das zeigt mir, dass wir nicht glauben müssen, dass Scharia und Grundgesetz unüberwindbare Gegensätze wären.

Die Grenzen des Rechts müssen meines Erachtens dort gezogen werden, wo der kulturelle Respekt nicht nur enden *darf*, sondern enden muss. Selbstverständlich ist eine *Zwangsheirat* von Minderjährigen nicht hinnehmbar. Wenn sie außerhalb Deutschlands entschieden wird, sehe ich zwar nicht, welche Mittel dagegen wirksam sein könnten. Aber diese Problematik wird in Deutschland vielleicht noch nicht genug beachtet.

Ein ›Ehrenmord‹ ist ganz klar ein schlichter Mord, mag der kulturelle Hintergrund noch so zwanghaft sein. Hier wird meines Erachtens der Boden der Grundrechte verlassen, und ein Respekt aus Gründen der Grundrechte kommt nicht in Betracht.

Die Einordnung in die deutsche Rechtsordnung ist die Bedingung für die Berechenbarkeit und Sicherheit einer Gesellschaft insgesamt. An diesem Punkt tritt das demokratische Prinzip seine Herrschaft an, d.h. die Mehrheit bestimmt die Rechtsordnung für alle. Es gibt weder einen Grund noch eine Möglichkeit, hiervon Abstriche zu machen, weil es eben um die Sicherheit und Berechenbarkeit gesellschaftlichen Zusammenlebens geht.

Die dritte Grundgegebenheit ist die Herausforderung, der Integrationspolitik den ihr gebührenden Stellenwert zu verschaffen. Dazu gehört die Frage: Welche Ziele strebt der Integrationsprozess an? Ich habe noch keinen Politiker eine grundsätzliche Auffassung über das Ziel der Integrationspolitik vortragen hören. Wenn sie es auch nicht sagen, so denken doch die meisten: ›Wir müssen die Muslime so hinbekommen, dass sie Ruhe geben und keine Probleme machen.‹

Integration gilt als gelungen, wenn man von den Probanden nichts Böses hört. Das ist wie in der Kinderstube, wo die Erziehung perfekt erscheint, wenn die Kleinen keine Streiche machen. Tatsächlich müssen wir die Erfahrungen mit gelingender Integration und mit ihrem Misslingen sammeln und uns präsent halten, und daraus als Politiker die Konsequenzen ziehen. Ferner ist eine Schulbildung gefordert, die die Grenzen dieser Parallelgesellschaften, wo sie existieren, durchlässiger zu machen in der Lage ist – einfach indem sie *Aufsteiger* hervorbringt. Diese Aufsteiger sind nicht nur unter dem Gesichtspunkt der Bildungsgerechtigkeit wünschenswert, sondern auch, weil wir in Deutschland langfristig darauf angewiesen sind, dass unsere geistigen Kapazitäten das hervorbringen, was wir brauchen, um in der Welt zu bestehen. Es kommt darauf an, *jede* vorhandene Begabung zu entwickeln, und deshalb können uns 2-3 Millionen Moslems und ihre Kinder nicht gleichgültig lassen.

Wir dürfen im Bildungsbereich nicht einfach resignieren, sondern sollten bedürftige Schüler wie in englischen Schulen mit Kursen für *slow learners* und *bad readers* fördern.

Unsere Gesellschaft muss am *Recht der Einbürgerung* interessiert sein. Dabei sollte nicht der Vorzug im Vordergrund stehen, den ein Ausländer sich von der Einbürgerung verspricht. Zwar ist es für ihn wichtig, mit dem deutschen Pass durch die halbe Welt reisen zu können, vor Ausweisung geschützt zu sein oder es mit seinem deutschen Pass bei Behördengängen leichter zu haben. Das deutsche Interesse kann aber nur darin liegen, durch die Einbürgerung einen *Bürger* zu gewinnen. Dann ist dieser Rechtsakt nicht länger das *Mittel* der Integration, wie man immer gemeint hat, sondern ihr *Zweck*. Ist jemand wirklich integriert – dazu ist es in erster Linie Voraussetzung, die deutsche Sprache zu beherrschen –, kann man daran denken, ihn einzubürgern. Je besser die sprachlichen Fähigkeiten sind, umso größer wird auch das Vertrautsein mit der Kultur sein. Man kann auch Fragen nach der jüngeren deutschen Geschichte stellen, um zu erfahren, ob er mit unserer Kultur vertraut ist. Man darf bei der Einbürgerung durchaus höhere Ansprüche stellen als bei der Zuwanderung.

Die Forderung nach dem ›Eid auf die Verfassung‹ halte ich aber für abwegig. Denn was besagt der Eid? Für Deutsche fordert z.B. der Diensteid bei Antritt eines öffentlichen Amtes, sich in der Ausübung des Berufs innerhalb des von der Verfassung geordneten Rahmens zu bewegen. Diesen Diensteid halte ich für wichtig, aber nicht den Bürgereid.

Wo wäre demgegenüber der tragende Gesichtspunkt für einen Migranteneid zu finden? Gewinnt der Eid auf die Verfassung an Bedeutung, oder verliert er nicht durch einen solchen Akt?

Schließlich möchte ich noch den Blick auf die kommunalen Verhältnisse schärfen. Nach meiner Auffassung weisen Parallelgesellschaften ein osmotisches Austauschverhältnis zur deutschen Gesellschaft auf. Sie bleiben aber existent; auflösen können wir sie nicht. Allerdings sollten wir nicht verkennen, dass diese Parallelgesellschaften nicht überregional, sondern nur kommunal existieren. Für die heutige jüngere und die künftigen Generationen der Immigranten ist die jeweilige Stadt, in der sie groß geworden sind oder werden, ihre Heimat. Auch unsere Heimat ist ja in erster Linie unsere Heimatstadt, nicht unser Staat. Wir sollten nicht meinen, Migranten ließen sich für eine allgemeine ›Heimat Deutschland‹ gewinnen. Mit einer ›Heimatstadt Osnabrück‹ können wir es aber versuchen. Diese kommunale Strategie müsste daran gehen, das Heimatgefühl für den Wohnort bewusst zu entwickeln und zu stärken. Das Ziel wäre die Identifikation mit der Stadt über das eigene Viertel hinaus. Und notwendig scheint es mir, wie bei jeder Integrationsmaßnahme, Migranten an der Erarbeitung einer solchen Strategie mitarbeiten zu lassen.

*Daniela De Ridder:* Herr Lahnstein, Sie sagten, ein Miteinander könne sowohl ein Gegeneinander als auch ein Nebeneinander bedeuten. Wie kann daraus ein ›Füreinander‹ werden? Anders gefragt: Wie würden Sie es beurteilen, wenn ein deutscher Politiker sich zur angeblich überlegenen Rolle seiner Konfession bekennt?

*Manfred Lahnstein:* Es gibt für mich keine Begründung, die Überlegenheit einer Religion über eine andere zu postulieren. Ebenso wenig gibt es für mich auch eine Begründung, die Überlegenheit der religiösen Bindung gegenüber denjenigen zu postulieren, die keine haben. Ich habe nämlich keine. Und deswegen habe ich mich auf den Grundrechtekatalog bezogen, der auch für Politiker gelten sollte.

Den Begriff der Koexistenz, der Herrn Mahrenholz ungenügend schien, habe ich bewusst gewählt. Ich stimme zu, dass dieser Begriff nur Sinn macht, wenn man ihn wieder auf den Grundrechte- und Grundwertekatalog bezieht – vor allen Dingen natürlich auf den Artikel 1: die volle Achtung der Menschenwürde, die für jeden zu gelten hat. Diese Koexistenz soll geordnet, friedlich und möglichst kooperativ sein. Die so genannten Integrationsansätze sehe ich genau deshalb als problematisch an. Ich frage mich, auf welcher Grundlage, mit welchem Ziel ›integriert‹ werden soll. So muss etwa die Existenz unterschiedlicher Sprachen in einer gemeinsamen Gesellschaft kein Nachteil sein. Wichtig ist, dass die Koexistenz eben nicht in Parallelgesellschaften ausufert. Auch in Deutschland gab es immer solche Parallelgesellschaften. Sie waren nicht durch die Sprache oder durch die kulturelle Herkunft, aber möglicherweise durch die soziale Herkunft bestimmt und hatten Grenzen, die mindestens ebenso scharf waren, wie die heute existierenden. Ein Leben mit unterschiedlichen kulturellen Identitäten in einem freien Land kann sehr wohl eine Bereicherung sein.

Ich ziehe die Grenze weiter, nämlich dort, wo es um die Werteordnung geht, vor allem dann, wenn sie religiös motiviert ist. Richtig ist, dass wir uns mit der Diskussion mit *dem* Islam so schwer tun, weil der Islam keine anerkannten Zentralautoritäten hat. Es gibt niemanden, der verbindlich sagen kann, was Muslime glauben sollen. Ich habe aus meiner Argumentation die Extremisten ausgeschlossen. Man kann sich deshalb nur auf den gemeinsamen Nenner aller Muslime beziehen. Deswegen habe ich die drei genannten elementaren Begriffe herangezogen. Wer diesen Zielen folgen will, verliert deshalb nicht seine Menschenwürde. Aber für die Koexistenz werden Grenzen sichtbar, die ich nicht mehr diskutieren kann.

*Ernst G. Mahrenholz:* Integration heißt meines Erachtens, die Menschen in Deutschland heimisch machen; ihre Kultur mögen sie behalten. Zur Kopftuchdebatte sei angemerkt, dass ich sie für publizistisch maßlos angefacht halte. Diesen wenigen muslimischen Lehrerinnen, die mit Kopftuch in der Schule unterrichten wollen, so viel ablehnende öffentliche Aufmerksamkeit zuzuwenden, heißt für mich, desintegrative Politik zu betreiben. Muslimische Gesprächspartner haben mir bescheinigt, dass dadurch nur eine immense Solidarisierung unter den Muslimen eingetreten sei. Man muss aber versuchen, sie hier heimisch werden zu lassen, und dafür ist auch der Besuch weiterführender Schulen wichtig, denn mit einem gewissen sozialen Aufstieg kann auch das Heimischwerden in Deutschland besser gelingen.

*Publikum:* Sie haben zu Recht dazu aufgefordert, kritisch gegenüber festgelegten Identitäten zu sein. In diesen Zusammenhang passt auch der Satz des berühmten Sozialpsychologen *Erik H. Erikson:* »Identitätsfindung beginnt dort, wo Identifikation aufhört.« Sie beginnt mit der Auseinandersetzung mit einer ›fertigen‹ Identität, zu der man genötigt wird.

Wir müssen an diesen Prozess der Identitätsbildung denken, an die Tatsache, dass es auch hier einen ›gläubigen Weg‹ geben muss, der gelebt werden kann. Es wird einen europäischen Islam geben. Die Frage ist nur, wie er aussieht.

*Manfred Lahnstein:* Ich sagte, wir müssten uns darüber klar werden, dass es immer dann, wenn wir auf religiöse Grundvorstellungen kommen, weite Bereiche gibt, die wir nicht in Übereinstimmung bringen können. Dennoch müssen wir versuchen, zu dem zu kommen, was ich Koexistenz genannt habe. Es gibt weite Schnittmengen, und hier können wir uns sehr wohl um Fortschritte bemühen. Auch ich bin der Ansicht, dass sich eine europäische Version des Islam ausprägen wird. Der Islam hat das, was wir Aufklärung nennen, noch vor sich, und dies werden nach meiner Ansicht vor allem die islamischen Frauen voranbringen. Der deutlichste Punkt, an dem sich die islamische Welt in Bewegung setzen wird, ist die Frage nach dem Grundrecht der Gleichheit aller Menschen und damit auch der Geschlechter. Heute müssen wir ehrlicherweise auf bestehende Unvereinbarkeiten aufmerksam machen. Wir tun uns keinen Gefallen, wenn wir sagen: »Wir haben doch alle einen Gott.« Erstens stimmt das nicht, und zweitens lässt es diesen Charakter der Offenbarungsreligionen außen vor.

*Publikum:* Religionen können nun einmal nicht anders, als Wahrheitsansprüche aus ihrer Offenbarung her formulieren. Wenn aber Religionen nicht in der Lage sind, die Wahrheit der gegnerischen Religion gleichberechtigt anzunehmen, so brauchen sie auch nicht miteinander zu reden. Folglich bleibt nur, auf einen *Contrat Social* zu hoffen, in dem man die Werte und Normen in Verfassungen, Grundgesetzen, Menschenrechtserklärungen und Konventionen festlegt. Wäre es aber dann nicht konsequent, an den Schulen den Religionsunterricht wenigstens als Pflichtfach abzuschaffen und ihn zum Wahlfach zu machen?

*Publikum:* Mir erschien diffus, was über Integration gesagt wurde. Nach meiner Beobachtung ist Israel ein Beispiel für eine *nicht-integrierte* Gesellschaft mit extremen Positionen. Trotzdem funktioniert sie. Liegt es allein daran, dass dort ein gemeinsames Gefährdungspotential wahrgenommen wird? In Deutschland müssen sich Teilgesellschaften nicht solidarisieren mit der Mehrheit, weil die Gefährdung nicht offensichtlich ist.

*Publikum:* Die Werte, vielleicht auch der Schock der Moderne, werden den Koran und die islamische Gesellschaft eines Tages treffen. Leider müssen wir erfahren, dass die hier im Lande lebenden *Aleviten* von islamisch-fundamentalistischer Seite unter Druck gesetzt werden, sich als ›ordentliche Türken‹ zu benehmen. Wie verhalten wir uns da?

*Manfred Lahnstein:* Dass der Religionsunterricht Pflichtfach bleibt, ist vertretbar. Niemand wird ja gezwungen, daran teilzunehmen. Dieses Fach aufzugeben für einen so genannten Ethik-Unterricht, scheint mir vor dem Hintergrund unserer eigenen Geschichte falsch zu sein.

Zu Israel und der Integration dort: Sie meinen wohl die Integration innerhalb des jüdischen Teils der Bevölkerung. Da bestehen wirklich erhebliche Unterschiede. Es gibt eine große Gruppe von jüdischen Fundamentalisten, die einen Gottesstaat nach dem Verständnis der jüdischen Offenbarung aufbauen wollen. Damit wird die israelische Gesellschaft fertig. Die politische Kunst besteht darin, das notwendige Maß an Zusammenhalt zu bewahren, auch wenn keine Bedrohung von außen besteht.

Was die Fundamentalisten angeht: Der Hinweis darauf, dass moderate Muslime in Deutschland durch muslimische Fundamentalisten unter Druck gesetzt werden, ist berechtigt. Das trifft bei vielen türkischen Familien im Eltern-Kinder-Verhältnis zu. Man muss sich mit denjenigen auseinander setzen, die diesen Einfluss ausüben. Mit Verboten wird man wenig bewirken. Hamburg hat z.T. einen relativ hohen Anteil von 60-70% türkischer Schüler an den Schulen. Probleme entstehen z.B. in Bezug auf den Schwimmunterricht. Dabei wird oft die Schlüsselrolle der Imame erkennbar, die zumeist aus Anatolien kommen. Sie bleiben nur eine begrenzte Zeit, sind der deutschen Sprache nicht kundig und haben keinen Kontakt zu den deutschen Pädagogen und zu den Schulbehörden. Sie predigen in Hamburg, was in Anatolien so üblich ist. Dabei wird die in den Alltag hineinreichende, enge Verknüpfung zwischen der religiösen und der ethischen Umgebung deutlich. Wenn es nur um die Wahrheit der Offenbarung ginge, könnte man den Dingen ihren Lauf lassen. Aber es geht eben in der Tat um Fragen auf der Ebene alltäglicher ethisch und moralisch zu begründender Entscheidungen.

*Ernst G. Mahrenholz:* Über den Religionsunterricht zu streiten ist müßig. Er ist im Grundgesetz verankert, und es wird keine Zweidrittelmehrheit für eine Änderung geben. Darüber bin ich froh, denn man darf ja wohl in der Schule noch einmal ein Fenster zur Transzendenz hin öffnen und vielleicht mal Lieder singen. Auch die arabischen Mädchen singen dann bei den Weihnachtsliedern gern mit, und das ist möglicherweise ein Punkt von Integration, von Entstehung von Heimatgefühl, von Heimischwerden. Den Religionsunterricht abzuschaffen, hielte ich für einen sehr großen Verlust.

Die Aleviten werden in der muslimischen Welt von den Sunniten und Schiiten kaum akzeptiert. Wer die religiösen Bräuche kennt, kann sich vorstellen, warum. Sie mussten ihre Heimat verlassen, da sie dort in ihrer Existenz gefährdet waren – ebenso die Jeziden, die in großer Zahl in Celle heimisch geworden sind. Dort hat sich so etwas wie eine Parallelgesellschaft ausgebildet, verbunden mit einer beträchtlichen Unterdrückung von jungen Mädchen. Es scheint, als könnten die Jeziden nur kulturell überleben als Gruppe. Niemand kann allein in einer fremden Kultur überleben. Hier die richtige Handlungsweise zu finden, ist schwierig.

Was zur Verbindlichkeit des Koran gesagt wurde, möchte ich relativieren: ›Ehrenmorde‹ z.B. kommen im Koran nicht vor. Die Zwangsheiraten sind wohl schon in der Art der Vater-Tochter-Beziehung angelegt, die allerdings bei uns nicht weiter beachtet wird. Wie überall gibt es aber auch hier das Instrument der Auslegung. Bei den Moslems durch die *Umma*, bei den Juden ist es der Talmud und bei den Christen sind es die Briefe der Kirchenväter oder Reformatoren. Diese Schriften bedürfen immer der Auslegung, denn ihre Urheber lebten nicht in unserer Gesellschaft. Auch der Text einer Sure des Koran ist nicht unmittelbar praktisch umsetzbar, sondern muss interpretiert werden, wie bei den Texten der Protestanten und der Katholiken. Über diese Schriften kann man reden – selbst in Deutschland. Ich bin sogar der Meinung, es könnte sich gerade an der Auslegung der Scharia ein Stück Vernunft entwickeln.

*Manfred Lahnstein:* Nach meiner Kenntnis besteht nicht die Möglichkeit, Widerspruch dagegen einzulegen, was in Auslegung des Korans festgelegt ist. In die Rechtsordnung des Iran wurden z.B. zur Frage des Ehebruchs Grundsätze des Koran wörtlich ins iranische Gesetzbuch übernommen. Natürlich ist der Koran auslegungsfähig. Aber es gibt keinen *Martin Luther* in der islamischen Welt.

*Publikum:* Alle Religionen haben ein gemeinsames Ziel: den Menschen und dessen *Würde.* Darüber müsste in den Religionen ein Konsens gefunden werden können. Und eine Beheimatung der Menschen, die hier leben, ist denkbar, wenn sie ein geistiges, spirituelles Entwicklungspotential in sich entfalten und damit der Gesellschaft dienen können. Dort wo sie leben, werden sie Verantwortung übernehmen müssen. Können sie das nicht, sind sie zugleich ihrer Würde beraubt. Dieser Gesichtspunkt ist unabhängig von jedem religiösen Element.

*Publikum:* Herr Lahnstein, die Mehrheit der Muslime in Deutschland, wenigstens in Niedersachsen, will eine Verbindung zwischen Grundgesetz, Scharia und Djihad. Sie wollen die Gleichheit von Mann und Frau vor der Scharia. Sie wollen das Recht auf Religionswechsel auch für Muslime. Ich bin fest überzeugt, dass wir in 10-20 Jahren eine gemeinsame Werteordnung von Muslimen und Christen haben werden. Das Problem sind die 10% in Parallelgesellschaften.

Herr Mahrenholz: Kann die Politik nicht doch in die Parallelgesellschaften hinein wirken? Können nicht Muslime Polizisten werden und dort, wohin zu gehen sich kein Polizist traut, für die Wahrung des Rechts sorgen? Können Muslime nicht Richter werden oder Abgeordnete? Gibt es nicht doch eine Chance, die Parallelgesellschaften zu beeinflussen?

*Manfred Lahnstein:* Ich sagte, wer sich der Scharia unterwirft, gerät in Gegensatz zum Grundrechtekatalog unserer Verfassung. Wer das nicht tut, sei mit offenen Armen willkommen.

*Ernst G. Mahrenholz:* Die entstehenden Parallelgesellschaften halte ich für ein schwieriges Problem. Polizisten, die dort Streife gehen, können vielleicht Diebstahl, Mord und Totschlag verhindern. Aber die Erziehung der Töchter und z.B. das Verbot ihrer Väter, sich auf der Straße aufzuhalten, weil sie dort mit jungen Nicht-Muslimen in Kontakt kommen können oder sich überhaupt wie Jungen bewegen, ist so nicht zu beeinflussen. Die Töchter werden zu Hause eingesperrt, womöglich zur Schule geschickt, aber manche dürfen nicht dorthin. Dass die Mädchen die Schulpflicht absolvieren, wird schon als eine große Konzession an die deutsche Kultur betrachtet. Ich sehe das Problem in den Familien, aber auch in der ›Selbstversorgung‹ durch eigene Anwältinnen und Anwälte, Frauenärzte und Apotheker. Da kann man nicht erwarten, dass sich daraus etwas entwickelt, was die Parallelgesellschaften überwindet. Ich setze eher auf Bildung und auf Mitwirkung in der Gesellschaft: Abgeordnete sollen sie werden, vielleicht im Rahmen einer Türkenpartei, in der sich die immerhin 660.000 wahlfähigen deutsche Türken organisieren könnten.

*Daniela De Ridder:* In Frankreich, so war jüngst zu erfahren, gibt es eine Bewegung mit dem Namen »*Ni putain ni soumise*«, zu deutsch: ›Weder Hure noch Unterworfene‹. Sie hat sehr deutlich gemacht, dass gerade junge Frauen dort durch die so genannten ›*Integristes*‹ stark bedroht sind. Sie tragen ihren Protest massiv auch auf die Straßen und wehren sich dagegen, angespuckt zu werden, nur weil sie das Recht in Anspruch nehmen, z.B. Miniröcke zu tragen. Meine Frage: Können Sie sich eine solche Bewegung mit ähnlichen Zielen hier in der Bundesrepublik vorstellen?

*Manfred Lahnstein:* Bei vielen Anwesenden, so scheint es, besteht der fundierte Eindruck, dass sich die Welt des Islam insbesondere in Deutschland in Bewegung setzt. Ich beobachte das nicht so deutlich, will aber nicht immer nur mit negativen Gegenbeispielen antworten. So wenig wie man nur mit dem Hinweis auf *Guantánamo* gegenüber den USA argumentieren sollte, sollten die Muslime in Deutschland für einzelne ›Ehrenmorde‹ verantwortlich gemacht werden, obgleich diese mit zu unserem Thema gehören.

Auf die zuletzt gestellte Frage will ich mit einem Beispiel antworten: Ich bin Vorsitzender im *Board of Governors* der Universität Haifa, die von 20% arabischen Studenten besucht wird. Jeden Tag kommen zweieinhalb bis dreitausend arabische Studenten auf den Campus, der damit zum größten Treffpunkt zwischen Juden und Arabern auf der ganzen Welt geworden ist. In all den Jahren der so genannten *Al-Aqsa-Intifada* hat es hier keinen ernst zunehmenden Zwischenfall gegeben.

Es ist also möglich, Frieden zu halten, nicht nur im Nahen Osten. Die ZEIT-Stiftung hat ein Programm zur Förderung arabischer Studentinnen aufgelegt. Sie haben es doppelt schwer: einerseits wegen der kulturbezogenen Nachteile aller arabischen Studierenden in Israel und andererseits als Frauen, deren Familien ihr Studium für nutzlos halten. Hier können Stipendien helfen. Solche Bestrebungen gilt es zu unterstützen, allerdings unter der ganz wichtigen Voraussetzung, die in Deutschland immer betont werden muss: Wir sollten den Eindruck vermeiden, als wüssten wir alles besser.

# Gesundheit: Ware oder öffentliches Gut?

Podiumsveranstaltung in der Aula der Universität
am 31. Mai 2005

*Dr. Ellis Huber*　　　　　　　Vorstand Securvita-Krankenversicherung
　　　　　　　　　　　　　　　Hamburg, Präsident a.D. der Berliner
　　　　　　　　　　　　　　　Ärztekammer

*Prof. Dr. Karl Lauterbach*　　Direktor des Instituts für Gesundheits-
　　　　　　　　　　　　　　　ökonomie und Klinische Epidemiologie
　　　　　　　　　　　　　　　der Universität zu Köln

*Prof. Dr. Beate Schücking*　　Vizepräsidentin der Universität Osna-
　　　　　　　　　　　　　　　brück – Gesprächsleitung

*Beate Schücking:* ›Gesundheit‹ ist ein Thema, das uns alle betrifft. Im Jahr 1980 initiierte *Ellis Huber* in Berlin den ersten deutschen Gesundheitstag. Seit dieser Zeit wird ›Gesundheit‹ verstärkt als Anliegen einer breiten Öffentlichkeit wahrgenommen. In der Folge entwickelten sich viele Initiativen in der deutschen Gesundheitsszene – auch außerhalb der etablierten Strukturen – wie z.B. die Bewegung der Selbsthilfegruppen und Patienteninitiativen.

Viele Impulse aus dieser Richtung wurden in die deutsche Gesundheitspolitik und damit in die Gesundheitsverwaltung hineingetragen. Dies ist ein wesentlicher Punkt, denn es gab in Deutschland zuvor keine derartige Tradition im Bereich des öffentlichen Gesundheitswesens, der Gesundheitsförderung und Gesundheitserhaltung. Dies zeigt sich auch daran, dass wir den Begriff *Public Health* inzwischen auf entsprechende deutsche Studiengänge übertragen haben, die nun auch hierzulande *Public Health*-Studiengänge heißen.

Professor *Karl Lauterbach*, dessen Statement zu unserem Thema am Beginn dieses Friedensgesprächs steht, ist als Mitglied der im November 2002 durch die Bundesregierung einberufenen *Kommission für die Nachhaltigkeit in der Finanzierung der sozialen Sicherungssysteme*, der so genannten ›Rürup-Kommission‹, in den Blick der Öffentlichkeit getreten, außerdem als ein engagierter Befürworter des Konzepts der ›Bürgerversicherung‹.

*Karl Lauterbach:* In den nächsten Jahren werden auf die sozialen Sicherungssysteme sehr ernste Probleme zukommen. Vereinfacht lässt sich sagen: Das Kernproblem für das Gesundheitssystem, das Rentensystem und die Pflegeversicherung wird die *Alterung der Baby-Boomer-Generation* sein. So bezeichnen wir jene große Geburtskohorte der in den Jahren 1955 bis 1968 Geborenen, der zahlenmäßig größten Gruppe von Geborenen, die je in Europa zu verzeichnen war.

Diese Geburtskohorte lässt sich wie folgt beschreiben: Sie ist derzeit auf dem Höhepunkt ihres Einkommens und auf dem Höhepunkt der persönlichen Gesundheit der Einzelnen. In 10-15 Jahren wird aber das Einkommen dieser großen Geburtskohorte deutlich sinken und ihre Gesundheit wird sich verschlechtern. Die *Baby-Boomer*-Generation, diese besonders große Geburtskohorte, die wird dann zunächst in Rente gehen, dann schwer chronisch erkranken und zu einem nicht unerheblichen Teil in den Pflegeheimen ihren Lebensabend verbringen.

Das ist in gewisser Weise eine sehr *positive* Perspektive, und zwar insofern, als es eine derart große Geburtskohorte überhaupt in Deutschland geben konnte. Sie wird ein langes Leben und eine hohe Produktivität erreicht haben, und dazu können wir uns ebenso beglückwünschen wie zu der Tatsache, dass diese Generation von Kriegen und schweren Katastrophen verschont blieb, sodass sie überhaupt in den Genuss einer Rente und einer Gesundheitsfürsorge kommen konnte. Alt werden zu dürfen – und damit irgendwann verbunden: chronisch krank – ist ja ein Privileg, etwas Besonderes, das wir auch schätzen wollen.

Zugleich ist diese Entwicklung eine große Herausforderung für die sozialen Sicherungssysteme, die zum jetzigen Zeitpunkt darauf nicht vorbereitet sind. Denn die sozialen Sicherungssysteme sind gegenwärtig nicht gut finanziert. So finanziert sich das *Gesundheitssystem* allein über Löhne und Gehälter; die darauf bezogenen Einnahmen der Krankenversicherungen machen 98% ihrer Einkünfte aus. Ein steigender finanzieller Mehrbedarf würde zum Anwachsen der so genannten Lohnnebenkosten führen und damit bewirken, dass die Löhne und Gehälter ständig teurer würden. Dies wäre auch sozial ungerecht, denn es ist uneinsichtig, warum das Gesundheitssystem in Zukunft nur durch Beiträge auf Löhne und Gehälter bezahlt werden sollte. Diese Belastung wird auch der Arbeitsmarkt nicht durchhalten können, und so ist es ganz ausgeschlossen, dass in zehn Jahren das Gesundheitssystem noch ausschließlich über Löhne und Gehälter finanziert werden wird. Die bisherige Praxis kann auf keinen Fall fortgesetzt werden, egal wie die kommende Bundestagswahl ausgeht.

Weshalb sollten also nicht andere Einkommensarten wie Kapitaleinkünfte, Zinseinkünfte, Selbständigen-Einkünfte herangezogen werden?

Karl
Lauterbach

Hier stehen sich derzeit zwei politische Konzepte gegenüber: Ein Weg, Löhne und Gehälter nicht weiter zu belasten, wäre, die privaten Haushalte selbst zu einer verstärkten Übernahme von Krankheitskosten zu veranlassen. Für diesen Vorschlag steht insbesondere die FDP, aber auch große Teile der CDU neigen ihm zu. Diese Lösung hieße: Wir frieren die Belastung von Löhnen und Gehältern ein, und die Mehrkosten werden privat bezahlt. Wer diese nicht zahlen kann, hätte dann die – euphemistisch gesagt – »Wahlfreiheit«, nur das Versorgungs-›Standardpaket‹ in Anspruch zu nehmen. Eine andere Möglichkeit bestünde darin, Steuermittel oder Beiträge auf Zinsen und andere Kapitalerträge zusätzlich heranzuziehen, um die Beiträge auf Löhne und Gehälter zu ergänzen.

Diese Konzepte stehen sich diametral gegenüber.

Nun befürchten die einen, dass »Sozialismus pur« kommt, eine noch stärkere »Umverteilung von Reich zu Arm«, wenn nicht nur wie bisher über die unterschiedlichen Beitragssätze auf Löhne und Gehälter ein Ausgleich der Belastungen erfolgt, sondern auch noch Zins- und Kapitalerträge herangezogen werden.

Wenn dagegen vermehrt die privaten Haushalte zu den Krankheitskosten herangezogen würden und jeder Kranke so viel zahlt, wie er will oder kann, hätten wir weniger Umverteilung und mehr Differenzierung. Die Gesundheit würde dann im Prinzip wie ein allgemeines Konsumgut betrachtet, mit der Folge, dass derjenige, der mehr hat, mehr bezahlt und mehr bekommt.

Somit haben wir eine Grundsatzentscheidung zu treffen: Wollen wir mehr oder weniger Umverteilung? Das Konzept der »Bürgerversicherung« steht in dieser Auseinandersetzung dafür, dass im Hinblick auf die Gesundheit die Qualität und der Umfang der Versorgung nicht vom Einkommen abhängig werden. Gegen dieses Konzept wird mit der Forderung nach der »Stärkung der Eigenverantwortung« gestritten, um eine stärkere Differenzierung der Gesundheitsversorgung zu erwirken.

Ich persönlich bin der Meinung, dass im Gesundheitssystem wie im Bildungssystem Qualität und Umfang der Leistungen in keiner Weise vom Einkommen abhängig sein sollten. Das ist eine ethisch begründete Position und als solche eine alte Sozialstaatstradition, die schon in der Philosophie von *Kant* angelegt ist und nicht etwa eine Erfindung des Marxismus. In Europa galt schon seit Kants Zeiten, dass Einkommensunterschiede nur dann als gerechtfertigt angesehen wurden, wenn sie nicht Folge von ungleichen Voraussetzungen im Gesundheits- und Bildungswesen waren. Hier liegt übrigens einer der wesentlichen Unterschiede des gesellschaftlichen Selbstverständnisses zwischen Europa und den USA.

Leider muss ich nach sieben Jahren Regierung durch die Parteien oder die Koalition, der ich politisch nahe stehe, einräumen, dass unser Bildungssystem und unser Gesundheitssystem schon jetzt als ungerecht beurteilt werden müssen. Nach sieben Jahren *Rot-Grün* haben wir extrem große Unterschiede im Bildungssystem: In keinem europäischen Land hingen die Bildungsergebnisse so stark vom Einkommenshintergrund und Bildungshintergrund der Eltern ab wie in Deutschland. Nur 8% der Kinder aus Arbeiterfamilien kommen heute überhaupt zum Studium.

Das halte ich für eine groteske Ungerechtigkeit.

Was die Gesundheit angeht, ist es so, dass die Lebenserwartung der Männer aus dem oberen Viertel der Einkommensverteilung diejenige des unteren Viertels um 10 Jahre übersteigt; bei Frauen beträgt der Unterschied etwa sechs Jahre. Es gibt kaum ein Land, in dem eine so große Abhängigkeit der Lebenserwartung vom Einkommen besteht wie in Deutschland, wo man auf das Bismarcksche System der Sozialversicherung oft so stolz ist. Zehn Jahre Unterschied in der Lebenserwartung – das ist nicht allein dem Gesundheitssystem zu verdanken, sondern auch anderen Faktoren. Aber unser Gesundheitssystem korrigiert dort wenig, und es sind sicher alle Vorschläge willkommen, die helfen können, diese Lücke zu schließen. Derzeit aber ist es so: In den zwei zentralen Bereichen sozialer Gerechtigkeit, bei der Chancengleichheit im Bildungssystem und im Gesundheitssystem, haben wir großen Reformbedarf. Und das System ist zum jetzigen Zeitpunkt nicht gut finanziert, und deshalb lehne ich eine weitere

Privatisierung unter dem Kampfbegriff der ›Eigenverantwortung‹ ab, denn sie würde die bestehenden Unterschiede nur noch verstärken.

*Ellis Huber:* Karl Lauterbach hat die Grundkontroversen beschrieben; ich will einige weitere Gesichtspunkte hinzufügen: In einem Grußwort zum Gesundheitstag 1981 in Hamburg schrieb ich:

> »Es gibt viele Arten von Gesundheit, wie Weisen von Schönheit und Glück. Und es gibt viele Wege hin zur Gesundheit. Wir weigern uns stellvertretend für die betroffenen Menschen zu definieren, was ihre Gesundheit ist. Wir sind bereit, als Ärzte mit ihnen zusammen nach gesundheitsförderlichen Wegen zu suchen, aber wir hören auf, es besser zu wissen als die Menschen, was sie wirklich brauchen.«

Es zeichnete sich damals eine *Relativierung des Machtanspruches der Ärzte* im Umgang mit Lebensvorgängen ab.

Zum Zeitpunkt als Deutschland vereinigt wurde, lag die Anzahl der Herzinfarkte in Ost- und Westdeutschland in der gleichen Größenordnung. Seit der Vereinigung beider Länder aber – und parallel zur Einführung der modernen Kardiologie mit all ihren technischen und pharmakotherapeutischen Möglichkeiten – steigt die Herzinfarktrate im Osten kontinuierlich an, während sie im Westen weiter sinkt. Im Jahr 2000 hatte eine Frau im Land Brandenburg ein 2,7-fach höheres Risiko, an einem Herzinfarkt zu sterben, als eine Frau in Hamburg.

Einen solchen Unterschied kann Medizin allein nicht aufheben. Er ist auch nicht durch die unterschiedliche genetische Ausstattung der ostdeutschen und der westdeutschen Frauen erklärbar. Bei Männern sind die Unterschiede übrigens ähnlich. Für eine Medizin des industriellen Zeitalters ist der Herzinfarkt ein ›Pumpendefekt mit verstopften Röhren‹ und folgerichtig versucht man, diese ›aufzubohren‹. Wir wissen aber seit 30 Jahren, dass es Menschen möglich ist, mit emotionalen Kräften – *psychogen* sagen die Fachleute – Koronararterien so zu verkrampfen, dass sie undurchlässig werden. Das ›gebrochene Herz‹ ist kein so verkehrtes Bild. Aber eine mechanistische, Herrschaft suchende Medizin kann damit wenig anfangen. Wir sind jetzt am Übergang zur Kommunikationsgesellschaft: Denjenigen Heilmethoden, denen die Zukunft gehören wird, gilt der Herzinfarkt als eine Beziehungsstörung zwischen Individuum und sozialer Umgebung. Denn der Herzinfarkt tritt immer dann gehäuft auf, wenn Menschen sich in ihren sozialen Bezügen nicht mehr aufgehoben und geborgen fühlen. Er ist sozusagen ein Indikator für die Spannung, die auf dem ›sozialen Bindegewebe‹ liegt.

Bei allen Krankheiten, ob Allergien, Infektionskrankheiten wie Tuberkulose oder AIDS, als ›Krankheit der kontaktreichen Beziehungslosigkeit‹, trifft zu: Gesundheit und Krankheit des Individuums sind immer mit der Gesundheit und Krankheit des sozialen Gefüges verknüpft. Schmerzen kann ich mit Aspirin behandeln, ihnen aber auch mit einer Veränderung des individuellen Lebensglücks begegnen. Diese *Heilkunst der Zukunft* zu entwickeln, steht jetzt an – eine Heilkunst, die bescheidener ist und die Menschen mit einbezieht.

Als zweites steht an, dass wir uns im Zeichen von Globalisierung und Individualisierung – und unter deren Zwängen – Gedanken machen, wie wir das soziale Bindegewebe gesunden lassen können. Die Vereinzelung der Menschen ist eine der zentralen Krankheitswurzeln und es macht keinen Sinn, wenn Ärzte tagtäglich nur die Symptome kurieren, aber den sozialen Kontext und die emotionale und geistige Lage der Menschen nicht sehen. Nun sagen Ökonomen, die Zukunft der Industriegesellschaften und der postindustriellen Gesellschaft liege im 6. der so genannten *Kondratieff-Zyklen*, mit denen langwellige Wachstumsprozesse von Volkswirtschaften beschrieben werden. Bedeutsam wäre hier die Fähigkeit von Gesellschaften, psycho-soziale Gesundheit herzustellen: Die Gesellschaft, die es schafft, ein hohes Maß an sozialer Kohärenz – eine Kultur der Nächstenliebe und der Mitmenschlichkeit – praktisch umzusetzen, wird auch im globalen Wettbewerb besonders erfolgreich sein. Wichtig ist die Frage: Wem dient das Gesundheitssystem einer Gesellschaft? Dem Kapital mit seinen Interessen oder der Bevölkerung mit ihren Bedürfnissen?

Für mich ist das Gesundheitssystem eine Art ›soziales Immunsystem‹ zur Bewältigung der Krankheitsgefahren unter den bestehenden Lebensbedingungen. Pathetisch gesagt: Es hat die Wunden zu heilen, die der Kapitalismus schlägt. Eigentlich weiß ja jeder Politiker und jeder einfache Bürger, jeder Chefarzt und jeder Pförtner in einem Krankenhaus, dass das Profitmotiv als Antrieb für Handeln im Zweifel über Leichen geht und nie, aber auch nie, Gesundheit schützen wird. Also stellt sich die Frage, ob wir in der Lage sind, ein Gesundheitswesen zu organisieren, das die Menschen zusammenführt, statt sie zu vereinzeln. Dazu ist es notwendig, eine solidarische Absicherung der Gesundheitsrisiken in einer Bevölkerung sicherzustellen – mit einer Bürgerversicherung, die vor allem als Garant der Mitmenschlichkeit in einer Gesellschaft wirkt.

Die Einführung von ›Kopfpauschalen‹, wie sie von manchen gefordert wird, würde dies nicht leisten. Diese müssten vielmehr über das Steuersystem flankiert werden, damit ein Ausgleich im Sinne der gesellschaftlichen Integration möglich wird. Einkommensabhängige Beiträge, und zwar von allen Einkünften, würden dagegen sofort integrierend wirken. Wichtiger noch ist aber die Entscheidung, ob man eine ›Aktienbesitzer-Medizin‹ oder eine die Gesundheit der Bevölkerung und des einzelnen Bürgers gleichermaßen schützende Medizin und Gesundheitsversorgung will.

Die Kernaufgabe der gesetzlichen Krankenversicherung ist die Bildung von solidarischen Gemeinden. Diese Kernaufgabe wird gegenwärtig verraten. Wir betreiben eine systematische Entsolidarisierung.

Die Kernaufgabe von Ärzten, Krankenhäusern und anderen Gesundheitsberufen ist es, mit möglichst geringem Geld- und Mitteleinsatz ein Optimum an Gesundheit zu erreichen. Gesundheit ist dabei als selbständige Meisterung des einzelnen, individuellen Lebens zu verstehen, auch im Fall eines körperlichen, seelischen oder sozialen Handicaps. Scharlatane und schlechte Ärzte machen Menschen abhängig von Apparaten, Institutionen, Arzneimitteln, Heilkulturen. Gute Ärzte machen Menschen unabhängig – von sich und irgendeiner medizinischen Versorgung.

Die Frage ist also, was wir wollen. Mein Traum ist klar, ich verteufele nicht den Markt. Auch auf einem italienischen Gemüsemarkt geht es nicht nur um Geldvermehrung und Kapitalrendite, sondern er ist zugleich ein kulturelles Ereignis. Der Markt als Instrument, um Aushandlungsprozesse möglichst dezentral, möglichst frei und schnell abzuschließen, ist vernünftig. Der Maßstab der Geldvermehrung ist *falsch* für das Gesundheitswesen, für die Automobilproduktion dagegen vielleicht nicht. Sind wir also in der Lage, ein Marktsystem *gemeinwohlorientiert* auszurichten, das sich an Werten und gesundheitsorientierten Ergebnissen orientiert?

Ellis Huber

Das Zweite ist die Frage nach dem Wettbewerb. Als Arzt will ich natürlich wissen, wie gut meine Arbeit ist, und ich freue mich, wenn ich Kollegen habe, die besser sind als ich. Ich will gern von denen lernen. Wettbewerb um möglichst gute Ergebnisse und Leistungen ist notwendig. Aber z.B. die jährliche Anzahl der Belastungs-EKGs in einer Stadt ist kein Leistungsmaßstab. Werden diese Belastungs-EKGs, deren Zahl eher ein Maßstab für Vergeudung ist, bezahlt, so fördert man Aktionismus, aber nicht die Gesundheit. Das System aus solchen Mechanismen herauszuführen und zu erneuern, kann nur eine Gemeinschaftsleistung von Ärzten und Krankenkassen sein. Die Politik hat uns längst die Freiheit dazu gegeben, und wir müssen die Bürgerinnen und Bürger mit einbeziehen. Es müssen eine *ganzheitliche Medizin*, die die Betroffenen respektiert und ernst nimmt, geschaffen werden und eine Gesundheitsversorgung, die ihre soziale Verantwortlichkeit sieht. Das ist die eigentliche Überlebensfrage für die Gesellschaft insgesamt, denn mit dem Untergang des Sozialismus ist die soziale Frage nicht gelöst; sie stellt sich nur neu.

Noch eines wissen wir: Systeme, die nach dem Motto ›Vertrauen ist gut, Kontrolle ist besser‹ handelten, sind zerbrochen. Wir brauchen dagegen Systeme, die nach dem umgekehrten Motto agieren: ›Kontrolle ist gut, *Vertrauen ist besser*‹. Denn das Gesundheitssystem der Bundesrepublik krankt daran, dass keiner keinem mehr traut. ›Bei wem bin ich denn wirklich in guten Händen?‹ fragt der Patient. ›Auf wen kann ich mich noch verlassen? Macht der Doktor, was er tut, um meinetwegen oder weil es seiner Abrechnung dient?‹ Das sind die zentralen Fragen. Auch der niedergelassene Internist traut dem Krankenhausarzt nicht mehr, und die Krankenkassen halten sowieso alle Ärzte für potenzielle Kriminelle, die nichts anderes bezwecken, als ihre eigenen Taschen zu füllen.

Dies alles führt nicht weiter. Ich arbeite daran, ein gesundheitliches Angebot in einem Netzwerk von Ärzten, Krankenkassen und kommunal engagierten Politikern herbeizuführen, auf das man sich verlassen kann. Hier sagen Ärzte ihrem Patienten: ›Sie können sich darauf verlassen, ich behandle Sie immer so, wie ich in gleicher Lage selbst auch behandelt werden wollte‹, und ›Sie können sich darauf verlassen, ich respektiere Sie als ganzen Menschen mit allen körperlichen, seelischen und sozialen Aspekten. Ich achte auf Ihre spirituelle Orientierung; ich will, dass Sie sich selbst Heil bringen und Ihr eigenes Verständnis von Ihrer Krankheit und Ihrem Leiden mit zur Geltung bringen.‹

Das ›Leistungsversprechen mit Rückkoppelung zum Patienten‹ und daraus resultierend eine eigene *Versorgungsmarke* gehören zu meinem Konzept der Zukunft. Ich bin davon überzeugt, dass wir ein solches sozialförderliches – und auch dem Kapitalismus und seinen Gefahren kontrastierendes – Gesundheitssystem in Deutschland entwickeln können. Das wäre sozusagen der ›Volkswagen der Gesundheitsversorgung‹, robust und preiswert für große Bevölkerungsgruppen. Wenn wir das in Deutschland, in Osnabrück, auf der Insel Rügen oder in Aachen hinbekommen, dann ist das ein Modell für viele Länder: Ärzte, Krankenhäuser, andere Gesundheitsberufe, die individuelle und soziale Gesundheit originell miteinander verknüpfen und beides mit einem möglichst geringen Mitteleinsatz anstreben. Wenn wir das schaffen, werden zugleich viele wirtschaftliche Probleme lösbar. Die Amerikaner geben umgerechnet 100 Milliarden Euro mehr für ihre Gesundheitsversorgung aus. Ein solcher Betrag bedeutet im Rahmen einer ›Aktienbesitzer-Medizin‹ mit einer Kapitalrenditeerwartung von 20-30% enorme Profite in der Hand individueller Gewinner. 100 Milliarden Euro hier im Lande investiert in Handauflegen, Pflegen, Begleiten und Helfen – nach dem Motto ›Lieber Yoga-Lehrer in Osnabrück beschäftigen, als die Produktion von Computer-Tomographen in Korea‹ finanzieren – wären das Geldäquivalent, um drei bis vier Millionen Menschen zu beschäftigen, was der sozialen und der individuellen Gesundheit gleichermaßen nützen würde. Es lohnt sich also, für ein soziales Gesundheitssystem zu kämpfen, egal, wer in diesem Land regiert.

*Beate Schücking:* Beide Referenten haben sich klar auf Seiten des ›öffentlichen Gutes Medizin‹ positioniert, was im Grunde kaum anders zu erwarten war. Aber die Frage nach der ›Ware Medizin‹ muss uns sicher noch beschäftigen. Ellis Huber hat zu der anfangs geschilderten Problemlage eine Reihe von Problemlösungen skizziert. Herr Lauterbach, wollen Sie dazu Stellung nehmen?

*Karl Lauterbach:* Darüber werden wir kaum streiten müssen. Die Problemlage, der wir uns widmen sollten, ist diese: Es fehlen seit 1970 in jedem Geburtsjahrgang ungefähr ein Drittel jener Kinder, die geboren werden müssten, damit die Alterszusammensetzung in Deutschland nicht verschlechtert würde und die Bevölkerung sich nicht verringerte. Die Quoten der Geburtsjahrgänge betragen nur etwa 70% dessen, was zur Erhaltung des *status quo* von 1970 erforderlich gewesen wäre. Dieser Zustand dauert nun schon in der zweiten Generation an: In der zweiten Generation kommen nun ebenfalls nur 70% der eigentlich zu wünschenden Kinder zur Welt, sodass die Geburtenrate, bezogen auf 1970, heute weniger als 50% beträgt. Diese Zahlen beschreiben den Prozess einer rapiden Schrumpfung und Alterung in Deutschland.

War es früher noch so, dass sich junge Menschen in Deutschland mehr Kinder wünschten, als sie tatsächlich bekamen – nämlich im Durchschnitt zwei Kinder, während statistisch jede Frau nur 1,4 Kinder gebar –, so geht heute auch die Zahl der *gewünschten* Kinder deutlich zurück. Junge Menschen wünschen sich heute im rechnerischen Mittel nur noch 1,4 Kinder, sodass man davon ausgehen kann, dass die Geburtenquote weiter absinken wird. Selbst wenn die Geburtenquote heute steigen würde, wäre die Minderzahl der seit 1970 Geborenen – insgesamt fehlen zehn Millionen Kinder – nicht mehr kompensierbar.

Bei der Berechnung der Schrumpfung und Alterung der Bevölkerung geht man heute überdies davon aus, dass jährlich ein Netto-Zuwanderungsgewinn von 200.000 Menschen erreicht wird. Selbst unter dieser optimistischen Annahme würde Deutschland weiter altern und schrumpfen. Heute sind 25% der Bevölkerung über sechzig Jahre alt; in dreißig Jahren werden es 40% sein.

Wollen wir diesem Problem begegnen, so kommt es auf die Gesundheit eines *jeden* Kindes besonders an. Wir müssten daher eigentlich kräftig in die Gesundheit und die Bildung der Kinder investieren. Genau das Gegenteil ist aber der Fall: Unser Bildungssystem ist ungerecht, und zwar sowohl in der Elitenförderung als auch – in besonderem Maße – in der Förderung der sozial Schwachen. Es erzielt schlechte *Durchschnitts*ergebnisse, schlechte Ergebnisse bei der Förderung der besonders *Begabten* und besonders schlechte Ergebnisse bei den sozial *Schwachen*. Hier besteht großer Reformbedarf.

Gesundheitsexperten stellen heute die Disposition zu chronischen Erkrankungen tendenziell immer früher fest, d.h. unsere Kinder sind heute erstmals – bezogen auf gleiche Lebensalter – weniger gesund als ihre Eltern. Erstmals wird schon bei Kindern Alterszucker festgestellt oder auch Bluthochdruck. Wir erlauben in Deutschland bereits Kindern das Rauchen bzw. nehmen es hin, dass rauchende Eltern ihren Kindern eine falsche Orientierung geben. Wir haben besonders wenig Schutz vor gezielter Werbung der Tabakindustrie. Ganz gezielt werden unter den Kindern neue Süchtige produziert. Je früher Kinder aber beginnen zu rauchen, desto dauerhaft süchtiger werden sie. Wer mit 18 Jahren zu rauchen beginnt, wird selten ein Suchtraucher. Wer schon mit 12 Jahren anfängt zu rauchen, kommt im Regelfall nie mehr von der Sucht los. Der frühe Beginn des Rauchens entscheidet darüber, wie stark die Sucht ausgeprägt wird. Das wachsende Gehirn wird durch den frühen Tabakkonsum besonders geschädigt, und es wird eine besonders stabile Sucht produziert. Die Gewinnung von Kindern als Neukunden ist für die Tabakindustrie äußerst wichtig, und wir tun nichts, um dem zu begegnen. Ellis Huber hat recht, wenn er fordert, dass wir uns konsequent vom Profitdenken in diesem Bereich abwenden müssen. Wir müssen stattdessen überlegen: Was können wir tun, um die Geburtenquote zu erhöhen? Was tun, um Chancengleichheit bei Kindern herzustellen? Was tun, um bereits in Kindergärten und

Schulen Kinder gegen die chronischen Erkrankungen zu immunisieren? Wie können wir Bewegungsarmut, Übergewicht und Tabakkonsum bei Kindern systematisch bekämpfen?

Diese Ziele wirkungsvoll anzugehen, fordert eine gesellschaftliche Kraftanstrengung. Wir müssen uns wirklich das Ziel setzen, die nächste Generation mit echter Chancengleichheit auszustatten, sodass sie ihre Begabungen und ihre Gesundheit voll realisieren kann. Gegenwärtig ist dieser Wille in unserer Gesellschaft nicht vorhanden, hingegen ist die Entsolidarisierung der Gesellschaft weit fortgeschritten. Unter dem Aspekt der ›Eigenverantwortung‹ wird die Erziehung den Eltern überlassen. Wenn Arbeitslosigkeit und Jugendkriminalität resultieren, werden die Jugendlichen gescholten, und man verschweigt, dass sie schon als Kinder keine Chance hatten. Wir brauchen eine gemeinsame Aktion von Gewerkschaften, Kirchen und sozial Engagierten aller Parteien, mit der das Solidarsystem modernisiert werden kann. Wir müssen das Image des Solidarsystems wandeln. Nur so haben wir eine Chance, mit den Herausforderungen in einer menschlichen Weise fertig zu werden.

*Ellis Huber:* Man sieht, wie sehr soziale und individuelle Gesundheit miteinander verknüpft sind. Es ist natürlich notwendig, dass sich Ärzte als Heilkundige in einer gesellschaftlichen Kultur gegen die Verführungsgewalt von Großkonzernen aktiv zur Wehr setzen, wenn sie wirklich der Gesundheit der Menschen dienen wollen. Hier fehlt es an Einsicht und an Bereitschaft zur öffentlichen Aussage. Ich stelle fest, dass die Menschen im Lande viel weiter sind, als die Politik annimmt. Es gibt eine große Sehnsucht nach sozialer Geborgenheit und Mitmenschlichkeit in diesem Land – andernfalls gäbe es nicht jenes große Spendenaufkommen z.B. angesichts von Naturkatastrophen.

Es ist Aufgabe auch der Krankenkassen und Ärzteschaft, dafür zu sorgen, dass diese Sehnsucht eine gesellschaftlich verlässliche Antwort bekommt. Auf der Ebene der Sachverständigen – auch in den politischen Parteien – ist man sich im Grunde einig, was nötig wäre, um ein sozial dienliches Gesundheitswesen zu bekommen: Eine *Pflichtversicherung* für alle, ein Beitrag von etwa 10% sämtlicher Einkünfte, die freie Wahl der Krankenkasse und Vertragsfreiheit zwischen Krankenversicherung und Gesundheits-Dienstleistern. Das ist bis heute nicht realisiert, weil der Wettbewerb der politischen Parteien, der Machtkampf in der Politik, kein Einvernehmen zulässt.

Im Gesundheitswesen gibt es keine Gegensätze zwischen Parteien, sondern nur eine Verdrängung der Wahrheit auf allen Seiten und die fatale Inszenierung von Bühnenschaukämpfen zwischen ›Kopfpauschale‹ und ›Bürgerversicherung‹ sowie die Inszenierung ideologischer Kontroversen, die mit den Realitäten wenig zu tun haben. Ich zweifle daran, dass die Politiker diese Scheinheiligkeit überwinden können. Konkrete Gesundheitsversorgung muss viel mehr von den Menschen einer Stadt selbst ausgehen. Nötig ist eine *Renaissance kommunaler Verantwortlichkeit* und sozialer Verantwortung der ansässigen Ärzte, Krankenhäuser und Krankenkassen. Die Gesundheitsversorgung ist das Rückgrat der zivilgesellschaftlichen Kultur, und erst wenn dieses Bewusstsein sich in der Bevölkerung wieder praktisch geltend macht, werden wir aus der heutigen, larmoyanten Krise des Landes herauskommen.

*Beate Schücking:* Diesen konkreten Schritten sollten wir uns intensiver widmen. Gibt es Vorschläge, wie das im Einzelnen geschehen kann?

*Karl Lauterbach:* Ich habe einen unpopulären Vorschlag, den ich aber für alternativlos halte: Wir wissen heute aus der Bildungsforschung, aus der Hirnforschung und der *Public Health*-Forschung, dass die Lebensphase von 3-6 Jahren ein besonders wichtiges Alter für Kinder ist, weil sie dann das Lernen lernen. Das Interesse am Lernen wird gesetzt und die Grundlagen für die spätere Lernfähigkeit, ja sogar die Grundlagen für die spätere Intelligenz. Bereits in der Altersgruppe der Drei- bis Sechsjährigen verteilen und entscheiden sich die Chancen. Kinder, die in dieser Altersstufe wenig gefordert werden, kommen später in ein Schulsystem, wo sie schon so weit benachteiligt sind, dass das Schulsystem diese Unterschiede nur noch vergrößern kann. Die Schule gleicht Unterschiede nicht aus, sondern vergrößert sie noch. Daher wäre mein Vorschlag, dass man im Rahmen qualitativ hochwertiger *Vorschulangebote* mit pädagogisch durchdachten Konzepten, auch spielerisch, den Kindern beibringt zu lernen und das Lernen zu fördern. Dabei müsste auch die Gesundheitserziehung einen hohen Stellenwert bekommen, die die Einstellung zum Körper prägt. Auf diese Weise würde man die sozialen Unterschiede zwischen Arm und Reich, zwischen bildungsarm und bildungsschwach, zwischen Kindern mit und ohne Migrationshintergrund stärker als durch jeden anderen Einzelvorschlag angreifen.

*Ellis Huber:* Das *Pharmakon* der Heilkunst im Informationszeitalter ist Bildung, sind Bildungsprozesse. Wo Heilen stattfindet, geschieht Beziehungsarbeit, werden Beziehungen produktiv. Nur Arzt *und* Patient, Krankenschwester *und* Pflegebedürftiger, Psychotherapeut *und* Klient produzieren gemeinsam eine Gesundung. Wir müssen also dafür sorgen, dass die Strukturen der Gesundheitsversorgung, die ›Systemanreize‹, so ausgestaltet sind, dass der Arzt, die Krankenschwester oder andere Angehörige eines Gesundheitsberufes möglichst gut, ungehindert und ohne größere Bürokratie arbeiten können. Das verbreitete Misstrauen aller Beteiligten untereinander im gegenwärtigen System führt dazu, dass wir 40-50% der Krankenkassenbeiträge in Prozeduren vergeuden, die nicht dem Heilen und Pflegen dienen. Wenn diese vergeudeten Ressourcen für wirkliches Zuwenden, Helfen, Sich-Einsetzen für gesundheitsförderliche Verhältnisse in Kindergärten und Schulen aufgewendet würden, so wäre dies befreiend. Dazu bedarf es aber unter den Beteiligten einer Kultur des Vertrauens und der Offenheit aller, sodass man Arbeitsergebnisse von Ärzten, Krankenhäusern oder von Krankenkassenmanagern sehen, bewerten und beurteilen kann.

Man muss nicht glauben, wir wären nicht in der Lage, die anstehenden Probleme, die wir kennen, zu lösen. Aber dazu braucht es eine neue, offene Sprache. Ich habe häufig Krankenversicherten, die von ihrer Versicherung große Leistungen erwarten und ›mehr rausholen‹ wollten, als sie hineingegeben haben, zu erläutern versucht, dass diese Absicht nur erfüllt werden kann, wenn dafür andere ihr Geld abgeben, ohne dafür etwas haben zu wollen. Die Krankenversicherung steht im Bedarfsfall natürlich für die notwendigen Ausgaben ein, aber wir müssen diesen Zusammenhang offen ansprechen und offen miteinander umgehen, damit Solidarität wieder glücken kann. Es wäre im Grunde ganz einfach. In unserem Land hat das ein Grundprinzip der katholischen Kirche Geltung: das *Subsidiaritätsprinzip*. Es besagt: was Menschen miteinander und untereinander selber lösen können, soll der mächtige Staat ihnen nicht abnehmen. Und es gibt bei uns das *Solidarprinzip* der Arbeiterbewegung, das Bewusstsein, dass wir alle zusammengehören. Wenn wir nun Subsidiarität und Solidarität – regional, lokal und kommunal – organisieren, so wäre vieles zu lösen. Es ist nicht die große Politik in Berlin, die dies für uns erledigt. Wir müssen vor Ort darüber reden, dafür arbeiten, Freunde dafür gewinnen und es dann gemeinsam umsetzen. Ich glaube, wir spüren alle, dass es angepackt werden muss: Eine neue Form von gemeinschaftlicher Kultur dort, wo wir leben. Wir müssen heraus aus der Vereinzelungskultur, die die Globalisierung der Wirtschaft produziert. Das ist die zentrale Gesundheitsfrage und ›Heilaufgabe‹ für alle Beteiligten.

*Publikum:* Es muss auch die Frage nach einer Begrenzung der Gesundheitskosten gestellt werden. Was nützt die beste Bürgerversicherung, wenn sie nur eine Grundversorgung sicherstellt? Wie lassen sich unter Wahrung eines hohen Standards dennoch die Kosten begrenzen?

*Publikum:* Das Problem, das ich als Ärztin jeden Tag in der Praxis habe, ist *wirtschaftlich* zu arbeiten. Mir ist eben nicht die Aufgabe gestellt, meine Patienten optimal zu betreuen, rundum zu betreuen. Das versagen mir der

Gesetzgeber und die Krankenkassen. Wenn es trotzdem geschieht, dann zum Nulltarif. Das machen in Deutschland sehr viele Ärzte, die ihren Beruf noch ernst nehmen, und zwar auch nach Feierabend.

Wenn kein Geld mehr im System ist, können wir auch nichts ausgeben, das leuchtet ein. Aber man kann darüber nicht nur ökonomisch diskutieren. Man muss berücksichtigen, dass es hier immer um Menschen geht. Der Einzelne braucht eine individuelle Betreuung, keine schematische Betreuung im 10-Minuten-Takt, wie sie die letzte Gesundheitsreform bewirkt hat. Kein Patient weiß, wie es im Moment in den Praxen wirklich aussieht. Es wird nur öffentlich gemacht, dass Ärzte für wenig Leistung viel verdienen, und das ist einfach falsch.

*Karl Lauterbach:* Man muss klar unterscheiden, ob man Ärzte oder ein Gesundheitssystem kritisiert. Wenn im gegenwärtigen System die ehrlich motivierte Ärztin, die keinen Unterschied zwischen gesetzlich und privat Versicherten macht, sondern sich mit beiden die gleiche Mühe gibt, deutlich schlechter verdient, als wenn sie nur Privatversicherte behandeln würde, so ist das ein Fehler des Systems. Ein System, in dem die Honorierung davon abhängt, wie gut jemand versichert ist, ist ungerecht. Es ist widersinnig, wenn die Blutdruckmessung bei einem Beamten besser bezahlt wird als bei einer AOK-Versicherten.

Diese Umstände kritisiere ich, nicht die Ärzte, die unter den Bedingungen dieses Systems handeln. Ich kenne viele Ärztinnen und Ärzte, die unter persönlichem Einsatz, auch unter Einkommensverzicht, das kaputte System kompensieren. Das System funktioniert in vielen Bereichen nicht, wird aber auch von Funktionären verteidigt, die genau wissen, dass es nicht funktioniert, und diesen Zustand mit verantworten. Die 6-Minuten-Medizin ist das Ergebnis eines unsinnigen Honorarsystems, das von den kassenärztlichen Vereinigungen entwickelt wurde und verteidigt wird. Ich stelle mich gern auf die Seite der sozial engagierten Ärztinnen und Ärzte. Das System der kassenärztlichen Vereinigungen aber steht einer leistungsorientierten, menschlichen Medizin entgegen.

Zur Frage nach der nachhaltigen Ausgestaltung der Bürgerversicherung möchte ich sagen, dass sie anderes leisten muss, als einfach nur mehr Geld ins System zu bringen. Bürgerversicherung muss auch *Prävention* vor Behandlung sein. Dieser Aspekt soll sogar im Vordergrund stehen, insbesondere bei Kindern. Prävention, vorbeugende Gesundheitsförderung – tut Not nicht nur in der ärztlichen Praxis, sondern auch in den Betrieben, in den Schulen, in den Kommunen. Das Vorbeugen muss eine Philosophie werden.

Außerdem müssen wir wegkommen von Leistungen, deren medizinischer Wert umstritten ist. Wir benötigen eine Prüfung dessen, was wirklich nützt und was schädlich ist. Man muss das zusätzlich, dringend benötigte Geld gut investieren. Wenn z.B. bei gesunden Menschen Vorsorgeuntersuchungen gemacht werden, deren Qualität unzureichend ist – wie es z.B. für manche Mammographie-Untersuchungen gilt, denen kein konkreter Verdacht vorausgeht –, dann ist der Schaden möglicherweise größer als der Nutzen. Diese Röntgenuntersuchungen sind von der Qualität so unzureichend, dass sie bei vielen Frauen einen Verdacht auf Brustkrebs ergeben, der sich später nicht bestätigt. Dies führt nicht selten zu teuren Behandlungen und unnötigen Operationen.

Ein anderes Beispiel sind vorsorgliche Untersuchungen des so genannten *PSA*-Wertes bei Männern, um Prostatakrebs zu diagnostizieren. Diese Blutuntersuchung, bei der nach einem Krebs-Anti-Gen gesucht wird, wird damit begründet, dass im positiven Fall die Behandlung früher einsetzen könnte und somit dem Patienten genützt würde. Ein solcher Nutzen ist bisher aber durch Studien bisher nicht belegt. Sicher ist nur, dass in vielen Fällen dem Test eine Operation folgt, die vielfach mit Komplikationen wie Impotenz oder Inkontinenz einhergeht. Leider bieten viele Urologen den Test als eine zusätzliche Leistung an, die privat abgerechnet werden kann. Dies ist ein klassisches Beispiel dafür, wohin die Kommerzialisierung der Medizin führt: Der Test, ein teurer Bluttest, bringt Umsatz für die Firma, die ihn anbietet. Und der durchführende Arzt erhöht seinen Umsatz, denn er kann außerhalb seines Budgets abrechnen.

Ich warne also vor einer Kommerzialisierung der Medizin. Diese hat Über- und Fehlversorgung zur Folge, während wir gleichzeitig im Vorbeugebereich und bei Kindern eine deutliche Unterversorgung haben.

*Beate Schücking:* Es gibt zahlreiche derartige Beispiele. Auch aus den Bereichen der Müttergesundheit und der Schwangerenvorsorge ließe sich diese Liste verlängern.

*Ellis Huber:* Das Problem mit den Funktionärseliten ist, dass sie nicht deutlich sagen, worum es geht. Wir nehmen in Deutschland jedem Bürger jährlich im Durchschnitt 2.700 Euro aus der Tasche, um die Gesundheitsversorgung sicherzustellen. Über den Risikostrukturausgleich bekommen die Krankenkassen diejenigen Summen als Kaufkraft zugewiesen, die den durchschnittlichen Ausgaben der Alters-, Geschlechts- und Sozialstatusgruppe entspricht, das sind 680 Euro für einen 18-Jährigen und ca. 4.700 Euro für einen 80-jährigen Mann. Die kaufmännische ›Kunst‹ der Krankenkassen besteht nun darin, mit ihren realen Ausgaben unter diesen Durchschnittssätzen zu bleiben. Für den Erfolg ist aber die Mitwirkung der Ärzte Bedingung. Deshalb brauchen wir auch im Verhältnis zwischen Arzt und Krankenkasse eine neue Form von Gemeinsamkeit. Es ist ethisch nicht akzeptabel, wenn man mit dem jährlich in der gesetzlichen Krankenversicherung eingesammelten Geld – immerhin 140 Milliarden Euro, eine Summe, die das Steueraufkommen aller Kommunen zusammen weit übersteigt – nicht haushälterisch und zielorientiert umgeht.

Kann das funktionieren? Ja, es geht: In der Schweiz, in Zürich, in einem Stadtteil, in dem sich Drogenabhängige gern versammeln, gibt es ein Gesundheitszentrum. Dort arbeiten zehn Ärzte und Ärztinnen mit anderen Gesundheitsberufen zusammen. Sie haben 10.000 eingeschriebene Krankenversicherte und bekommen für die volle Versorgung dieser Krankenversicherten eine Kopfpauschale von der Krankenkasse. Diese Mittel bilden ein gemeinsames Budget, aus dem alles finanziert wird, was die Menschen brauchen. Die Ärzte zahlen sich ein Einkommen, das dem eines Oberarztes entspricht. Es wird um 15% erhöht, sofern die Gesamtversorgungsergebnisse es zulassen, was seit 10 Jahren der Fall ist. Dieses Modell funktioniert, und die Versorgung der Versicherten ist, bei ansonsten gleichem Risikopotential wie sonst in der der Bevölkerung, 20-30% preiswerter als im Durchschnitt in der Schweiz.

Diese Ärzte sagen: ›Wir sind frei im Kopf, wir denken nicht mehr ans Abrechnen, sondern daran, was gebraucht wird.‹ Wenn ein Patient mit einem kleinzelligen Bronchialkarzinom vor ihnen sitzt, sagen sie nicht: ›Herr Müller, die Prognose ist schlecht, aber es gibt, wie immer in der Medizin, auch Hoffnung; die letzte Chance, die wir haben, ist eine Chemotherapie, eine Sechser-Kombination‹. Nach einer solchen Mitteilung verlangen Karzinom-Patienten In der Regel diese Therapie.

Die Schweizer Kollegen sagen: ›Herr Müller, wir müssen darüber sprechen, wie wir mit dem Krankheitsproblem umgehen. Es gibt, das müssen Sie wissen, eine Chemotherapie, die bei einem von zehn Patienten wirkt und dann das Leben im Schnitt vier bis fünf Monate verlängert, bei folgenden Nebenwirkungen ... Aber es mag ja sein, dass für Sie diese Verlängerungschance Ihres Lebens sehr wichtig ist.‹

Siehe da, noch 16% der Patienten verlangen nach der Chemotherapie. Die übrigen setzen in dieser Situation auf einen anderen Wert.

Offene Kommunikation über Möglichkeiten und Grenzen der Medizin und ein System, in dem man sich gegenseitig wieder vertrauen kann, führen dazu, dass die vorhandenen, guten Ärzte wieder frei werden, gut heilen zu können. Es fehlt nicht am Geld. Es fehlt an einem System, das diese Möglichkeiten zulässt. Mit der jüngsten Gesundheitsreform ist dazu im §140, Sozialgesetzbuch V, unter dem Stichwort ›Integrierte Versorgung‹ die Voraussetzung geschaffen worden. Zweifellos ist nicht das gesamte System auf einen Schlag veränderbar. Nicht alle Ärzte verändern plötzlich ihre bisherige Praxis; ich behaupte, ein Drittel in der Ärzteschaft betreibt auch fahrlässige oder gar absichtliche Körperverletzung, weil es Geld bringt. Also kann die Veränderung nur mit bereitwilligen Ärztinnen und Ärzten stattfinden.

In vielen Städten – in Hamburg, Nürnberg, Aachen und anderswo – gibt es Kolleginnen und Kollegen, die bereit sind, mit dem Geld der Krankenkassen anders umzugehen und Verantwortung dafür zu übernehmen, dass es sinnvoll eingesetzt wird. Genau an dieser Stelle ergeben sich ökonomische und heilkundliche Synergien in Bezug auf die Heilmittel, die Patienten, Ärzte und Krankenkassen.

In diese Richtung müssen wir die Entwicklung voranbringen.

*Publikum:* Wir kommen nicht darum herum, auch Grenzen der Gesundheitsversorgung so abzustecken, dass der Einzelne sie bemerkt und seine eigene ökonomische Entscheidung treffen kann. Warum sollte es kein ›Aldi-Krankenhaus‹ geben?

Wir brauchen im Gesundheitswesen eine größere Vielfalt der Geschäftssysteme und eine Anreizgestaltung, die auch den Einzelnen mit einbezieht und sagt: Muss denn diese Untersuchung wirklich noch sein? Oder gibt es vielleicht auch die Möglichkeit, dass ich darauf verzichte?

*Publikum:* Ich erlebe täglich, dass Krankenkassen berechtigte Kuranträge von alten Menschen inzwischen systematisch ablehnen, als ob deren gesundheitliche Probleme nicht durch intensive Behandlung gebessert werden könnten. Das ist Alltagsgeschäft für jeden Arzt in der heutigen Zeit. Die These, dass die Krankenversicherungen das Profitdenken der Ärzteschaft förderten, stimmt nicht.

*Karl Lauterbach:* Ich habe nie die Position vertreten, dass in Deutschland Ärzte zu gut verdienen. Meine Meinung ist, dass die Bezahlung zu wenig von der Leistung abhängt. Wer in einem benachteiligten Stadtteil, in Berlin-Neukölln z.B., gute Medizin bei Sozialhilfeempfängern, Arbeitslosen und AOK-Versicherten macht, verdient wenig. Der Universitätsprofessor, der sich auf Beamte und Gutverdienende konzentriert, verdient zum Teil ein Vielfaches. Wir machen zu wenig, um soziale Unterschiede im Gesundheitsverhalten und bei den Gesundheitsergebnissen aufzufangen.

Wenn die Grundsatzentscheidung getroffen wird, ob wir mehr Privatisierung des Gesundheitssystems oder mehr Solidarsystem bekommen, sollte die Privatisierung nicht als ›Zugewinn an Wahlfreiheit‹ verkauft werden. Wer will, dass diejenigen, die auch sonst privilegiert sind – Beamte, Gutverdienende, Gesunde – eine bessere Gesundheitsversorgung bekommen, soll ehrlich sein und das offen vortragen. Wir wissen genau, dass derjenige, der kein Geld hat, sich zusätzlich privat zu versichern, oder zu alt oder schon zu krank für den Abschluss einer privaten Zusatzversicherung ist, bestimmt keine Wahl hat. ›Wahlfreiheit‹ ist ein Kampfbegriff, gegen den ich mich wehre.

*Ellis Huber:* Eine der teuersten Krankheiten, auf die die meisten Fehlzeiten von Arbeitnehmern und die häufigsten Gründe für Frühverrentungen zurückgehen, sind *Rückenschmerzen*. Ein nicht untypischer Verlauf sieht so aus: Die aufgrund der Klage eines 45-jährigen Patienten über ›Rückenschmerzen‹ hin durchgeführte klinische Untersuchung erbringt keinen wesentlichen pathologischen Befund. Die Bewegungen sind in alle Richtungen frei durchführbar. Er hat keine ausstrahlenden Nervenschmerzen. Der Patient wünscht schließlich eine Überweisung zum Orthopäden. Dieser findet bei der klinischen Untersuchung ebenso wenig, führt aber eine Röntgenuntersuchung der gesamten Wirbelsäule durch. Es finden sich geringe degenerative Veränderungen am vierten und fünften Lendenwirbel, die – so wird dem Patienten mitgeteilt – möglicherweise Zeichen eines *Bandscheibenverschleißes* in diesem Bereich sind. Außerdem stellt der Orthopäde fest, dass die Gegend der *Niere* etwas druckschmerzhaft ist, und empfiehlt das Aufsuchen eines Urologen. Jetzt beginnt ein verhängnisvoller Prozess: Die Veränderungen an der Wirbelsäule sind eigentlich alterstypisch und sicherlich nicht der Grund für die Beschwerden. Der Patient hat jetzt aber ein ›Töpfchen‹, in das er seine Krankheit hineintun kann, den Bandscheibenschaden. Es folgt die Überweisung zum Urologen. Es wird sonographiert, die Nieren werden mit Kontrastmitteln geröntgt, die Blase gespiegelt, eine Vorsorgeuntersuchung gemacht. Es zeigen sich Veränderungen im Nierenbecken, möglicherweise auf eine früher durchgemachte *Nierenbeckenentzündung* hinweisend, und eine minimal vergrößerte *Prostata*. Somit sind wieder zwei Erkrankungen dazugekommen, beide natürlich kontrollbedürftig, Wiedervorstellung im nächsten Quartal. Empfohlen werden noch eine Blutuntersuchung und der Ausschluss einer *Zuckerkrankheit*. Der nächste Schritt geht zum Internisten, der eine Erhöhung der *Blutfettwerte* findet, die mit Medikamenten behandelt wird. Das Resultat nach einigen Wochen: Bandscheibenschaden, eine kranke Niere, eine vergrößerte Prostata, erhöhte Blutfettwerte. Der Patient hat als Folge das Bewusstsein des drohenden Herzinfarktes und der wohl bald versiegenden Potenz. Die Therapie: Einmal täglich eine Tablette für die Prostata, zweimal eine für die Blutfettwerte. Kurzum: Der Dauerpatient ist geboren, aber seine Rückenschmerzen bleiben ihm erhalten.

Diese Geschichte wird in dem Buch *Zwischen Ethik und Profit. Arzt und Patient als Opfer eines Systems* von *Edgar Berbuer* beschrieben.

Wir brauchen die Bereitschaft in der Ärzteschaft, dieses System zu kritisieren. Wir müssen es verändern, um wieder normale und vernünftige Heilmethoden umsetzen zu können. Es ist unnötig, Feindbilder zu produzieren. Sinnvoller ist, dass Krankenkassenvertreter, Ärzte und Gesundheitspolitiker gemeinsam die Aufgabe erkennen, eine sinnvolle und preiswerte Gesundheitsversorgung für alle Bürgerinnen und Bürger zu realisieren. Das können wir nicht gegeneinander, sondern nur miteinander.

*Beate Schücking:* Dieses praktische Beispiel ergänzt hier vorgetragene allgemeinere Überlegungen zur Organisationsstruktur des Gesundheitssystems. *Beide* Blickwinkel sind sicher vonnöten. Ich habe 10 Jahre in der klinischen Medizin gearbeitet und 10 Jahre als Professorin im gesundheitswissenschaftlichen Bereich. Oft haben mir praktisch tätige Kollegen z.B. der Geburtshilfe vorgehalten: ›Sie sind doch 'raus. Warum kritisieren Sie die Ultraschalluntersuchungen, die wir an gesunden Schwangeren machen‹? Nun ist es eben nicht erwiesen, dass die Vielzahl von Ultraschalluntersuchungen an gesunden Schwangeren die Gesundheit von Mutter und Kind in irgendeiner Weise positiv beeinflusst. Dennoch werden in Deutschland sehr viele dieser Untersuchungen gemacht.

Eine Gesundheitsexperte der WHO hat dazu folgenden Vergleich: Es ist so, als ob die Trainer rund um das Fußballfeld stehen und den Spielern Anweisungen geben. Das haben die Spieler nicht gern, und es gibt entsprechende Auseinandersetzungen. Aber es braucht beide Seiten, die Akteure im Feld *und* die Organisatoren, die außerhalb stehen und versuchen, Dinge zu verändern und für alle günstiger zu regeln.

Dass ein enormer Regelungsbedarf besteht, sollte deutlich geworden sein, ebenso wie einige hoffnungsvolle Ansätze dazu. Einige Aspekte sind unberücksichtigt geblieben, so z.B. die Interessen der Pharmaindustrie, die ja ebenfalls zu den Akteuren im Gesundheitsbereich zählen. Ähnliche Probleme bestehen in allen Ländern Mitteleuropas, deren Demographie sich nicht wesentlich unterscheidet.

Was können wir in einer Zeit, in der Europa immer mehr zusammenwächst, von den Nachbarn lernen? Dinge wie das Blutdruckmessen sollten wir schnellstens selber lernen – wer weiß, ob Blutdruckkontrollen irgendwann noch bezahlt werden und ob ausreichend Ärzte und Ärztinnen dafür da sind. Unsere Eigeninitiative wird in viel größerem Ausmaß gefordert sein, und das sollte uns nachdenklich machen.

Karl Lehmann, Reinhold Mokrosch, Nadeem Elyas

# Wie gehen wir mit dem Fundamentalismus um?

Podiumsveranstaltung in der Aula der Universität
am 7. Juli 2005

*Karl Kardinal Lehmann*          Vorsitzender der Deutschen Bischofs-
                                 konferenz, Bischof von Mainz
*Dr. Nadeem Elyas*               Vorsitzender des Zentralrates der
                                 Muslime in Deutschland, Eschweiler
*Prof. Dr. Reinhold Mokrosch*    Universität Osnabrück – Gesprächsleitung

*Reinhold Mokrosch:* »Fundamentalismus ist eine der zentralen Herausforderungen des 21. Jahrhunderts«, behauptete der US-amerikanische Politologe *Samuel Huntington* in seinem Buch *The Clash of Civilisations.* Und er fügte hinzu: »Die Art, wie wir mit Fundamentalismus umgehen, entscheidet über unser Überleben im 21. Jahrhundert.« — Behält *Huntington* Recht? Gefährdet der Fundamentalismus den Weltfrieden? Die Sprengstoffanschläge des heutigen Tages in sechs Londoner U-Bahn-Stationen und einem Bus scheinen dies zu bestätigen. Aber: ›Fundamentalisten‹ ist keineswegs ein Synonym für Terroristen; auch Pazifisten sind Fundamentalisten.

Huntingtons Thesen sind vielfach bestritten worden, auch mit dem Einwand, der Fundamentalismus sei ein künstliches Medienprodukt. Die Bilder tiefschwarz verschleierter *Muslima,* umringt von Koran schwingenden Männern oder sprengstoffumgürteten, selbst ernannten Märtyrern, seien nur eine mediale Realität, die den Islam ebenso wenig repräsentiere wie die IRA in Belfast den Katholizismus. Auch die ultra-orthodoxen, ebenfalls schwarz gewandeten jüdischen Siedler mit Davids- und Salomo-Locke stünden nur für eine verschwindende Minderheit im Judentum. Fundamentalistische Protestanten, die mit Emphase an der göttlichen Schöpfungsgeschichte der Welt festhalten und sich selbst für ›Söhne des Lichtes‹, alle anderen aber für Söhne der Finsternis halten, gäbe es nur in einigen Winkeln der USA, nicht aber in Europa. Und katholische Anti-

Modernisten, die das Zweite Vatikanische Konzil und möglichst die ganze Aufklärung zurückdrehen möchten, wären heute, so die Gegner der Thesen von Huntington, nur noch in abgelegenen Gegenden Österreichs zu finden. Ist der Fundamentalismus also ein *mediengesteuertes Feindbild*?

Ein Vorschlag zur Kennzeichnung derer, von denen hier die Rede ist: *Fundamentalisten* sind Menschen, die sich auf ihre ›heilige Schrift‹ als absolute Wahrheit beziehen; die einen idealisierten Originalzustand ihrer Religion kompromisslos wiederherstellen wollen; die nach einer rigiden Moral leben und die Moderne, Postmoderne und Pluralismus verteufeln; die sich über diese Fragen auf keine Diskussion einlassen und die auch, wenn sie politische Fundamentalisten sind und ihre Religion instrumentalisieren, Gewalt zur Herbeiführung einer ›besseren Welt‹ befürworten.

*Karl Lehmann:* ›Fundamentalismus‹ ist seit einigen Jahrzehnten, bestimmt aber seit den 1970er Jahren eines der großen Schlagworte unserer Gegenwart und wohl auch für die nächste Zukunft geworden. Mit diesem Begriff geht es ähnlich wie mit manch anderem Modewort: Man möchte sie lieber vermeiden, aber sie haben ein zähes Leben und scheinen fast unersetzlich. Das Wort ›Fundamentalismus‹ ist in aller Munde, doch nur wenige machen sich Gedanken über seine Tragweite und Grenzen. Dies ist deshalb bedenklich, weil die Rede von ›den Fundamentalisten‹ zu einer Kampfparole in der geistlichen und gesellschaftlichen Auseinandersetzung geworden ist, ja zu einem Totschlagwort.

Das Wort enthält Vorwürfe und Rückfragen gegenüber der modernen Wissenschaft, Vernunftfeindschaft, moralischen Rigorismus, Intoleranz gegenüber Andersdenkenden, Militanz bei der Durchsetzung von Zielen und Flucht ins Radikale. Zudem besteht offensichtlich eine fast unausweichliche Tendenz, religiöse wie politische Strömungen unserer Gegenwart, die sich als Auswege aus einer kollektiven Identitätskrise verstehen, unter diesem gemeinsamen Nenner Fundamentalismus zusammenzufassen.

Das Spektrum ist freilich so weit, dass sehr vielschichtige und widersprüchliche Bewegungen in einen Topf geworfen werden: Protestantische Fundamentalisten in den USA, fundamentalistische Strömungen am äußersten rechten Spektrum der katholischen Kirche, islamischer Fundamentalismus, bestimmte Tendenzen im orthodoxen Judentum Israels, ja auch unter den Hindus und in fast allen anderen Religionen. Gemeinsam ist ihnen die Verweigerung von Kooperation, Kompromiss und Diskurs. Bei manchen parteipolitischen Vertretern würde man von ›Fundamentalopposition‹ sprechen. Es zeigt sich, was einen Grundzug des Fundamentalismus ausmacht, nämlich die Negierung der komplexen Lebensrealität unserer Gegenwart. Und in jüngster Zeit kommt eine enge Nachbarschaft – keine Identität! – von Fundamentalismus und Terrorismus hinzu.

Woher kommt der Begriff ›Fundamentalismus‹? Ursprünglich war der Terminus mit der Geschichte des neuzeitlichen evangelischen Christentums verbunden und bezeichnete hauptsächlich jene Gruppen in den Vereinigten Staaten und England, die als Protestbewegungen im 19. und frühen 20. Jahrhundert gegen den extremen Liberalismus in Theologie und Kirche angingen. Man zählt sie gewöhnlich zum konservativ-evangelikalen, gelegentlich auch zum pietistischen Flügel des Protestantismus. Das Wort ›Fundamentalismus‹ ist wohl erst um das Jahr 1920 geprägt worden.

Die gemeinsame Stoßrichtung der verschiedenen Gruppen geht gegen den so genannten ›Modernismus‹. Und durch die Selbstbezeichnung amerikanischer Protestanten wurde der Begriff zum Attribut für diese. Der Oxforder Bibelwissenschaftler *James Barr* schrieb dieser kirchlichen Bewegung folgende Merkmale zu: starke Betonung der Unfehlbarkeit und absoluten Irrtumsfreiheit der Heiligen Schrift; Ablehnung gegenüber modernen Theorien und ihrer Methoden, besonders der historisch-kritischen Forschung; die feste Überzeugung, dass alle, die nicht den fundamentalistischen Standpunkt teilen, keine wahren Christen sind.

Das fundamentale Dogma dieser Bewegung besteht in der Überzeugung, das Wort Gottes sei – ganz und ausschließlich – wörtlich zu nehmen. Deswegen richtet sich der Fundamentalismus bis heute z.T. ganz massiv gegen das Erklärungsmodell biologischer Evolution und verteidigt stattdessen das ›Sieben-Tage-Werk Gottes‹. Der Darwinismus und das naturwissenschaftliche Denken werden für die Säkularisierung verantwortlich gemacht. Von diesem Ursprung der Begriffsgeschichte ist indessen nicht alles erklärbar. Seine Kraft hat der Fundamentalismus vor allem auch in einer großen *missionarischen* Aktivität erwiesen, was insofern verständlich ist, als die missionarischen Bemühungen schon wegen der in der Weitergabe des Glaubens notwendigen Elementarisierung, der Konzentration des Glaubensgutes, zu der beschriebenen Mentalität neigen könnten. Die Sache selbst hat es freilich schon längst vor dem Aufkommen des Wortes Fundamentalismus gegeben, in ganz unterschiedlichen Gegenbewegungen, so z.B. gegen das Eindringen der Aufklärung, gegen die historische und literarische Bibelkritik, gegen den übermächtigen Einfluss wissenschaftlicher Ergebnisse auf das Verständnis der Schrift. Gegenüber der kritischen Theologie fast aller Jahrhunderte setzte eine grundsätzliche Gegenbewegung ein, die selbstlos und manchmal auch trotzig auf jenen unantastbaren Wahrheiten beharrte, die jedem Hinterfragen entzogen sein sollten.

Zweifellos gibt es auch einen *islamischen* Fundamentalismus. Er geht auf das 18. und 19. Jahrhundert zurück und stellt die höhere normative Gültigkeit des Korans gegenüber der Vielfalt der Rechtsschulen heraus. Ihm geht es um die Rückkehr zum ›reinen Islam‹ der Anfänge. Die späteren Rechtsschulen hätten, so lautet die fundamentalistische Kritik, zu viele verstandesmäßige Erwägungen eingebracht, die nicht verbindlich seien, vielmehr für die Einheit der Gläubigen oft ein Hindernis. Anpassung an die moderne Welt wird als Verlust der islamischen Identität und als unfreiwillige Bevorzugung westlicher Lebensformen auf Kosten originärer islamischer Überlieferungen verstanden. Dieser Fundamentalismus ist keineswegs notwendig konservativ. Die bestehende Ordnung ist nämlich in Übereinstimmung mit den ursprünglichen Grundsätzen des Islam. Darum sind fundamentalistische Bewegungen dieser Art in einer Gesellschaft, die nicht so eindeutig zwischen Religion und Politik unterscheidet, rasch und sehr eng mit politisch evolutionären Bewegungen verbunden.

Auch innerhalb der *christlichen* Religion müssen wir das Verhältnis zum Fundamentalismus bedenken, zu den Gefahren im eigenen Bereich, aber eben auch die Möglichkeiten zum Gespräch und zur Auseinandersetzung. Inhaltlich ist der christliche Glaube bezogen auf die zentrale Botschaft der Erlösung und Befreiung durch *Jesus Christus*. Er selbst, seine Person, sein Werk sind das unersetzliche Fundament des christlichen Glaubens. Alle anderen Fundamente kommen von ihm her und sind in ihm und im Glauben an Gott begründet. Und dies gilt auch für die Kirche als Ort der Kommunikation von Gottes befreiender Wahrheit des Evangeliums für die Welt. Sie darf sich nie als in sich stehende und in sich selbst sich verschließende Institution begreifen. Sie ist die Kirche Gottes in Jesus Christus nur dann, wenn sie stets in doppelter Transzendenz begriffen ist, nämlich in der Hinkehr und Hinführung der Menschen *zu Gott* und in der Zuwendung zu allen Menschen und zur zerrissenen Welt. Der christliche Glaube ermöglicht dieses Verständnis Gottes, eine solche Ausrichtung des Evangeliums und eine solche Sendung der Kirche. Der Glaube wirkt in sich selbst, bietet eine eigene ›Sinnhelle‹, sucht selber nach dem eigenen Verständnis und setzt sich dafür in Anknüpfung und Widerspruch mit seiner Um- und Mitwelt auseinander. Auch wenn er an die Fundamente der apostolischen Zeit und die Schrift, an das frühe *Credo* und den *Kanon*, die so genannten Glaubensregeln, gebunden ist, dann weiß er auch stets zwischen diesen Fundamenten und der sich geschichtlich wandelnden Form zu unterscheiden. Und damit ist auch gegeben, dass der Glaube nicht blind und *opak* ist, nicht unabänderlich an bestimmte Sprachen und Kulturen gebunden ist, sondern dass er verwandlungs- und übersetzungsfähig bleibt für andere Räume der Geschichte der Nationen und der Kontinente.

Der Glaube weiß um die Notwendigkeit und Bedingtheit dieser Texte und der ganzen *Inkulturation*. Darum gehört die Verkündigung in den vielen Sprachen der Menschen zu ihm; die stets neue Erarbeitung einer Theorie, die mit wissenschaftlichen Maßstäben vereinbar ist; der Diskurs mit den wissenschaftlichen und anderen Weltanschauungen sowie Religionen; der Dialog in der Gesellschaft und das entschiedene Eintreten für die eigene Wahrheit in einem pluralistischen Gemeinwesen, ohne durch den eigenen Wahrheitsanspruch fanatisch oder intolerant zu werden. Dafür sind eine stete spirituelle Erneuerung und ein so genanntes *Aggiornamento* notwendig, das die Zeichen der Zeit zu lesen und zu unterscheiden versteht. Mit diesem Glaubensverständnis sind viele Formen eines Fundamentalismus nicht vereinbar.

Zum notwendigen *inter*religiösen *Gespräch* möchte ich an dieser Stelle folgende Thesen formulieren:

*Erstens:* Das Gespräch und die Begegnung der Religionen setzen einen universalen, menschheitlichen Horizont voraus. Man muss ins Auge fassen, was den Menschen gemeinsam ist und zu ihrer unbegrenzten Gemeinschaft untereinander führt. Dazu gehört, dass man sich in gleicher Weise als Mensch anerkennt und annimmt. Das findet in derselben Menschenwürde und in den Men-

Karl Kardinal Lehmann

schenrechten für alle seinen Ausdruck. Keine Religion darf sich von dieser Basis entfernen. Ein Dialog ist nur dann möglich, wenn man sich unbeschadet aller Unterschiede zunächst einmal als Ebenbürtiger unter Ebenbürtigen akzeptiert. Der Dialog darf nicht durch Machtansprüche jeglicher Art verzerrt werden. Das Fundament für diese Gemeinsamkeit ist nicht nur das ›eine Menschengeschlecht‹, das auf dem ganzen Erdkreis wohnt und eine einzige Gemeinschaft darstellt. Die Religionen sehen in *Gott* den Ursprung und das Ziel der Menschheit. Und die Güte und Liebe Gottes beziehen sich auf alle Menschen, die Gott einmal in Freiheit und Frieden zur gemeinsamen Bevölkerung vereinen möchte.

*Zweitens:* Gerade heute müssen die Religionen zwar auf ihre Weisen, aber doch in einem gemeinsamen Bemühen gegenüber den Fragen und Herausforderungen, aber auch angesichts der Nöte und Leiden der Menschen, Zeugnis dafür ablegen, warum es überhaupt Religion gibt und warum sie dem Menschen dienlich ist. Die elementaren Antworten auf die Frage: »Wozu Religion?« müssen in Wort und Tat überzeugen.

In dem 40 Jahre alten Dokument *Nostra Aetate* des Zweiten Vatikanischen Konzils, das der Klärung über die Beziehung zu den nichtchristlichen Religionen gewidmet ist, haben wir eine im Laufe der Zeit – nicht zuletzt auch im Verhältnis zum Judentum – immer bedeutungsvoller gewordene Erklärung, die berühmte »Nr. 1«. Dort heißt es:

> »Die Menschen erwarten von den verschiedenen Religionen Antwort auf die ungelösten Rätsel des menschlichen Daseins, die heute wie von je die Herzen der Menschen im tiefsten bewegen: Was ist der Mensch? Was ist Sinn und Ziel unseres Lebens? Was ist das Gute, was die Sünde? Woher kommt das Leid, und welchen Sinn hat es? Was ist der Weg zum wahren Glück? Was ist der Tod, das Gericht und die Vergeltung nach dem Tode? Und schließlich: Was ist jenes letzte und unsagbare Geheimnis unserer Existenz, aus dem wir kommen und wohin wir gehen?«[1]

Die Religionen müssen dafür sorgen, nicht zuletzt durch das Gespräch und die Kooperation miteinander, dass dieser Grund für ihre Existenz auch dem heutigen Menschen einsichtig wird. Dies darf nicht nur apologetisch geschehen, sondern muss geistig offensiv für die Gegenwart geltend gemacht werden. Dialog, Argumentation, unterstützt vom Lebenszeugnis, sind die wichtigsten Regeln.

*Drittens:* Alle Religionen geben eine Orientierung in der Unübersichtlichkeit und in den Wechselfällen des Lebens. Dies muss heute gewiss zwar von der Erfahrung der Menschen ausgehen, aber eben doch durch diese möglichst rationale Argumentation einsichtig gemacht werden. Aber es geht nicht nur darum, *kognitive* Orientierungssysteme aufzustellen. In der Religion geht es immer auch um die *praktische* Wahrheit, nämlich um die Bewältigung der religiösen Überzeugung in der Tat des Lebens. Deshalb ist Religion immer auch eine Einheit von Theorie und Praxis, von Erkennen und Handeln, von Frömmigkeit und Nächstenliebe. Für die allermeisten Menschen ist eine Religion nur überzeugend, wenn beide Dimensionen zur Deckung kommen und auf diese Weise verstärkte Evidenz erhalten. Der Apostel *Johannes* sagt es ganz schlicht: »Die Wahrheit tun!«

*Viertens:* Wenn der Anspruch der Religionen und die faktische Erfüllung bzw. Realisierung prinzipiell auseinanderklaffen, wenn Wort und Tat sich nicht decken, sondern sogar widersprechen, so ist dies für jede Religion von Grund auf schädlich. Da sie auf die Überzeugungskraft in Wort und Tat, in Theorie und Praxis angewiesen ist, erleidet sie eine große Einbuße an Glaubwürdigkeit, wenn der Riss zwischen Anspruch und Erfüllung zu groß wird. Dann entsteht notwendigerweise Religionskritik, sei es im allgemeinen oder im modernen Sinne, und dies kann bis zum Vorwurf der Heuchelei gehen. Damit können auch andere als religiöse Interessen verbunden sein wie z.B. Macht, politischer oder finanzieller Art, sodass gegenüber der Religion ein massiver Verdacht und oft großes Misstrauen entstehen können. Oft sind auch handfeste Interessen auf verborgene Weise beteiligt und deshalb muss jede Religion aufmerksam für sich selbst bleiben, ob sich in ihrem Anspruch letztlich solche Interessen an die erste Stelle schieben oder auf verborgene Weise wirksam sind. Deshalb gibt es die notwendige Unterscheidung, wie mein Freiburger Lehrer *Bernhard Welte* sagte, zwischen Wesen und Unwesen jeder Religion.

Darum gehört zur Religion von Grund auf auch eine stetige Erneuerung. Diese Erneuerung muss zuerst einen überzeugenden spirituellen Grund, aber auch konkrete Auswirkungen haben für Organisationen, Institutionen. Sonst kann eine Religion dem Verdacht, letztlich eine Ideologie zu sein und konkrete Interessen weitgehend zu verdecken, nicht genügend entgegentreten. Dieses gilt grundsätzlich für alle Religionen, und darum gibt es wohl auch in jeder Religion immer wieder Erneuerungsversuche und Reformbewegungen aus dem eigenen Innern. Aber gewiss ist es für das geistige Klima und die kulturelle Prägung eines Landes sowie eine Gesellschaft wichtig, in welcher Form eine Religion in dieser Hinsicht in Frage gestellt wird und ob sie bzw. *wie* sie darauf reagiert. Am überzeugendsten wirkt dabei das gelebte Zeugnis der Anhänger einer Religion selbst, nicht zuletzt auch aus den authentischen Reformbewegungen.

*Fünftens:* Dieser Horizont ist maßgebend dafür, wie die Religionen miteinander umgehen. Sie müssen sich ja auch wechselseitig kritisch betrachten, angesichts der Vermeidung von Religion und ihrer vielfältigen Bestreitung. Es geht nicht nur um die abstrakte Gemeinsamkeit einiger religiöser Elemente, sondern wohl auch darum, wie eine Religion als Ganzes von anderen verstanden wird und gesellschaftlich in Erscheinung tritt. Noch ausführlicher wäre darzulegen, dass sich die Religion mehr und mehr bewusst sein muss, dass sie an alle Formen der Gewalt eine Absage erteilen muss. Das hängt mit dem Gottesbild zusammen und auch damit, wie eine Religion Leid versteht und dass Religion letztlich dazu führen muss, den Menschen zur Freiheit zu befähigen. Beides, Gewalt und Freiheit, gehört eng zusammen. Und es gibt genügend subtile Formen von Gewalt, die nicht nur einfach physischen Zwang bedeuten.

Mit Blick auf den Fundamentalismus bin ich davon überzeugt, dass er letzten Endes eine falsche Antwort auf eine authentische Herausforderung ist. Wir leben in einer Zeit, die von einer großen Pluralität der Lebensformen und Weltanschauungen geprägt ist. Nicht umsonst wird dafür das Stichwort von der ›Unübersichtlichkeit‹ unserer geistigen Welt geprägt. Gesellschaftlicher Pluralismus, weltanschauliche Widersprüche, extreme Säkularisierungen gehören dazu. Gerade in den Religionen erhebt sich nicht selten die Frage, ob es wirklich noch letzte Gewissheiten gibt. Diese letzten Gewissheiten müssen einfach sein. Sie müssen sich im Leben und im Sterben bewähren und sie brauchen oft eine klare und deutliche, entschiedene Haltung im Bekenntnis. Alles hängt davon ab, dass dieses Bekenntnis nicht in den Fundamentalismus im schlechten Sinn und in den Fanatismus abgleitet. Die tiefere Problematik des Fundamentalismus, wie sie in einigen arabischen bzw. muslimisch orientierten Staaten leidvoll erfahren wurde, ist aber nicht nur ein fremdes Problem. Es ist auf andere Art auch eine Frage, die uns selbst betrifft. Deswegen ist es wichtig, beim Thema ›Fundamentalismus‹ nicht mit den Fingern auf die anderen zu zeigen. Wir müssen erkennen, dass man selbst gegen fundamentalistische Strömungen ankämpfen muss, dass man selbst mit darunter leidet, was unsere Welt im Fundamentalismus gefährdet, und dass man helfen muss, die Gefahren zu überwinden.

*Nadeem Elyas:* In den letzten Jahren war weniger von ›Fundamentalismus‹ die Rede als von ›Islamismus‹ und ›islamischem Extremismus‹. Die Begriffe ›Militanz‹ und ›Terrorismus‹ lassen sich hier anfügen. Fragt man zehn verschiedene Menschen, was sie sich unter diesen Begriffen vorstellen, so erhält man leicht zehn verschiedene Antworten. Eine Gemeinsamkeit wird aber darin bestehen, dass sie diese Begriffe mit ›Gewalttätigkeit‹ und ›Islam‹ in Zusammenhang bringen.

Die Vielfalt der Definitionen ist bei Wissenschaftlern, Journalisten und Politikern kaum geringer. Auch unter Experten gibt es keine einheitliche Definition für einen dieser Begriffe. Handelte es sich um rein historische Themen oder hypothetische Größen, so wäre die Diskussion darüber ein intellektueller Luxus, den wir uns leisten oder auf den wir verzichten könnten. Die meist negativ behafteten Verständnisse vom Inhalt dieser Begriffe haben aber ihre unmittelbar negativen, teils verheerenden Auswirkungen im politischen und im nachbarlichen Verhältnis zur muslimischen Bevölkerung in unserer Gesellschaft und zu allen muslimischen Völkern in der Welt.

Kaum jemand verwendet den Begriff ›Fundamentalismus‹, der ja seinen Ursprung als Bezeichnung für eine protestantische Protestbewegung gegen den extremen Liberalismus in Amerika Ende des 19. Jahrhunderts hat, im Kontext seines historischen oder des philologischen Ursprungs. In der islamischen Literatur werden unter dem Begriff ›Fundamentalismus‹ das Festhalten an den Grundsätzen der Lehre und die Rück-besinnung auf das Wesentliche in der prophetischen Tradi-tion verstanden. Den wichtigsten Wissens-bereich in allen islamischen Fakultä-ten nimmt die »Wis-senschaft der Fun-damente«, sprich: die Lehre der Grundla-gen der Religion, *Ilmu Usul-Ddin*, ein. Die höchst angesehe-nen Gelehrten sind die *Usuliyyun*, die Fundamentalgelehr-ten bzw. »Fundamen-talisten«. Mit dem heutigen Begriff des ›Fundamentalismus‹ haben diese Lehrbe-reiche und die Ge-lehrten nichts Ge-meinsames. Trotz aller Versuche, eine

Nadeem Elyas

differenzierte Haltung gegenüber dem Islam einzunehmen, und der Beteue-rung, zwischen Muslimen und Islamisten zu unterscheiden, wird diese Grenze in der Realität zunehmend verwischt. Unweigerlich werden ›Isla-mismus‹ und ›Terrorismus‹ mit islamischer Glaubenspraxis und Frömmig-keit in Zusammenhang gebracht. Auch die in einer Bundestagsanhörung gemachten Beteuerungen von *Heinz Fromm*, dem Präsidenten des Bundes-amtes für Verfassungsschutz, sein Amt beobachte keineswegs den Islam als

89

Religion bzw. *die* Muslime als dessen Anhänger, ändern wenig am Bewusstsein der meisten Bürger.

Verstärkt wird dieses schiefe Bild durch Definitionen mancher Autoren, die die Trennlinien zwischen Glaubensüberzeugungen und Frömmigkeit auf der einen Seite und Bereitschaft zu Gewalt und Terror auf der anderen Seite bewusst oder unbewusst im Unklaren lassen. *Beate Kuckertz* z.B. definiert den »islamischen Fundamentalismus« folgendermaßen: Er sei das

> »[...] Bestreben bestimmter islamischer Interessengruppen, den ursprünglichen und reinen Islam wiederherzustellen, wobei allein Koran und Sunna als normbildend akzeptiert werden. Bestimmte fundamentalistische Gruppierungen neigen dazu, ihren Anspruch auf den einzig richtigen, ›wahren‹ Islam durch militante Aktionen geltend zu machen«.

*Bassam Tibi* stellt die Verbindung zwischen Lehre und Gewaltbereitschaft wie folgt her:

> »Der religiöse Fundamentalismus greift auf die islamische Lehre vom Universalismus zurück. Der islamische Fundamentalismus will seine politische Heilsideologie der islamischen Lösung als Allheilmittel zur Überwindung der Krise der gesamten Menschheit aufzwingen.«

Nach Ansicht von *Khalid Duran* ist allen Fundamentalisten der Glaube an die Notwendigkeit eines ideologischen Staates gemeinsam.

Ein Paradebeispiel für das Fehlen jeglicher Logik und Sachlichkeit ist die Definition von *Johannes Reissner:*

> »Unter militant islamischen Gruppen werden hier solche Organisationen verstanden, von denen der Islam als eine totale, für alle Lebensbereiche heute gültige Ideologie behauptet wird, einerlei, ob sie zur Durchsetzung ihres Zieles gewaltsame oder friedliche Mittel anwenden.«

Zumindest eine Institution wagt eine konkrete, für sie verbindliche, wenn auch nicht einheitliche Funktion und Unterscheidung der beiden Begriffe Fundamentalismus und Islamismus: *Heinz Fromm*, der bereits genannte Präsident des Bundesamtes für Verfassungsschutz, definierte bei der Bundestagsanhörung »Islamistische Einflüsse auf die Gesellschaft und ihre Auswirkungen auf Integration und Sicherheit« am 20. September 2004 den Islamismus mit folgenden Worten:

»In unserem Sprachgebrauch bezeichnet der Begriff Islamismus in Abgrenzung zum Islam eine religiös motivierte Form des politischen Extremismus. Islamisten bzw. islamistische Organisationen sehen in den Schriften und Geboten des Islam nicht nur Weisungen für die Beziehung zwischen Mensch und Gott, sondern auch zwingende politische Handlungsanweisungen. Häufig auch die Befugnis, als islamisch definierte Ziele auch mit Gewalt zu verfolgen. Der in der Öffentlichkeit häufig bedeutungsgleich gebrauchte Begriff ›Islamischer Fundamentalismus‹ wird demgegenüber lediglich als Ausrichtung des persönlichen Lebens nach islamischen Glaubensfundamenten in einer strikten bzw. orthodoxen Ausprägung verstanden. Die Grenze zum Extremismus, hier dem Islamismus, ist dann überschritten, wenn zu den fundamentalistischen und individuellen Überzeugungen politisch bestimmte Verhaltensweisen hinzutreten, die auf die vollständige oder teilweise Verwirklichung einer angeblich vom Islam vorgegebenen Gesellschaftsordnung gerichtet sind.«

So lobenswert diese konkrete, verbindliche Unterscheidung auch ist, so bedauerlich ist dann deren Nichtbefolgung in Bezug auf in die im *Verfassungsschutzbericht* aufgeführten »Islamistischen Organisationen«. Bei fast allen der 24 dort genannten Organisationen mit ihren 31.800 Mitgliedern vermisst man das entscheidende, vom Bundesamt für Verfassungsschutz betonte Merkmal des ›Islamismus‹, nämlich, dass sie in den Schriften und Geboten des Islam die Befugnis sehen, als islamisch definierte Ziele auch mit *Gewalt* zu verfolgen. Jegliche Hinweise und Beweise für solche Gewaltbereitschaft fehlen seit Jahrzehnten. Gleiches gilt für das Vorhandensein des auf der Internetseite des Bundesamtes für Verfassungsschutz angeführten Merkmals extremistischer Bestrebungen, Aktivitäten mit der Zielrichtung aufzuweisen, die Grundwerte und den Kernbestand der freiheitlichen Demokratie zu beseitigen. Bei vielen der genannten Organisationen könnte man allenfalls den Begriff des ›Radikalismus‹ anwenden. »Radikale politische Auffassungen haben in unserer pluralistischen Gesellschaftsordnung ihren legitimen Platz«, heißt es auf der Internetseite des Verfassungsschutzes. Es gilt nicht als extremistisch, »grundsätzliche Zweifel an der Struktur unserer Wirtschafts- und Gesellschaftsordnung [zu] äußern und sie von Grund auf verändern [zu] wollen«.[2]

Die Gleichsetzung Islam und Islamismus bzw. von Muslimen und Extremisten im allgemeinen Bewusstsein erfuhr aber durch die Praxis unserer Sicherheitsorgane in den letzten Jahren noch einen weiteren Schub.

Der soziale Friede in Deutschland hängt vom gegenseitigen Vertrauen aller und auch gegenüber der muslimischen Bevölkerung ab. Gerade das

Vertrauen der Muslime in ihren Staat wurde nach dem 11. September 2001 zunehmend durch leichtfertige polizeiliche Maßnahmen aufs Spiel gesetzt. Das Verbot *verfassungsfeindlicher* Vereinigungen wird vom Zentralrat der Muslime begrüßt. Wir sehen darin eine Bereinigung der islamischen Landschaft von tatsächlichen Gegnern der Rechtsstaatlichkeit unseres Landes, sodass ein vertrauensvolles Verhältnis zu den übrigen 99% der Muslime möglich wird. Der Aktionismus mancher Sicherheitsorgane, die in den letzten Jahren Durchsuchungen von mehr als 300 Moscheen und 2.000 Büroräumen und Wohnungen durchführten, verbunden mit der Stürmung von Gebäuden zu Nachtstunden oder während der Gottesdienste durch schwer bewaffnete Hundertschaften, mit der Entweihung von Gebetsräumen und der Störung des Freitagsgebetes, mit Festnahmen von angeblich ›mutmaßlichen Terroristen‹, die vom Haftrichter noch am gleichen Tag wieder freigelassen wurden, hat das Vertrauen der Muslime in ihren Staat deutlich vermindert. Dabei handelt es sich bei ihnen erwiesenermaßen um unbescholtene Bürger, die sich teilweise in ebenso unbescholtenen Vereinen betätigen. Durch diese Praxis der Sicherheitsorgane, die faktisch keinen Unterschied zwischen Islam und Islamismus, zwischen Muslimen und ›mutmaßlichen Terroristen‹ kennt, verspielt der Staat sein Vertrauenskapital bei seinen Muslimen – mögen die Politiker noch so oft das Gegenteil behaupten.

Die gelebte Realität sowie die Geschichte des Islam zeigen die Umsetzung der Lehre des Islam als Religion des Friedens, auch wenn einzelne Muslime – seien sie Staatsoberhäupter, Führer einzelner Gruppen oder Privatpersonen – sich nicht immer nach seiner Lehre verhalten oder diese Missbrauchen. Vor solcher Missachtung bzw. solchem Missbrauch sind keine Religion, keine Ideologie und kein Gesetz gefeit. Es darf uns nicht wundern, dass gerade diese Leute am versiertesten sind in der Heranziehung der Belege aus dem Koran oder aus den Sprüchen des Propheten, um ihre Missachtung oder ihren Missbrauch kaschieren. Zugegeben, dies macht es Nichtmuslimen nicht leicht, ein unislamisches Verhalten als solches zu erkennen. Und so wird dem Islam von vielen Nichtmuslimen das für islamisch gehaltene Fehlverhalten mancher Muslime angelastet.

Die Kreuzzüge waren weder die ersten noch die einzigen Kriege der Menschheitsgeschichte, die unter Missbrauch einer Religion geführt wurden. Vielmehr scheinen gewaltsame Konflikte überhaupt zum Grundverhalten der Menschen zu gehören. Waren es nicht die Söhne Adams, die den Anfang machten? Zieht sich diese blutige Spur nicht bis heute noch durch alle Epochen und Kulturen? Auch unsere heutige ›zivilisierte‹ Welt ist geprägt von Kriegen und gewaltsamen Konflikten, obwohl es der Menschheit – global gesehen – nicht an Ressourcen, Fortschritt, Wissen und Erfahrung fehlt, um dies zu beenden. Ist die Gewaltbereitschaft ein genuiner Bestandteil der Schöpfung oder ist sie eine Folge eines gestörten Gleichgewichts, der fehlenden gerechten Verteilung der Ressourcen und der vermissten Chancengleichheit?

Angesichts dieser Lage stellt sich die Frage, warum bisher all unsere ethischen Vorsätze versagten. Warum konnten unsere Moralkodizes, die wir aus den Quellen unserer Offenbarungsreligionen beziehen, den so unverkennbaren menschlichen Verfall, wie wir ihn durch die extremistischen Terroristen erleben, nicht verhindern?

Für manche klingen diese Fragen paradox, denn für sie gelten gerade die Offenbarungsreligionen als Quellen all dieses Unheils. Für sie sind die Religionen weniger Friedensstifter als Brandstifter, finden sie doch in den Quellen den göttlichen Auftrag an Noah: »Wer Menschenblut vergießt, dessen Blut wird durch Menschen vergossen.« Die Thora kennt nach ihrer Meinung keine Gnade, schreibt sie doch vor: »Auge um Auge, Zahn um Zahn«. Sogar Jesus Christus predigte nach ihrer Lesart Gewalt und Entzweiung: »Glaubet nicht, ich sei gekommen, Frieden auf die Erde zu bringen. Ich bin nicht gekommen, Frieden zu bringen, sondern das Schwert.«

Für sie gilt der Islam ohnehin als die Religion der Gewalt, des Hasses und der Unterdrückung, spricht doch der Koran diese deutliche Sprache:

> »Und kämpft auf Gottes Weg gegen diejenigen, die gegen euch kämpfen, doch übertretet nicht! Gott liebt nicht die Übertreter. Und tötet sie, wo immer ihr auf sie trefft, und vertreibt sie, von wo sie euch vertrieben haben, denn Verfolgung ist schlimmer als Töten!«

Für sie beweist die Geschichte aller Religionen, dass sie hinter so viel Unheil auf Erden stecken, wie sie die Kreuzzüge, die Inquisition, die Hexen- und Ketzerverbrennungen, die Eroberungskriege der Muslime, die Strafen in der islamischen Lehre usw. mit sich brachten. Der Absolutheitsanspruch und der Sendungsauftrag der Offenbarungsreligionen werden gern als Grund angegeben für deren intolerante Haltung und Kompromisslosigkeit, die letztendlich zur Gewaltbereitschaft ihrer Anhänger führe – mit der Folge sämtlicher Konflikte und Kriege auf der Welt.

Aber eine derart verallgemeinerte Sicht führt zu einer falschen Analyse der Konflikte und folglich dazu, die richtige Vorgehensweise zur Verhinderung und zur Bewältigung von Konfliktsituationen und zur Eindämmung von Fundamentalismus und Terrorismus zu verfehlen. Die so grundsätzliche Verurteilung der Religionen ist aus folgenden Gründen falsch:

*Erstens:* Das selektive Lesen der Quellen und das tendenziöse Herauslösen bestimmter Aussagen aus dem gesamten Zusammenhang ergeben eine unrichtige, verzerrte Vorstellung von diesen Religionen. Der Inhalt und die

Quellen *aller* Offenbarungsreligionen können zu einem grausamen, menschenfeindlichen Bild zusammengefügt werden, wenn sie aus dem Zusammenhang gerissen werden. Gerechterweise muss aber jede Religion, wie auch jede Ideologie, als Gesamtbild gesehen werden.

*Zweitens:* Unter dem Begriff ›Religion‹ verstehen manche die in Anlehnung an die Lehre *gelebte Praxis* der Anhänger jener Religion, auch wenn diese manchmal weit von der eigentlichen Lehre entfernt ist oder sogar in Widerspruch zu ihr steht. Die Gleichsetzung der Religions*anhänger* mit der Religion selbst führt dazu, dass diesen Religionen das falsche Selbstverständnis radikaler Anhänger oder das falsche Verhalten von Extremisten angelastet wird.

*Drittens:* Um eine bestimmte Religion auf Friedfertigkeit oder Gewaltbereitschaft zu prüfen, muss man sich mit der *heutigen* Lehre und den verbindlichen Aussagen dieser Vertreter der Religion *heute* befassen. Das Heranziehen *historischer* Verfehlungen oder Auslegungen ist wenig aussagekräftig, wenn es um die Analyse aktueller Konflikte geht.

*Viertens:* Die Annahme, dass die Offenbarungsreligionen die Schuld für die meisten Konflikte unserer Zeit haben, ist falsch. Fast alle gewaltsamen Konflikte und Kriege unserer Zeit sind mit politischen, ethnischen und wirtschaftlichen Zielen verbunden. Auch bei Konflikten, die wie in Nordirland, Bosnien, Kaschmir oder Ayodhja zwischen religiös bezeichneten Kriegsparteien stattfinden geht es nicht um die Religion, sondern um gesellschaftliche oder politische Interessen.

*Fünftens:* Die Behauptung, wir Muslime seien die Urheber aller oder der meisten Konflikte, Kriege und des Unheils in unserer Welt, ist falsch. Bei einer großen Zahl dieser Konflikte sind Muslime gar nicht beteiligt, zumindest nicht als Urheber. Zumeist sind sie vielmehr Opfer dieser Gewalt.

In diesem Zusammenhang muss daran erinnert werden, dass es nicht nur einen religiösen Fundamentalismus und einen islamischen Fundamentalismus gibt, sondern auch einen feministischen Fundamentalismus, einen humanistischen Fundamentalismus, einen nationalistischen oder auch hinduistischen und buddhistischen Fundamentalismus. Verschiedene Kennzeichen für fundamentalistisches Verhalten seitens der US-Administration und des US-Präsidenten in mehreren Bereichen seiner Politik gaben reichlich Anlass für Kritik, auch von deutschen Politikern. Im Vorfeld der letzten Europareise von Präsident *Bush* beklagte auch Alt-Bundeskanzler *Helmut Schmidt* die Hegemoniebestrebungen des amerikanischen Präsidenten, nämlich »seinen Willen, ohne Rücksicht auf das Angriffsverbot der UN-Charta präventive Kriege zu führen, und für alle Zukunft die militärische Vorherrschaft der USA zu beanspruchen«. Schmidt verwahrte sich dagegen, den Europäern nach jedem amerikanischem Angriffskrieg die Aufräumarbeiten aufzubürden, und er schloss fast Mitleid erregend mit den Worten: »Wir Europäer wollen keine Vasallen sein, wir wollen unsere Würde bewahren.«

Kein vernünftiger Moslem würde aufgrund des Verhaltens des amerikanischen Präsidenten auf die Idee kommen, *den* Amerikanern eine Neigung zur Gewalt oder *den* Christen eine missionarische Verpflichtung zur Unterdrückung aller anderen Völker zu unterstellen. Gleiches wird aber dem Islam und den Muslimen aufgrund des Verhaltens mancher verbrecherischer Muslime unterstellt.

Ist der Islam selbst der Grund allen Übels, das in seinem Namen verübt wird? Ein im Westen fast völlig unbemerkt gebliebenes historisches Dokument wurde am 10. Januar 2002 vom *Internationalen Islamischem Gelehrtenrat* verabschiedet. Dieses *Mekka-Manifest* erteilt dem Terrorismus eine deutliche, islamisch fundierte Absage. Gelehrte aus der gesamten islamischen Welt veröffentlichten in diesem Dokument eine islamische Definition des Terrorismus und stellten fest,

> »[...] dass Extremismus, Gewalt und Terrorismus nicht im Geringsten zum Islam gehören. Diese Verhaltensmuster bergen in sich ungeheuerliche Auswirkungen und stellen eine Übertretung und eine Ungerechtigkeit gegen andere dar, die im Widerspruch zum Koran und zur Tradition des Propheten stehen. Der internationale Islamische Gelehrtenrat erklärt vor der gesamten Welt, dass die Tötung einer einzigen Person nach islamischen Maßstäben in ihrer Abscheulichkeit der Tötung der gesamten Menschheit gleichkommt.«

Das Dokument führt als Grundlage folgenden Koranvers an: »Aus diesem Grunde haben wir den Kindern Israels vorgeschrieben: Wer ein menschliches Wesen tötet, ohne dass es einen Mord begangen oder auf der Erde Unheil gestiftet hat, so ist es, als ob er alle Menschen getötet hätte.« Diese Aussage gilt für die Attentäter von London wie auch für Attentäter von Madrid, New York und überall. Wir Muslime müssen uns klar und deutlich von solchen Fundamentalisten und Terroristen distanzieren und deutlich sagen, dass die Rückbesinnung auf die Fundamente unserer Religion von uns erfordert, dass wir solche Taten als *unislamisch* bezeichnen.

*Reinhold Mokrosch:* Kardinal Lehmann, müssen nicht auch christliche Kirchen – ich denke besonders an den protestantischen, aber auch den katholischen Fundamentalismus – deutlicher ihre Distanzierung vom Terrorismus dokumentieren und etwas Ähnliches wie das schon erwähnte ›Mekka-Dokument‹ verabschieden?

*Karl Lehmann:* An solchen Erklärungen ist kein Mangel. Die Äußerungen in den reformatorischen und auch in der katholischen Kirche zum Friedensethos in den letzten Jahrzehnten und auch die Friedensdokumente, die in unserem Land entstanden sind, zeugen davon. Wir hatten für diese Entwicklung relativ viel Zeit, und die Chance für eine solche Entwicklung müssen auch andere haben. Ich kann den Stellenwert der *Erklärung von Mekka* in der islamischen Welt nicht einschätzen, bin aber dankbar für die Unterscheidung zwischen dem *Islam* und dem *Islamismus* und dafür, dass man darin ganz eindeutig vom Terror Abstand genommen hat.

Von den beklagten polizeilichen Maßnahmen zur Gewinnung von ›Erkenntnissen‹ und von den Veränderungen unseres Rechts – z.B. den Gesetzen zum ›Lauschangriff‹ – sind tatsächlich *alle* Bürger berührt. Es gibt Aussagen sogar über ein Eindringen in seelsorgerliche Geheimnisse, wie es bisher in unserem Land nicht möglich war. Schon durch relativ wenige Gesetzesbrecher wird so das Klima des Landes verändert.

Neben den politischen Gruppierungen des Islamismus, deren Programme und Handlungen Beachtung verdienen, kommen immer wieder Vorgänge aus dem persönlichen, privaten Umfeld von Muslimen in den Blick. Dazu gehören erzwungene Eheschließungen und selbstjustizielle ›Bestrafungen‹ angeblichen Fehlverhaltens, bis hin zu Tötung oder Blutrache. Grausame Handlungen werden fraglos auch von Menschen verübt, die in unserem Land geboren sind. Menschen, die mit uns auf Dauer zusammenleben wollen, müssen von solchen Rechtsverletzungen Abstand nehmen. Dazu braucht es eine intensive *Inkulturation.* Das muss nicht heißen, die eigene Kultur und Religion aufzugeben. Aber ein echtes Einvernehmen – nicht nur ein Lippenbekenntnis – auf Basis des Grundgesetzes, der Verfassung, eine wirkliche Zugehörigkeit zu den Werten muss erzielt werden.

Es ist für alle Religionen in unserer Gesellschaft eine echte Aufgabe, *Entschiedenheit* in der eigenen Haltung und *Klarheit* im Bekenntnis so zu formulieren und zu vermitteln, dass nicht unter der Hand Intoleranz daraus spricht. Den eigenen Wahrheitsanspruch und echte Toleranz zu verbinden, ist auch für uns nicht leicht. Auch unsere Konzilsäußerungen zur Religionsfreiheit sind noch nicht wirklich hinreichend. Der Islam – gerade der gläubige Islam und die gläubigen Muslime – bedeuten für uns eine Herausforderung. ›Islam‹ heißt Hingabe, und das ist die Hingabe an Gott. Sie kommt aus der Wurzel des Menschen, und es gibt wunderbare religiöse Äußerungen im Islam. Es gibt eine so hoch stehende, sublime theologische religiöse Rede, deren Realität man anerkennen muss. Auch diesen klaren, entschiedenen Bekenntnisformen muss ihr Recht gegeben und belassen werden. Wir können nur unsere Hilfe anbieten, dass sie selber nicht abgleiten und menschenunfreundlich werden. Darin sehe ich eine große gemeinsame Aufgabe im interreligiösen Dialog.

*Reinhold Mokrosch:* Sie erinnern, Herr Elyas, an die Ermordung einer jungen Frau durch ihre Brüder in Berlin. Es gibt aber Tausende von Mädchen, die ihre muslimischen Familien verlassen, ohne dass derartige Folgen eintreten. Der bekannt gewordene Mordfall ist fraglos eine Katastrophe. Die Täter beriefen sich auch auf Koranverse, ebenso wie diejenigen, die muslimischen Mädchen und Frauen das Recht nehmen wollen, andere Kontakte aufzunehmen. Wie beurteilen Sie diese fundamentalistisch orientierten Koranauslegungen? Und ferner: Sehen Sie nicht eine gewisse Intoleranz bei denjenigen Muslimen, die ihr Bekenntnis ablegen, sich aber vom Dialog mit anderen abgrenzen?

*Nadeem Elyas:* Im Berliner Mordfall haben sich die Attentäter nicht auf den Koran berufen, sondern auf die Tradition, auf ihre Kultur. Diese wird aber nicht gedeckt vom Islam, im Gegenteil: diese Leute müssen im Islam als Verbrecher, als Mörder gelten. Es gibt keine Aussage in der Tradition des Propheten, die es erlaubt, die eigene Tochter oder den eigenen Sohn zu ermorden. Das wird vielmehr ganz ausdrücklich verboten. Es gibt keinen ›Ehrenmord‹ im Islam. Was da angeblich ›beschützt‹ oder ›gereinigt‹ werden soll, ist keine ›Ehre‹, sondern eine Tradition, die überhaupt nicht zu tolerieren ist. Wir fordern, dass die deutschen Gerichte bei Strafprozessen hier keine Milde walten lassen dürfen, denn hier liegt keine kulturelle Besonderheit vor, die ein mildes Urteil begründen könnte.

Wir appellieren an unsere Imame, an die Prediger in unseren Moscheen, diese Thematik aufzugreifen und die Gemeinde darüber aufzuklären, was das für eine Untat war und dass solche Verbrechen keinen Fall hingenommen werden können. Die Werte im Islam sind die gleichen Werte wie in jeder Offenbarungsreligion: Die Tötung eines einzelnen Menschen gilt als Tötung der gesamten Menschheit. Wie kann man sich also an der eigenen Familie, an den eigenen Kindern vergreifen? Wir hoffen, dass durch Aufklärung durch die Imame mit der Zeit eine Kultur entsteht, in der den Kindern die Werte ihrer Religion auch durch einen geregelten *islamischen Religionsunterricht* vermittelt werden können. Die Universität Münster hat hier die Initiative ergriffen, und wir hoffen, dass auch in Osnabrück, Erlangen und woanders entsprechende Lehrstühle entstehen, sodass die Lehrer für den islamischen Religionsunterricht in Deutschland ausgebildet werden und hier die Harmonie zwischen islamischen Traditionen und dem Grundgesetz den Kindern von klein auf mitgegeben wird.

Wir alle dürfen nicht zulassen, dass die Grundrechte der Bürger als Reaktion auf Terrorismus beschnitten werden. Wenn diese Gesellschaft ihre demokratische Legitimität verlieren würde, hätten wir den Verbrechern zu ihrem Ziel verholfen. Neben den Beschränkungen, die der Kampf gegen Terroristen für alle Bürger in Deutschland mit sich bringt, treffen bestimmte Maßnahmen nur Muslime. Die Streichung des Religionsprivilegs im Vereinsgesetz gilt zwar für alle, aber es wurden weder Synagogen noch Kirchen durchsucht, sondern dreihundert Moscheen – und zwar ohne dass greifbare Ergebnisse präsentiert werden konnten. Ich habe dem Bundesinnenminister öffentlich gesagt, dass wir auf die Ergebnisse dieser Durchsuchungen warten. Wie viele Terroristen wurden dabei gefasst? Wie viele Mörder, wie viele Bomben, wie viele ›Schläfer‹ wurden gefunden? Durchsucht wurden auch 2.000 Wohnungen, davon 1.400 in einer einzigen Nacht. Solche Vorfälle gab es seit dem Nazi-Regime nicht mehr in Deutschland. Und das Ergebnis? Jeder, der gegen das Gesetz verstößt, ob Muslim oder nicht, soll zur Rechenschaft gezogen werden. Aber hier sehen wir eine Unverhältnismäßigkeit der Mittel, mit dem Resultat, dass das Vertrauen zur Gemeinde seitens der Nachbarschaft und der gesamten Gesellschaft für immer gestört wird.

Was für so genannte ›Ehrenmorde‹ gilt, gilt auch für so genannte ›Zwangsehen‹: Sie sind nach islamischer Lehre nicht zulässig. Vom Propheten ist überliefert, dass er selbst eine Ehe annullierte, weil die Frau nicht vorher ihre Zustimmung gegeben hatte. Hier besteht allerdings eine Diskrepanz zwischen der Realität und der Lehre. Unsere Aufgabe ist es, in unseren Gemeinden darüber besser aufzuklären.

Das religiöse Bekenntnis, das Festhalten am eigenen Glauben und an dessen Fundamenten, auch die Gewissheit, für sich die Glaubenswahrheit gefunden zu haben und sie zu befolgen – dies sind Vorraussetzungen für den interreligiösen Dialog. Dabei muss jedem zugestanden sein, an seiner Religion festzuhalten und in ihr auch die Wahrheit zu erkennen. Wir dürfen allerdings nicht zulassen, dass diese Wahrheit als die *einzig* gültige verabsolutiert wird und jeder, der dies nicht anerkennt, mit anderen Mitteln ›zur Vernunft gebracht‹ wird. Auf dieser Grundlage ist der Dialog möglich, und wir werden mit Sicherheit weite Bereiche finden, in denen die Weltreligionen gemeinsam einiges in dieser Gesellschaft zu leisten haben.

*Reinhold Mokrosch:* Kardinal Lehmann, Sie forderten ›Ebenbürtigkeit‹ im interreligiösen Dialog. Fundamentalisten lassen sich aber womöglich gar nicht auf einen Dialog ein, weil sie ihr Gegenüber gerade nicht für ebenbürtig halten, sondern als ›Gegner‹ betrachten. Ist Ihre Vorstellung vom interreligiösen Dialog nicht zu idealistisch?

Und eine weitere Frage: Halten Sie unsere Angst vor dem Islamismus für ein Produkt der Medien oder ist sie in der Sache begründet? Könnte dieser Fundamentalismus den Weltfrieden gefährden?

*Karl Lehmann:* Die optimistische Sicht des interreligiösen, ebenbürtigen Dialogs mag nicht immer der Wirklichkeit entsprechen. Das Ziel ist aber, sich näher zu kommen, Schritt für Schritt. Ich bin davon überzeugt, dass es keine Alternative dazu gibt, auch wenn dazu viel Geduld nötig ist. Wird der Dialog aber allzu blauäugig geführt und werden wichtige Unterschiede einfach nivelliert, so ist er schädlich, denn er deckt dann Dinge zu, über die man sprechen muss.

Es gehört viel Mut dazu, sich einem wirklich ebenbürtigen Dialog voll auszusetzen. Dies ist nicht schon dadurch gegeben, dass Dr. Elyas und ich uns in Veranstaltungen und Arbeitskreisen öfters begegnen. An der Basis unserer Lebenswelt müssen sich die Dinge bewegen. Hier machen sich Fehler bemerkbar, z.B. dass über Jahrzehnte darauf verzichtet wurde, auf dem Erlernen unserer Sprache zu bestehen. Wenn Menschen länger bei uns bleiben wollen, ist die Kenntnis der Sprache eine elementare Voraussetzung dafür, dass man überhaupt miteinander redet. Wir hätten Kontakte in der Nachbarschaft, innerhalb von Wohngebieten, aber auch in unseren verschiedenen politischen und religiösen Gemeinden mehr fördern müssen. Das beginnt in den kleinen Lebenskreisen, in denen man einander kennt und vertraut, und muss dann immer weitere Kreise ziehen.

Die Frage, ob der Fundamentalismus möglicherweise den Weltfrieden gefährde, ist nicht leicht zu beantworten. Ich bin davon überzeugt, dass wir die durch den internationalen Terrorismus veränderten Konstellationen in der Welt und im Zusammenleben der Menschen noch nicht angemessen wahrgenommen haben. Wir sind in Deutschland bisher von größerem Unheil verschont geblieben. Woanders mag das Bewusstsein dagegen schon geschärfter sein. Die Gefahr ist jedenfalls sicherlich nicht nur ein Medienprodukt.

Schlimm ist, dass die verborgenen Rädelsführer und Geldgeber des Terrorismus bisher nicht dingfest gemacht werden konnten. Aber wir dürfen nicht die Augen davor verschließen, dass auch Menschen dabei sind, die verzweifelt sind, weil sie in einer unsäglichen Armut leben und ohne Lebensperspektive sind. Solche sozialen Missstände werden – wie auch bei uns in Europa etwa im Baskenland oder in Nordirland geschehen – religiös verbrämt. Da erhebt sich die Frage, woher die unermesslichen Geldressourcen des internationalen Terrorismus eigentlich stammen und ob die Staaten diese Finanzzuflüsse nicht stoppen können. Die Medien haben m.E. die Aufgabe, auf dem Weg der Aufklärung mitzuhelfen. Bilder, die vereinfachen und nur Emotionen wecken, bleiben ambivalent. Vieles, was wir tun, ist ambivalent und erzeugt unbeabsichtigte Nebeneffekte. Diese Nebeneffekte müssen begrenzt und minimalisiert werden.

Andererseits sehen wir in der Welt und zunehmend auch in muslimischen Ländern viele Menschen, Schriftsteller, auch bewundernswerte Frauen in vielen Ländern, die den Mut haben, sich bestimmten Tendenzen entgegenzustellen. Das lässt mich hoffen, dass wir zunehmend auch mit einer *Wehrhaftigkeit* von Demokratien rechnen können in Ländern, in denen dies bisher noch nicht so deutlich sichtbar ist, wo sich aber unter Umständen neue Mehrheiten bilden können. Prozesse, wie wir sie derzeit mit der schwierigen Diskussion über den Beitritt der Türkei zur Europäischen Union erleben, können dafür bei- spielhaft sein, und wenn es auch viel- leicht fünfzehn Jahre dauert. In diese

Karl Kardinal Lehmann

Richtung rate ich, gemeinsam weiterzugehen, und es wird auch noch mehr an Gemeinsamkeiten in der Bekämpfung des Terrorismus entstehen.

*Reinhold Mokrosch:* Auch an Sie, Herr Elyas, sei die Frage gerichtet: Gefährdet der Fundamentalismus den Weltfrieden? Gefährdet womöglich ein protestantischer Fundamentalismus aus den USA den Weltfrieden?

*Nadeem Elyas:* Ich betrachte den Terrorismus und den Extremismus sehr wohl als eine Gefahr für die Welt. Den Begriff ›Fundamentalismus‹ ver- wende ich nicht, weder in Bezug auf den Islam, noch in Bezug auf das Christentum. Denn wir müssen uns zunächst darüber verständigen, was dieser Begriff bedeutet. Ist das eine theologische, eine philosophische, eine militärische Kategorie? Sind Extremismus oder Radikalismus gemeint?

Wir sollten also nicht vom »islamischen Fundamentalismus« sprechen, sondern allgemein von Terrorismus und Extremismus. Haben Muslime einen Terrorakt verübt, so ist dies dennoch kein ›islamischer‹ Terrorakt. Er kann nicht der Religion des Islam angelastet werden. Der Terrorismus, den wir erleben, stellt tatsächlich eine Gefahr für die Welt dar. Aber nicht die ganze Welt ist betroffen, und die Rechtsstaatlichkeit ist keineswegs überall in Gefahr. Auch wird nicht die ganze Welt in die Knie gezwungen. Selbst in der Zeit, als die RAF in Deutschland Anschläge verübte, gerieten der Staat und die Prinzipien der Demokratie und der Rechtsstaatlichkeit nicht wirklich in Gefahr. Dies ist auch heute nicht der Fall. Sicher soll man die Gefährdung ernst nehmen. Laut Angaben der Behörden sind es 300 Perso- nen, die als ›islamische Terroristen‹ bezeichnet werden, als gewaltbereite Islamisten. Wenn die Behörden die Zahl verbreiten, dann ist davon auszugehen, dass sie die betreffenden Personen kennen. Ist das der Fall, so muss nach ihnen gesucht werden, aber bitte nicht in 300 Moscheen in Deutschland. Deren Durchsuchung war eine überzogene Reaktion auf die Gefahr und auf die Angst. Das ist ein Aktionismus, der das Gegenteil bewirkt.

Nach dem heutigen Terroranschlag in London hat der Zentralrat der Muslime eine Pressemitteilung, in der wir die Taten verurteilten, mit dem Appell geschlossen:

> »Wir rufen die Bevölkerung in Deutschland und Europa auf, nicht in Pauschalurteile gegenüber dem Islam und den Muslimen zu verfallen. Im Interesse der Sicherheit in unserer Gesellschaft sollten die Muslime als Partner gegen Terrorismus jeglicher Art in die Pflicht genommen werden.«

Die von Kardinal Lehmann genannten Aspekte sind vollkommen zutreffend. Die Politiker sind allerdings nicht so weitsichtig, sie denken nicht in Zeiträumen von zehn oder zwanzig Jahren, sondern in Vierjahresetappen. Deshalb ist die Frage nach dem wirklichen Grund für diesen Extremismus oder Terrorismus berechtigt. Nicht nur eine – missbrauchte – religiöse Lehre, nämlich der Islam, ist der Ausgangspunkt. Es ist weit mehr als das, und die Welt muss sich mit der Frage ernsthaft beschäftigen. Einen Dialog zwischen den Muslimen, Christen und auch anderen Reli-

Reinhold Mokrosch, Nadeem Elyas

gionsgemeinschaften muss man führen, solange nicht die Grenze zu Gewaltbereitschaft und Militanz überschritten ist. Mit Militanten und Extremisten brauchen wir keinen Dialog zu beginnen.

*Reinhold Mokrosch:* Kardinal Lehmann formulierte es so: Der Fundamentalismus sei eine falsche Antwort auf eine authentische Herausforderung. Können Sie dem zustimmen, Herr Dr. Elyas?

*Nadeem Elyas:* Fundamentalismus in Form von Extremismus, Gewaltbereitschaft und Militanz – das ist die falsche Antwort auf die Herausforderungen, die wir erleben. Die richtige Antwort darauf wäre das Festhalten an den eigenen Überzeugungen und Grundsätzen – ohne Fanatismus, ohne Aberkennen der Rechte der anderen und ohne Missachtung der jeweiligen rechtsstaatlichen Systeme, in denen die Menschen leben.

Wenn wir über Deutschland sprechen, dann gelten hier das Grundgesetz und die freiheitlich-demokratische Grundordnung, die darin verankert ist. In diesem Rahmen bewegen wir uns, und darin soll sich jeder bewegen können, mag er so fromm und praktizierend sein, wie er will. Solange er anderen gestattet, ebenso fromm und praktizierend zu sein, ihre Rechte in Anspruch zu nehmen und ihre Wahrheit als solche zu bezeichnen, ist das vollkommen in Ordnung.

*Karl Lehmann:* Ich bin dankbar für diese klaren Ausführungen, will aber betonen, dass Fundamentalismus auch durch bestimmte Mentalitäten erzeugt werden kann. Fundamentalismus beginnt nicht erst bei Militanz. Er beginnt schon bei der – immer schwierigen – Aufgabe für den Menschen, Fremdes und Anderes angemessen wahrzunehmen und nicht einfach abzulehnen. In der politischen Ethik ist die ›Anerkennung‹ heute ein zentraler Begriff. Wichtig ist es, Mentalitäten und Verhaltensweisen in diesem Sinne zu verändern.

Eine andere Überlegung, die mich beschäftigt, betrifft den *Koran*. Wie in der Bibel gibt es auch dort beträchtliche Spannungen zwischen manchen Aussagen. Dabei sind Einflüsse verschiedener Jahrhunderte, Kulturkreise und Erfahrungen spürbar. Auch deswegen ist es nicht leicht, ein gemeinsames, einfaches Urteil z.B. über den »Heiligen Krieg« und Ähnliches zu bilden. Solche Fragen haben für die christlichen Kirchen zu manchmal schwierigen, viel diskutierten Phasen der historisch-kritischen Forschung geführt. Verschiedene Traditionen und Strömungen ließen sich identifizieren und sorgfältig und wissenschaftlich glaubwürdig unterscheiden.

Allerdings haben viele Gläubige daran Anstoß genommen, die Verbindlichkeit biblischer Aussagen in einen größeren Kontext der Überlieferung gestellt zu sehen. Man muss wissen, dass der christliche Fundamentalismus den gleichen Ausgangspunkt hat wie die Auslegung der Bibel. In manchen Staaten der USA ist für die Erziehung in den Schulen sogar gesetzlich fixiert, dass z.B. die Schöpfungserzählung wortwörtlich zu verstehen ist.

Offensichtlich gibt es manchmal Rückfälle hinter bereits historisch Erreichtes. Eine *historisch-wissenschaftliche* Betrachtung des Koran wird allerdings auch von den muslimischen Imamen abgelehnt. Oder ändert sich hier etwas, Herr Elyas?

*Nadeem Elyas:* Die Wissenschaft der *Auslegung* ist ein Pflichtfach in allen islamischen Fakultäten, und zwar seit Jahrhunderten. Die Auslegung des Koran ist Bestandteil der islamischen Lehre. Die Rechtsschulen, die wir jetzt kennen, wären nicht entstanden, hätten die Muslime nicht den Koran ausgelegt. Wir haben überhaupt keine Bedenken, den Koran auch in historischem Kontext zu lesen, zu sehen und auszulegen. Dazu sind wir sogar aufgefordert, und das haben Muslime Jahrhunderte lang betrieben. Dann gab es eine Zeit, in der dies einschlief, aber jetzt gibt es neue Anfänge. Angesehene Gelehrte in der islamischen Welt, die die einzelnen Rechtsschulen in ihrer historischen Bedeutung sehen, verweisen demgegenüber auf die Bedeutung der Korantexte und wie sie im Kontext von Zeit und Ort anzuwenden sind. Dabei ist hier in unserer Gesellschaft das Grundgesetz gültig. Und die Muslime in Deutschland erkennen an, was im Grundgesetz steht. Man kann natürlich darüber diskutieren, warum dies und jenes im Koran steht und wie es zu verstehen ist. Aber ein *gesellschaftliches* Problem entsteht daraus nicht. Weder ein Imam noch eine Einzelperson in Deutschland darf aus einem Vers des Koran z.B. das Recht auf Selbstjustiz ableiten. Der Islam selbst verpflichtet zur Respektierung des hier geltenden Gesetzes, und das gilt z.B. auch beim Thema Frauenrechte. Man kann über alles andere natürlich theoretisch oder theologisch diskutieren, aber es ist kein existenzielles Problem für die Muslime in der Gesellschaft.

*Publikum:* Ich habe drei Fragen zur Toleranz in muslimischen Ländern. Erstens: Wann dürfen die Muslime dort ohne Schwierigkeiten Christen werden? Zweitens: Wann dürfen die christlichen Frauen, die mit Muslimen verheiratet sind, ihre Kinder christlich erziehen? Und drittens: Wann dürfen in muslimischen Ländern, z.B. in Saudi-Arabien, christliche Kirchen gebaut werden?

*Nadeem Elyas:* Was die religiöse Toleranz betrifft, so kann ich nur für die Verhältnisse hierzulande sprechen. In unserer *Islamischen Charta*, der »Grundsatzerklärung des Zentralrats der Muslime in Deutschland zur Beziehung der Muslime zum Staat und zur Gesellschaft«, haben wir uns auch zum Thema Religionsfreiheit einschließlich des Abfalls vom Islam eindeutig geäußert. Wir erkennen jedermanns Recht an, eine Religion zu haben, *keine* Religion zu haben oder seine Religion zu wechseln. Das Grundgesetz gibt jedem dieses Recht, und diese Freiheit soll jeder hier haben. Für die Geltung dieser Rechte an anderen Orten können wir nicht garantieren und für deren Nichtgewährung auch nicht zur Rechenschaft gezogen werden.

*Karl Lehmann:* Mir gegenüber klagten Muslime über die Schwierigkeit, am Freitag einen Gottesdienst besuchen zu können, bei dem sie nicht fundamentalistischem Einfluss ausgesetzt sind, da die Mehrheit der Moscheen fundamentalistisch bestimmt sei. Mir wurde berichtet, die Männer dürften auf der Arbeitsstelle mit niemandem reden, die Ehefrau dürfe nicht allein einkaufen, die Mädchen dürften nicht die Schule besuchen. Ich wurde sogar um Hilfe bei der Gründung einer neuen Moschee gebeten, in die ›normale Muslime‹ gehen könnten. Aber auch eine neue Moschee würde in absehbarer Zeit diesen Einflüssen unterliegen. Auch aus eigenen Erfahrungen mit muslimischen Eiferern etwa bei Veranstaltungen weiß ich, dass die Sorge vor Fundamentalisten nicht etwa nur von den Medien gemacht ist. Selbstverständlich vergrößert die Berichterstattung negative Wirkungen einzelner Vorfälle. Eine grundsätzliche Medienschelte ist aber nicht angebracht.

*Reinhold Mokrosch:* Gegen die Möglichkeit zum Glaubenswechsel protestierten viele Muslime. Aber andererseits erhielt diese Charta des Zentralrates der Muslime in Deutschland aus dem Jahre 2000 auch ein sehr positives Echo. Beides finden wir in Deutschland: Zustimmung und Ablehnung gegenüber Ihrer Charta. Stimmt das, Herr Elyas?

*Nadeem Elyas:* Es war auch ein Zweck der *Charta*, den Dialog unter den Muslimen selbst zu fördern, was zum Teil auch erreicht wurde.

Der Wunsch einer *christlichen* Erziehung in religiösen wie kulturell gemischten Ehen bringt tatsächlich ein Problem mit sich. Keine Religionsgemeinschaft befürwortet eine bi-religiöse Ehe, aber keine Religionsgemeinschaft kann eine solche Ehe verbieten oder unterbinden. Allerdings fordern wir ganz ausdrücklich von künftigen bi-religiösen Ehepartnern, sich darauf zu einigen, was mit den Kindern geschieht, wie sie erzogen werden sollen. Beide Partner haben das gleiche Recht, ihre Kinder in der eigenen Religion zu erziehen. Dieses Problem, diese Spannung zwischen beiden, muss *vor* der Ehe gelöst werden, anstatt später einen Ehekonflikt zu erzeugen. Entweder muss also eine Seite nachgeben oder beide sind nicht religiös fundiert und verzichten ganz auf eine entsprechende Erziehung; das ist eine Sache der Vereinbarung zwischen den Eheleuten.

Zur Offenheit und Ehrlichkeit gehört allerdings, dass wir sagen, dass *wir* auf keinen Fall gutheißen können, dass die Kinder eines Muslims oder einer Muslima nicht im Sinne des Islam erzogen werden. Das muss jeder für sich entscheiden und dann die Ehe eingehen und eine gewisse Vereinbarung schließen oder nicht.

Die Frage, ob es in der islamischen Welt oder speziell in Saudi-Arabien christliche Kirchen geben darf, möchte ich mit zwei Bemerkungen beantworten. Zum einen: Überall in der islamischen Welt gibt es christliche Kirchen und auch Synagogen. Diese wurden erst nach dem Ende des

Osmanischen Reiches vernachlässigt, und viele der heute bestehenden Regimes haben die Renovierung der Gebäude und Neubauten unterbunden. Grund dafür war nicht der islamische Glaube, sondern politische Entscheidungen. In Saudi-Arabien allerdings wird eine bestimmte Auslegung des Glaubensgebotes befolgt, die besagt, dass ›auf der arabischen Halbinsel keine andere Religion existieren soll‹. Eine andere Auslegung lautet in der Übersetzung: »Es *wird* keine andere Religion sein.« Diese verschieden Auslegungsmöglichkeiten wurden durch die dortigen Autoritäten dahin gehend entschieden, dass dort keine andere Religionsgemeinschaft *sichtbar* sein soll. Diese Entscheidung der Administration ist nicht unbedingt die einzige mögliche islamische Antwort auf diese Problematik.

*Karl Lehmann:* Auf europäischer Ebene gibt es seit Jahrzehnten gerade auch im Hinblick auf diese Fragen eine gemeinsame evangelisch-katholische Konferenzgruppe, die auch engen Kontakt mit muslimischen Experten hat. Eines ihrer Dokumente trägt den Titel *Reziprozität*, also ›Wechselseitigkeit‹. Es wurde schon gesagt, warum das in Saudi-Arabien schwieriger ist als anderswo. Auch im Weltrat des Islam haben die verschieden Vertreter einzelner Länder sehr unterschiedliche Positionen. In Rom ist es kein Problem, wenn dort eine Moschee von über 100 Metern Länge gebaut wird. Man möchte aber, dass auch in Abuja, der Hauptstadt von Nigeria, eine größere Kirche gebaut werden kann. Für die Gläubigen dort wäre dies ein ganzheitlicher Ausdruck ihrer Präsenz.

*Publikum:* Als Ursachen für Fundamentalismus wurden hier einerseits die Religion und andererseits die Medien bezeichnet. Ich möchte beide gegen diesen Verdacht in Schutz nehmen. Denn eine andere These besagt, dass der heutige Fundamentalismus ein Teil der *Moderne* ist, und zwar der westlichen Moderne, also auch Teil von uns. Unser Wirtschaftssystem war und ist während der letzten 30 Jahre im Begriff, Menschen, Religionen, Kulturen sich untertan zu machen, unterzuordnen, alles zu erlauben, was der Rentabilität dient, Privatisierung, ungezügelte Liberalisierung. Hieraus können Ängste und Unsicherheit für sehr viele Menschen erwachsen, die dann für fundamentalistische, auch religiöse Andeutungen und Ausprägungen empfänglich werden. Die Brutalität dessen, was die Moderne heute ist, ist aus meiner Sicht die Hauptursache des heutigen Fundamentalismus. Das heißt, der interreligiöse Dialog reicht nicht, die Kritik an den Medien reicht auch nicht. Die Medien lenken die Aufmerksamkeit natürlich auf eine Bedrohung hin, weil sie selbst Teil der Moderne sind. Sie wollen von sich selbst ablenken, sie tun es unbewusst oder automatisch. Die Auseinandersetzung mit der Art und Weise, wie die Moderne sich weltweit durchsetzt, ist aus meiner Sicht die Hauptrichtung auch für die Religion, um sich mit dem Fundamentalismus auseinander zu setzen.

*Publikum:* Die Frage, wie wir mit dem Fundamentalismus umgehen sollten, hat Kardinal Lehmann dankenswerterweise mit der Aufforderung beantwortet, zu integrieren, wo wir dies können. Auch Herr Elyas hat betont, dass es in den allermeisten Fällen die ›Richtigen‹ trifft, wenn wir unsere Gastfreundlichkeit anbieten. Integration sollte also beim Nachbarn und der Nachbarin beginnen. In meiner Nachbarschaft gibt es z.B. einen libanesischen Kaufmannsladen mit einer sehr großen Fensterscheibe, durch die immer eine geschlossene Männergesellschaft zu sehen ist. Als ich einmal in einer Art ›feministisch-fundamentalistischen Experiments‹ mich dort hineinwagte, wurde ich besonders zuvorkommend bedient. Diese Erfahrung hat sich sehr gelohnt, und ich möchte deshalb dazu auffordern, auch den Dialog zwischen den *Geschlechtern* bei den Muslimen nicht außer Acht zu lassen, denn dessen Fortschritte könnten gerade auch für Frauen künftig weniger abschreckend wirkende Erfahrungen mit sich bringen.

*Publikum:* Ich habe wenig Verständnis für die geäußerte Kritik an den deutschen Sicherheitsbehörden. Wenn davon gesprochen wurde, dass mehr als 300 Moscheen und mehr als 1.000 Wohnungen durchsucht worden sind, dann kann ich als Jurist nur betonen, dass dies nicht willkürlich geschehen sein kann. Und nicht jede Durchsuchung, die zu keinem Ergebnis führte, muss deswegen rechtswidrig erfolgt sein.

*Nadeem Elyas:* Zunächst: Die Frage nach den Ursachen des Fundamentalismus ist sicherlich nicht ausreichend beantwortet. Wir können die Schuld nicht einem bestimmten Sektor oder Faktor geben, es sind nicht die Medien allein, nicht die religiösen Lehren, nicht die wirtschaftliche Lage. Die Ursachen sind vielfältig, und man muss für jeden Bereich nach Gründen für eine solche Entwicklung fragen. Die heutigen Möglichkeiten der Medien und der Technik bewirken zudem eine Vergrößerung eines jeden Effekts, in jedem Bereich – im Guten wie im Bösen. Darum nutzen auch die Terroristen diese Möglichkeiten. Sie verfügen über viel Geld und mehr Wirkungsmöglichkeiten. Würde z.B. im Irak oder im Jemen jemand entführt, ohne dass in einer Stunde die ganze Welt davon erführe, so gäbe es kaum einen Anreiz für eine solche Entführung. Aber wir können nicht die Medien dafür verantwortlich machen. Sie sind nur ein Faktor, ebenso wie die wirtschaftlichen Ungerechtigkeiten. Es gibt die Globalisierung, die nicht vor anderen Kulturen und Besonderheiten Halt macht. Auch Ungerechtigkeiten im politischen Sektor wären zu nennen. Aber immer, wenn wir diese Ursachen nennen, klingt es, als wäre das die Rechtfertigung für den Terrorismus. Das ist keineswegs die Absicht. Diese bekannten Ursachen müssen einfach richtig angepackt werden. Die Gestaltung des Verhältnisses der Geschlechter bei den Muslimen ist heute Gegenstand eines Entwicklungsprozesses, und die Muslime sind auf einem guten Weg. Sie werden dabei keine ihrer Prinzipien oder Grundsätze verletzen oder sich selbst verleugnen. In manchen Bereichen sind schon Veränderungen erkennbar: im Zentralrat der Muslime beträgt die Frauenquote in den Gremien 54%. Die Muslime müssen selber durch Erziehung, Vorbilder und durch das Gebet zu dieser Erkenntnis kommen. Und wir beten auch dafür, es besser zu schaffen. Die Durchsuchung von Moscheen erfolgt grundsätzlich – wie wir natürlich wissen – in Übereinstimmung mit der Gesetzeslage und den geltenden Vorschriften. Im Nachhinein haben allerdings angerufene Gerichte festgestellt, dass mehrere dieser Durchsuchungen nicht rechtens waren. Wir müssen diesbezüglich alle wachsam bleiben. Zu großes Vertrauen in die Administration und in die Exekutive kann auch schädlich sein. Es stellt sich hier auch die politische Frage, ob diese Maßnahmen tatsächlich nötig sind. Welche Botschaft wird damit in die Gesellschaft gebracht? Man bekämpft den Terrorismus, indem ein paar Hundert Moscheen durchsucht werden, unternimmt aber nichts gegen diejenigen Personen, die als gewaltbereite Leute den Behörden bekannt sind.

*Karl Lehmann:* Ich glaube, man kann den Fundamentalismus nicht einfach dadurch mindern, dass man eine Gegenmoderne ausruft, jedenfalls bei uns nicht. Die Moderne ist, wie Jürgen Habermas sagt, ein »unvollendetes Projekt«, das sich selber immer wieder wandelt. Der interreligiöse Dialog kann Probleme selbstverständlich nicht allein lösen, aber er kann etwas tun, dass er nämlich Veränderungen der Verhaltensstile induziert. Er kann damit auch Vorurteile abbauen, und da ist in einigen Fragen ein Anfang gemacht. Wir haben über Ängstlichkeit gesprochen, wir haben über Armut gesprochen. Aber da ist noch ein Thema, und das ist die über Jahrhunderte gemachte Erfahrung einer Verachtung, eines Herabschauens auf die Muslime. Als wir in Mainz eine große, international beachtete Ausstellung über die Kreuzzüge veranstalteten, kamen rund 150.000 Besucher, darunter 20% Muslime. Es wurde anschaulich, welche unglaublich hohe Kultur im Islam im Bereich der Architektur, im Bereich der Literatur und der Philosophie schon früh erreicht worden war. Die muslimische Welt fühlt sich aber ein Stück weit einfach nicht ernst genommen, nicht beachtet. *Bernard Lewis*, einer der großen Islamwissenschaftler, erläutert, wie diese Verachtung einigen Hass erzeugt hat. Viele Deutsche nehmen noch gar nicht genügend wahr, was eigentlich alles hinter dem Islam steht. Das könnte man noch verändern. Denn wenn wir das nicht schaffen, dann könnte dem Fundamentalismus ein revolutionäres Potenzial zuwachsen, von dem man nicht weiß, in welche Richtung es geht.

---

1   Siehe Karl Rahner / Herbert Vorgrimler (Hg.): Kleines Konzilskompendium. 30. Aufl. Freiburg i.Br. 2003, S. 355.
2   Vgl. http://www.verfassungsschutz.de/de/FAQ/.

Mart Laar

*Mart Laar, Tallinn/Estland*

# Europa sieht Deutschland:
# Die baltische Perspektive

Festvortrag zum Tag der Deutschen Einheit
im Rathaus der Stadt am 3. Oktober 2005

Ich freue mich, Ihnen an diesem Tag einige Gedanken über Europa und Deutschland aus der Sicht des Baltikums vorstellen zu können.

Wir im Baltikum müssen feststellen, dass im Grunde unsere gesamte Geschichte mit Deutschland verbunden war und ist, denn wir haben einen gemeinsamen *Kulturraum*. Dabei hat die gemeinsame Vergangenheit in der *Hanse* eine große Bedeutung, woran sich eine lange Tradition eines gleichen Verständnisses des Rechts und der Ethik anschloss. Insofern fühle ich mich also in einem gewissen Sinne in der Hansestadt Osnabrück wie zu Hause. Diese nach den Zerstörungen des Zweiten Weltkriegs wieder aufgebaute Stadt bestätigt meine Beobachtung, wie groß doch die Ähnlichkeit der Städte in Deutschland und im Baltikum ist. Daraus ergeben sich weitere Übereinstimmungen: Im gleichen Kontext steht auch das wachsende Interesse ausländischer Besucher an den Städten des Baltikums. Sie zählen zu den neuesten touristischen Ziele in Europa: Allein im vergangenen Jahr ist die Zahl der Besucher Tallinns um 30% gestiegen. Die Besucher sind meistens sehr überrascht vom Bild unserer Städte, denn sie erwarten oft ein stärker ›russisches‹ Stadtbild. Unser heutiges Stadtbild unterscheidet sich aber sehr von dem einer russischen Stadt. Es ist vielmehr das einer europäischen Stadt in einem europäischen Land.

Für uns in Estland ist diese *europäische Identität* sehr wichtig. Während der jahrzehntelangen ausländischen Besatzung wurden die europäische Identität und das europäische Selbstverständnis zu wichtigen Elementen unseres Widerstands gegen Kommunismus und Totalitarismus.

Die Reformen, zu denen wir uns nach Ende der Besatzung entschieden haben, waren für uns von grundsätzlicher Bedeutung. Wir waren bereit, dafür vieles zu tun. Unser europäisches Selbstverständnis war ein Motor, der uns half, diese Entscheidungen zu treffen und auch die Bevölkerung dafür zu mobilisieren. Denn ohne die Mitwirkung der Menschen kann es keine Veränderung geben.

Wenn wir nun die baltische Perspektive auf Europa und das Verhältnis zu Deutschland untersuchen wollen, müssen wir mit jenem Tag beginnen, mit dem eines der traurigsten Ereignisse in der neuesten Geschichte verbunden ist. Dieser Tag, der 23. August 1939, erinnert uns daran, wie wichtig die Erhaltung der Demokratie und das gemeinsame Europa sind. An diesem Tag unterschrieben zwei Diktatoren, *Hitler* und *Stalin*, den *Molotow-Ribbentrop-Vertrag*, der am Beginn des Zweiten Weltkriegs stand. Die Dokumente, die jetzt aus russischen Archiven ans Licht kommen, zeigen deutlich, dass beide Seiten dabei dasselbe Ziel verfolgten, nämlich einen neuen Krieg in Europa beginnen zu können.

Stalin war sehr interessiert, diesen Vertrag zu schließen, wie seine geheime Rede im Politbüro vom 19. August 1939 zeigt. Darin begründete er, warum man mit einem Diktator wie Hitler einen solchen Pakt schließen müsse. Stalin sagte, »wir brauchen einen Krieg, und wenn wir diesen Pakt nicht unterschreiben, wird Hitler keinen Krieg beginnen«. Der Vertrag teilte Mittel- und Osteuropa in zwei Interessensphären der beteiligten Parteien, und die Folgen waren für die Länder im Baltikum sehr katastrophal. 1940 waren wir als Ergebnis diese Paktes militärisch besetzt und in die Sowjetunion eingegliedert.

Es folgte eine Zeit des Terrors: Es gab Deportationen, Menschen wurden getötet. Man versuchte, unsere Wirtschaft und unsere Kultur zu vernichten. In jenen Tagen schien es für die Esten, Letten und Litauer keine Hoffnung mehr zu geben.

Dies waren zugleich Kriegszeiten, denn die Freundschaft zwischen Stalin und Hitler dauerte nur kurz. Jede der beiden Seiten versuchte, ihre Position gegenüber der anderen zu verbessern. Beide trafen Vorbereitungen zum Krieg, und im Sommer 1941 waren beide bereit, zu attackieren. Hitler attackierte zwei Wochen früher, als Stalin bereit war, es zu tun, und so begann der Krieg.

Dann wurde Estland für etwa drei Jahre von den Nationalsozialisten besetzt. Dies waren für die Esten schwere Jahre, denn sie mussten erkennen, dass es keine großen Unterschiede zwischen beiden Systemen gab. Der Nationalsozialismus und der Kommunismus machten dieselbe Sache – sie töteten die Menschen und vernichteten die Bücher. Dies ist offenbar eine Gemeinsamkeit des Totalitarismus.

Meinen Großvater ermordeten die Nazis, die Großmutter meiner Frau die Kommunisten. Ein Schicksal wie das meiner Familie ist ein ganz typisches im Baltikum. Wir wissen, was Totalitarismus bedeutet und daher wollen wir dagegen kämpfen, und das haben wir in Estland auch seit langer Zeit getan. Wir haben in Estland jahrzehntelang einen Partisanenkrieg gegen die sowjetische Führung erlebt. Ebenso gab es eine Widerstandsbewegung gegen den Nationalsozialismus, die das Ziel verfolgte, die estnische Republik wiederherzustellen. Das gelang für genau vier Tage im Jahre 1944. Aber die anrückende Sowjetarmee machte unsere damals schwachen Truppen nieder. Aus dem Westen gab es keine Hilfe. Und es gab auch kein Interesse dafür, was in diesem Teil der Welt wirklich passierte. Die so genannten estnischen *Waldbrüder* kämpften bis 1956, dem Jahr des Ungarn-Aufstandes, in den Wäldern ihren Partisanenkampf weiter. Es war ein ganz hoffnungsloser Kampf, denn auch zu dieser Zeit gab es keine Hilfe.

Trotzdem ging in den Jahren danach der Kampf weiter. Mit den Mitteln der politischen Selbstorganisation formierten sich politische Dissidentengruppen; junge Menschen organisierten heimliche Studentengruppen. 20% der Bevölkerung waren direkt am aktiven Widerstand beteiligt. Dabei waren diese Oppositionsbewegungen massivsten Repressionen ausgesetzt. In Estland und den anderen baltischen Ländern kam ein Drittel der Bevölkerung dadurch zu Tode – eine sehr große Zahl!

Viele der heutigen Probleme in den baltischen Ländern gehen also zurück auf den Molotow-Ribbentrop-Vertrag. Aber die Identität und das Selbstverständnis der baltischen Bevölkerung ließen den Widerstand nicht erlahmen. Dabei spielte besonders in Litauen auch die katholische Kirche eine große Rolle, indem sie das litauische Nationalbewusstsein förderte. Aber auch die protestantischen Kirchen in Lettland und Estland boten eine große moralische Unterstützung für alle, die für die Freiheit kämpften.

Gleichzeitig sah die Lage vielerorts hoffnungslos aus. Ich bin 1960 geboren und zwar am gleichen Tag wie *Lenin*. Im sowjetischen Kindergarten wollte man aus mir einen echten Leninisten machen. Mein Großvater erzählte mir, dass ich einmal als Vierjähriger auf die Frage, wen ich am liebsten auf der Welt hätte, geantwortet habe: »Lenin und den Frieden«. Aber diese Meinung änderte sich im gleichen Maß, wie meine Eltern mir beibrachten, was Recht ist. Denn alle Realität, auf die wir schauten, sprach gegen diesen Kommunismus.

Viele Menschen im Baltikum blickten immer wieder nach Deutschland. Die dortige Entwicklung nach dem Zweiten Weltkrieg wurde für uns sehr wichtig. Ziel der Sowjetunion war es, ganz Deutschland zu einem kommunistischen Land zu machen. Die Tatsache aber, dass es den Westalliierten gelungen war, in Deutschland einen demokratischen Staat zu begründen, wurde zunehmend wichtig auch für das Baltikum. Wir konnten daraus erkennen, dass es möglich war, auf Ruinen etwas Neues zu erbauen. Wir sahen, dass es möglich ist, aus dem Nichts ein ›Wirtschaftswunder‹ zu schaffen, und man braucht solche Wunder in der Welt, denn sie geben dem Menschen Hoffnung. Diese Entwicklung gab uns, den Außenstehenden, mehr Hoffnung, als man in Deutschland annehmen mochte. Die von diesem marktwirtschaftlichen und demokratischen Deutschland ausgehenden Hoffnungen gehörten zu den wichtigsten Faktoren in der europäischen Nachkriegsgeschichte. Diese Hoffnungen trugen entscheidend dazu bei, Möglichkeiten zu finden, das ›Imperium‹ im Osten zu vernichten.

Als ab 1992 der Aufbau in Estland begann, waren es insbesondere die Erfahrungen in Deutschland mit dem ›Wirtschaftswunder‹ nach dem Zweiten Weltkrieg, die wir näher anschauten. Als Historiker hatte ich wenig Einblick in die Details der Wirtschaft. Aber ich konnte beurteilen, was funktionierte und was nicht. In Deutschland hatte das ›Wirtschaftswunder‹ funktioniert, und so haben wir vieles wie etwa die Währungsreform von 1948 kopiert. Unsere Währungsreform vom Jahr 1992 hatte den gleichen Erfolg wie seinerzeit die deutsche Währungsreform.

Damals kritisierte man unsere Reformen als »Schocktherapie«, aber auch die Wirtschaftsreformen von *Adenauer* und *Erhard* wurden seinerzeit als Schocktherapien bewertet. Heute wird selten daran erinnert, dass die damalige Politik durchaus umstritten war und die parlamentarischen Mehrheiten ihr keineswegs sicher waren. Auch diese Politik war sehr radikal: es gab Proteste und Streiks. Somit waren und sind wir stolz, von diesem Beispiel profitiert zu haben. Natürlich bemühen wir uns, auch aus späteren Erfahrungen in Deutschland zu lernen, denn hier finden sich auch die Ursachen für einige der aktuellen Wirtschaftprobleme in Deutschland – und am besten lernt man nun einmal von den Fehlern anderer.

Das wirtschaftlich erfolgreiche Deutschland wurde zu einem der wichtigsten und stärksten Mitgliedsländer im vereinten Europa. Das brachte es mit sich, dass dieses neue, demokratische Deutschland von der Sowjetunion nicht sehr geschätzt wurde. Während meines Studiums an der Universität gab es ein wöchentliches militärisches Training, mit dem die Sowjetarmee Offiziere für die Sowjetarmee zu rekrutieren suchte. Dieses Training war militärisch klar orientiert: Meine Rolle z.B. war die eines Zugführers der motorisierten Infanterie. Wir studierten ausschließlich deutsche Stadtpläne und Landkarten und wussten, welche deutsche Stadt wir anzugreifen hatten. Die Taktik war einfach: Nach dem Angriff mit Nuklearwaffen musste anhand von Messgeräten der Rückgang der nuklearen Strahlung beobachtet werden, dann sollte die Truppe nachrücken. In diesem Szenario brauchte man nicht die Verteidigung zu üben, sondern nur den Angriff. So sahen die sowjetischen Pläne gegenüber Deutschland aus.

Lange Zeit ahnten wir im Baltikum nicht, welche Möglichkeiten der Veränderung es geben würde. Im Hinblick auf die sowjetischen Planspiele waren wir immer überrascht, wie naiv der Westen offenbar war. Wir hörten von dort, dass die Menschen einen sowjetischen Angriff für unvorstellbar hielten, denn in den Reden der ersten Sekretäre der Kommunistischen Partei wie *Breschnew* und anderen war immer die Rede vom Frieden. Sie liebten den Frieden, wollten Frieden in der ganzen Welt, und sie beteuerten, es sei für die Sowjetunion undenkbar, als erste Nuklearwaffen einzusetzen. Gleichzeitig wurden mit uns militärische Planspiele veranstaltet, die eine ganz andere Sprache sprachen. Hier galt die Erstschlagstaktik. Wir im Baltikum waren immer erstaunt darüber, wie wenig man im Westen von der Sowjetunion und ihrem aggressiven Charakter wusste.

Heute sehe ich mit Freude, wie bei uns die junge Generation in die Welt und auch in die Politik eintritt. Die großen Veränderungen im Osten nahmen ihren Anfang mit dem Wirken des polnischen Papstes *Johannes Paul II*. Er war der erste, der sich mit den Menschen auf der östlichen Seite des Eisernen Vorhangs solidarisierte. Er betonte, dass diese Menschen dieselben Freiheitsrechte wie alle anderen haben, und er sagte ihnen, sie bräuchten keine Angst zu haben. Das waren seine wichtigsten Aussagen.

Zur gleichen Zeit beobachteten wir vom Baltikum aus Persönlichkeiten wie *Margaret Thatcher*, *Ronald Reagan* und *Helmut Kohl*, mit denen sich viele politische Positionen im Westen veränderten. Ich erinnere mich gut, wie mir erstmals klar wurde, dass die Sowjetunion nicht mehr lange existieren würde: Etwa 1982 kam ein hochrangiger Offizier vom Generalstab aus Moskau in unser studentisches Militärtraining an die Universität Tartu, um mit den Offiziersanwärtern über die weltpolitische Lage zu sprechen. Was er zu sagen hatte, ließ zum ersten Mal *Angst* bei einem sowjetischen Offizier erkennen. Er teilte uns mit, dass im Westen ein paar »politische Wirrköpfe« gewählt worden seien, die bereit wären, mit uns einen Krieg zu führen. Besonders das *star wars*-Konzept eines ›Krieges der Sterne‹ sei eine echte Bedrohung für die Sowjetunion. Zwar hatte die Sowjetunion selber Satelliten gestützte Waffensysteme. Dass aber die Amerikaner Waffen haben würden, die Moskau in einer Minute vernichten könnten, war für die Sowjetunion alarmierend. In Russland versuchte man die amerikanische Hochtechnologie zu kopieren, vergeblich. Die Sowjets beanspruchten ihre Wirtschaft im starken Maße, um der westlichen Rüstung Paroli zu bieten, und das war möglicherweise auch das Motiv der amerikanischen Rüstung.

Die zweite aus Sicht der Sowjetunion negative Entwicklung war die Stationierung von Mittelstreckenraketen in Deutschland, die ein Gegengewicht zu den sowjetischen SS20 darstellen sollten. Die westliche Entscheidung zur Nachrüstung mit Mittelstreckenraketen war für uns im Baltikum sehr wichtig und folgenreich. Die sowjetischen Militärbefehlshaber registrierten ärgerlich, dass sich durch die Nachrüstung der NATO das Kräfteverhältnis zu ihren Ungunsten verschoben hatte. Eine der Antworten der sowjetischen Militärs war die Unterstützung der *Friedensbewegung* im Westen. Man war zuversichtlich, diese Friedensbewegung organisieren und steuern zu können und so die Raketen in Westdeutschland verhindern zu können. Die finanziellen Mittel dazu, hieß es, seien vorhanden.

Wir wissen heute, dass die Friedensbewegung aus dem Osten finanziert war, allerdings wussten das die Menschen nicht, die im Westen für den Frieden kämpften. Ihnen kann man daraus keinen Vorwurf machen. Es zeigt nur einmal mehr, wie auch die besten Ideale verraten werden können.

Wir im Baltikum sind froh darüber, dass es der Friedensbewegung dieses Mal *nicht* gelungen ist, die Raketennachrüstung im Westen zu verhindern. Wäre sie darin erfolgreich gewesen, so befürchte ich, würden wir auch heute noch in der Sowjetunion leben. Auch dieser Aspekt gehört zur Betrachtung des deutsch-baltischen Verhältnisses, denn es war im Zusammenhang dieser Ereignisse, dass man im Baltikum zu dieser Zeit überhaupt über Deutschland sprach.

Im Jahre 1985 stellte sich heraus, dass die Sowjetunion wirtschaftlich am Ende war. Es gab für die Sowjetunion keinen anderen Weg, als einen neuen Mann an die Spitze zu stellen, der mit seinem neuen Gesicht eine Veränderung in der Sowjetunion ausdrückte, und so kam *Gorbatschow*.

Sein Erscheinen ist ein Resultat der westlichen Politik und ein Zeichen dafür, dass der Westen den Kalten Krieg gewonnen hatte. Gorbatschow wollte das Sowjetsystem und den Sozialismus verteidigen und hat doch schließlich sein Ende herbeigeführt. Aus baltischer Sicht war das eine der bestmöglichen Entwicklungen.

Die erste Möglichkeit, die wir im Baltikum bekamen, etwas gegen das Sowjetsystem und die Sowjetunion zu unternehmen, haben wir genutzt. Wir organisierten den zivilen Widerstand und bildeten zivile Organisationen. Wir probierten, wie weit wir gehen konnten, und solange wir nicht im Gefängnis landeten, taten wir die nächsten Schritte. Damals war es sehr wichtig zu wissen, was in Deutschland und in den Ländern Mittelosteuropas geschah. Der Widerstand im Baltikum beobachtete die gesellschaftlichen Entwicklungen in Deutschland und in den mittelosteuropäischen Staaten mit größtem Interesse. Die bis dahin größte Widerstandsorganisation, die wir bilden konnten, war der *Estnische Kongress*. Wir organisierten diejenigen, die künftig Bürger eines »estnischen Freistaates« sein wollten, und waren gleichzeitig davon überzeugt, damit unsere ›Fahrkarte nach Sibirien‹ gekauft zu haben. Dennoch trugen sich 80% der Bevölkerung in die Listen dieses Estnischen Kongresses ein.

Als wir uns eines Abends in der Universität in Tallinn versammelten, um den ersten gemeinsamen Rat dieser Bewegung zu organisieren, lief jemand durch den Saal und verkündete: »Die Berliner Mauer ist offen.« Ich erinnere mich gut, wie froh wir über diese Nachricht waren, denn damit war für uns klar, dass der Kommunismus am Ende war. Wenn Deutschland eine Wiedervereinigung machen konnte, so bedeutete dies das Ende der sowjetischen Herrschaft insgesamt. Dass Deutschland es trotz großer, zum Teil heute noch ungelöster Probleme schaffte, diese Wiedervereinigung zu bewältigen, war eine der großen Leistungen der jüngeren Geschichte im Nachkriegseuropa. Das wird in Estland und im Baltikum unvergessen bleiben, denn es brachte auch uns die Möglichkeit, unsere Arbeit erfolgreich weiterzuführen und im Jahr 1991 die Sowjetherrschaft über Estland und die übrigen Länder des Baltikums endgültig zu beenden.

Ich komme damit zur jüngsten Vergangenheit und der Haltung, die Deutschland im Verhältnis zum Baltikum und zu Estland in den letzten Jahren eingenommen hat. Wir haben, wie gesagt, viel von deutschen Erfahrungen gelernt, als wir uns an die Reformen im Baltikum machten. Teilweise haben wir die gleichen Reformen vollzogen, wie Deutschland Jahre zuvor. Auch im Bereich der *Justiz* hatten wir eine fruchtbare Zusammenarbeit mit Deutschland. Wie schon *Ludwig Erhard* wussten wir, dass eine Marktwirtschaft nicht ohne eine entsprechende moderne Gesetzgebung funktionieren würde. Die Formel von der ›Herrschaft des Rechts‹, *rule of law*, kennzeichnet eine der wichtigsten Grundbedingungen für die Marktwirtschaft überhaupt. Ohne das Recht kann man weder gegen die Korruption kämpfen, noch gegen die Auswüchse des ›neuen Kapitalismus‹. Vor dem Zweiten Weltkrieg war das Recht im Baltikum dem deutschen sehr ähnlich. Zum Teil reichte es zurück bis in die gemeinsame Zeit in der Hanse. In Zusammenarbeit mit dem deutschen Bundesjustizministerium konnten wir verschiedene Arbeitsgruppen ins Leben rufen. Gemeinsam mit diesen erarbeiteten unsere Juristen die Notwendigkeiten einer neuen Gesetzgebung.

Der Erfolg des Wirtschaftsaufbaus in Estland geht klar auch darauf zurück, dass wir ein adäquates, eigenes neues Recht für diesen Bereich geschaffen haben. Dieses Justizsystem, eine eigenständige Gesetzgebung und eine neue Verfassung entstanden in enger Zusammenarbeit mit deutschen Experten. Die praktische Hilfe, die wir in diesen Jahren erhielten, war sehr wertvoll für uns, weil wir dadurch deutlich schneller vorankamen. Das war auch notwendig, denn gegen Ende der Sowjetherrschaft verschärften sich die Probleme, die zum Teil schon lange bestanden hatten. Viele Menschen brachten diese Schwierigkeiten mit der neu eingeführten Marktwirtschaft in Verbindung. Und wir hatten tatsächlich zeitweise eine Inflationsrate von 1.000%. Unsere Wirtschaftsleistung verringerte sich auf 30% des vorherigen Standes. Wir hatten eine große Arbeitslosigkeit, und zwar mehr als 30% im Jahre 2003. Weitere 30% der Beschäftigten verloren ihre Arbeit in den nächsten darauf folgenden Jahren, denn alle die alten sowjetischen Fabriken gingen kaputt: sie konnten nichts mehr produzieren. Sie konnten dies auch vorher nur deshalb, weil Energie und Rohstoffe quasi kostenlos waren. Nur so konnten sie den Eindruck aufrechterhalten, sie seien produktiv, was sie aber tatsächlich nicht waren. So war ihr Niedergang nur eine konsequente Folge.

Wir erlebten daraufhin Versorgungsengpässe bei den Lebensmitteln und bei der Energie. Zeitweise überlegten wir, die Bevölkerung Tallinns zu evakuieren, denn wir mussten befürchten, nicht genug Energie zu haben, um die Wohnungen in der Stadt im Winter zu heizen.

In dieser Situation mussten wir mit der neuen Wirtschaftspolitik Erfolge haben und vorzeigen. Dabei kam uns nicht nur die finanzielle Unterstützung aus dem Westen, sondern auch das Expertenwissen von dort sehr zugute. Und das gilt auch für die politische Hilfe, die wir in diesen Jahren aus Deutschland erhielten.

›Männerfreundschaften‹ zwischen deutschen und russischen Politikern sind im Baltikum nicht immer gern gesehen worden, aber es gibt darin große Unterschiede. Zu Zeiten Bundeskanzler Kohls arbeiteten wir sehr eng mit der deutschen Regierung zusammen. Wir wurden stets über alle Gesprächsergebnisse mit Russland informiert, was von großem Vorteil war. Helmut Kohl war ein Bundeskanzler, zu dem jeder Ministerpräsident der neuen Länder im Baltikum direkten Kontakt haben konnte. Brauchten wir Hilfe, so war es sicher, dass wir sie bekamen. Auch ich konnte diese Hilfe in vielen Situationen gebrauchen, z.B. bei den Verhandlungen mit der Europäischen Union. Deren Vertreter verstanden nicht, warum wir keine Zollverwaltung eingerichtet hatten, und sie verlangten von uns Änderungen unserer Wirtschaftspolitik. So blieb keine andere Möglichkeit, als dass ich Kanzler Kohl anrief und ihn bat, sich für uns zu verwenden, was er auch tat. Problematisch war auch die fortdauernde Präsenz der russischen Truppen in Estland. Nach dem Untergang der Sowjetunion blieben die russischen Truppen in den baltischen Ländern stationiert. Sie hätten tatsächlich große Schwierigkeiten gehabt, die Truppen aus dem Baltikum zu evakuieren. Aber die russischen Militärs wollten auch gern einige Basen behalten. Diese Truppen doch in ihre Heimat zurückzuführen, war nur möglich mit internationaler Hilfe. Daran beteiligte sich Helmut Kohl selbst aktiv. Ohne seine Hilfe wäre es nicht möglich gewesen, Präsident *Jelzin* an einen Punkt zu bringen, an dem er dem Rückzug der sowjetischen Truppen zustimmte. Dies gelang dann aber am 31. August 1994.

Am gleichen Tag, als die letzten sowjetischen Truppen aus Deutschland abtransportiert wurden, verließen sie auch das Baltikum. Dies war ein gemeinsamer Feiertag für Deutschland wie für das Baltikum. Erst an diesem Tag war für uns eigentlich der 2. Weltkrieg vorüber.

In den folgenden Jahren, als der Prozess der Integration in die europäische Union begann, spielte Deutschland wiederum eine große Rolle dabei, die Integrationsmöglichkeiten herzustellen, erstens hinsichtlich der Aufnahme in die Europäische Union selbst, zweitens auch im Hinblick auf den Erweiterungsprozess in Richtung auf die neuen Länder Mittelosteuropas. Deutschland war in dieser Zeit sehr wichtig und erfolgreich.

Leider bestätigt sich dieses Bild nicht für die Zeit nach der Kanzlerschaft von Helmut Kohl. Ich denke, dass die Tatsache, dass die deutsche Rolle in Europa sich verringert hat, in ganz Europa wahrgenommen wird. Viele europäische Politiker haben uns gesagt, dass sie nicht mehr die bedeutende Rolle Deutschlands in Europa von einst erkennen. Das ist ein Problem nicht nur für Deutschland, sondern für ganz Europa. Es kann kein erfolgreiches Europa geben ohne ein aktives, erfolgreiches Deutschland.

Bundeskanzler *Schröder* pflegt mit dem russischen Staatspräsidenten *Putin* eine andere Art von ›Männerfreundschaft‹. Wir haben in den letzten Jahren nicht erlebt, dass die deutsche Regierung mit Vertretern aus dem Baltikum in der früher üblichen Weise über ihre Vereinbarungen mit Russland gesprochen hätte. Wir sehen, dass über die Belange Polens und der baltischen Länder hinweg einige besondere Verträge zwischen Deutschland und Russland geschlossen worden sind. Darüber sind wir nicht informiert worden, und an den Verhandlungen haben wir nicht teilgenommen. Ein Beispiel dafür ist das Projekt einer *Gas-Pipeline* durch die Ostsee, die die Länder des Baltikums und Polen umgeht. So herrscht vielfach in den Ländern des Baltikums der Wunsch und die Hoffnung, dass Deutschland wieder seine angestammte, starke Rolle in Europa einnehmen möge, und zwar eine Position, die Deutschland als Integrations- und Reformmotor für Europa innehatte und die gleichzeitig Kontaktmöglichkeiten für die neuen Länder bot.

Deutschland ist ein natürlicher Partner für die neuen Mitgliedsländer. Es ist eine natürliche Zusammenarbeit, die wir mit Deutschland haben können, ausgehend von unserer gemeinsamen Geschichte und unseren gemeinsamen Erfahrungen – auch darin, wie gut Deutschland mit seiner eigenen Geschichte umgeht. Deutschland ist das einzige Land, das sich öffentlich für seine Vergangenheit entschuldigt hat. Helmut Kohl hat dies für den Molotow-Ribbentrop-Pakt getan.

Deutschland ist ein Land, das nach dem Zweiten Weltkrieg seinen Wunsch nach einer friedlichen Zukunft formuliert hat, so wie dies in Estland am 50. Jahrestag des Kriegsendes in allen Kirchen bekundet wurde. Die anderen Nationen oder Staaten, die am Zweiten Weltkrieg teilnahmen, haben sich für keine ihrer damaligen Taten entschuldigt.

Wir leben leider in einer Welt, die nicht so ist, wie wir sie uns wünschen. Viele Probleme sind ungelöst und wir sehen vieles, was wir nicht schätzen. Die einzige Möglichkeit, dies zu verändern, ist, ein positives Beispiel dafür zu geben, dass wir in diesem schönen und zukunftsorientierten Kontinent eine bessere Gesellschaft bauen können, eine Gesellschaft ohne Hass, die nicht in der Geschichte lebt, aber die Geschichte erinnert. Denn nur mit dieser Erinnerung ist es möglich, in die Zukunft zu gehen.

117

*Publikum:* Herr Laar, Sie betonten, dass die Bundesrepublik auch für die künftige europäische Integration eine wichtige Rolle spielen müsse. Wie beurteilen Sie in diesem Zusammenhang die Beitrittsverhandlungen mit der Türkei, ferner die Haushaltsberatungen der EU und schließlich das transatlantische Verhältnis?

*Mart Laar:* Der jetzige Stand des transatlantischen Verhältnisses ist einer der Gründe, warum Deutschland in Europa nicht mehr eine so herausragende Rolle spielt wie früher. Europa braucht nicht ein Deutschland, das von Frankreich dominiert wird; dies aber war zuletzt der Fall.

Für die Problematik der Haushalte wäre es hilfreich, wenn man sich in Deutschland wieder mehr an den Erfahrungen der frühen Jahre orientierte. Damals war unstrittig, dass eine intakte Haushaltsplanung nur mit einer starken Wirtschaft zu haben ist. Man sollte nicht nur darauf sinnen, wo Einsparmöglichkeiten bestehen, sondern auch darauf, wo Geld zu verdienen ist. Wir in Europa müssen wirtschaftlich aktiver sein und wir müssen die Arbeitslosigkeit bekämpfen. Die Wege, Arbeitslosigkeit zu bekämpfen, sind allgemein bekannt, aber sie wirklich zu gehen, ist unpopulär.

Estland ist das Land der niedrigen *Einkommensteuer*, und diese Politik hat sich als großer Erfolg erwiesen. Jedes Land muss selbst über sein Steuersystem entscheiden. In den Ländern aber, in denen die Einkommensteuern niedrig sind, funktioniert das Steuersystem bestens. Wir haben hohe Steuereinkünfte: die *niedrigeren* Steuersätze verschaffen uns *mehr* Einnahmen. Die Tatsachen sprechen für sich. Auch ist der Aufwand an Bürokratie bei uns viel geringer, und so kann sich die Steuerverwaltung darauf konzentrieren, jene Steuerbürger ausfindig zu machen, die ihre Steuern nicht bezahlen. Andere Länder Mittelosteuropas, die in derselben oder ähnlichen Situation sind wie Estland und niedrigere Einkommensteuersätze eingeführt haben, verzeichnen ebenfalls Haushaltsüberschüsse. Man sollte in Deutschland wenigstens zur Kenntnis nehmen, auf welche Weise die Wirtschaft neues Wachstum generieren kann.

Die Frage nach dem Beitritt der Türkei zur Europäischen Union verlangt eine sehr schwere Entscheidung. Jeder wird verstehen, warum die Türkei für Europa so wichtig ist. Mit ihrem Beitritt verbunden wäre allerdings, dass die in der Türkei entstehenden Probleme auch solche der Europäischen Union würden. Ein Blick auf die geographische Lage der Türkei zeigt, dass dieses Land nur zu einem Teil ein europäisches ist. Große Teile des Landes gehören geographisch nicht dazu. Eine Lösung erfordert vor allem Ehrlichkeit gegenüber der Türkei. Man muss bezüglich des Türkei-Beitritts zur EU klare Kriterien haben: Man kann z.B. nicht über den Beitritt entscheiden, solange der Streit um Zypern ungelöst ist. Und das gilt auch für das kurdische Problem, denn wir wollen in Europa sicherlich keinen Partisanenkrieg bekommen. Nach den Erfahrungen mit den Waldbrüdern in Estland wollen wir nicht mit den kurdischen Waldbrüdern kämpfen. Dort mag es auch Terroristen geben, aber in der Hauptsache sind es dort etwa 20 Millionen Menschen, die eigentlich die politische Selbständigkeit wollen. Dieses Problem muss auf die eine oder andere Weise gelöst werden, bevor die Türkei Mitglied in der EU werden kann. Eines der wichtigen Kriterien ist aber die Religionsfreiheit in der Türkei. Es muss möglich sein, mit der gleichen Selbstverständlichkeit eine christliche Kirche in Anatolien zu bauen, wie heutzutage eine islamische Moschee in Hamburg gebaut wird. Erst wenn dies möglich ist, haben wir den Beweis, dass die türkische Gesellschaft zur Mitgliedschaft in der europäischen Gemeinschaft bereit ist. Dies ist bis jetzt nicht der Fall.

*Publikum:* Nachdem mehrfach Bundeskanzler Kohl als Förderer des Baltikums gewürdigt wurde, möchte ich ergänzen, dass die Ostpolitik der sozialliberalen Koalition bereits in den Jahren der großen Koalition der 1960er Jahren ihren Anfang genommen hat. Es stellt sich die Frage, welchen Stellenwert diese Phase der deutschen Ostpolitik im Hinblick auf die Ereignisse des Jahres 1989 und danach hatte. Auch der »Nato-Doppelbeschluss« zu Zeiten von Bundeskanzler *Helmut Schmidt* wäre hier zu berücksichtigen.

*Mart Laar:* Als die deutschen Ostverträge abgeschlossen wurden, waren wir sicher, dass diese Verträge uns nicht helfen. Das sagte jedenfalls das Gefühl der Menschen, die auf unserer Seite des Eisernen Vorhangs lebten. Für uns war klar, dass die Sowjetunion aus diesen Verträgen einen größeren Nutzen ziehen würde als der Westen. Die Menschen hatten dabei nicht viel zu gewinnen, leider. Dagegen war der »Nato-Doppelbeschluss« aus unserer Sicht damals sehr positiv.

Wir verstanden z.B. auch nicht, warum deutsche Politiker die *Solidarność*-Bewegung in Polen nicht stärker unterstützten. Dies war wohl Ausfluss jener deutschen Ostpolitik, die zu den Regierungen in Osteuropa gute Beziehungen entwickeln wollte. Für die Bürgerrechtsbewegungen war dies allerdings von großem Nachteil.

Die *wirtschaftlichen* Ergebnisse des NATO-Doppelbeschlusses waren dagegen zweifellos positiv für uns, denn die Finanzkredite, die Deutschland den kommunistischen Ländern Ost- und Mitteleuropas gab, ruinierten deren politische Herrschaftssysteme. Sie konnten diese Kredite gar nicht nutzen. Sie verbrauchten das Geld für wirtschaftlich wenig vernünftige Projekte, und als die Zeit der Rückzahlung beginnen sollte, gingen sie Bankrott. Das war positiv, aber dies war sicherlich nicht das eigentliche Ziel.

*Publikum:* Welche Änderungen an dem Projekt einer direkten Gas-Pipeline zwischen Deutschland und Russland halten Sie für wünschenswert oder sogar unverzichtbar?

*Mart Laar:* Es wäre für alle Seiten zunächst einmal vorteilhafter, eine Pipeline zu bauen, die kostengünstiger wäre. Aber bei dieser Pipeline handelt es sich offensichtlich um ein politisches Projekt. Dabei droht den baltischen Ländern wohl keine wirtschaftliche Einbuße, aber im Hinblick auf die Zukunft erscheint es besser, wenn sich mehrere Länder an diesem Projekt beteiligen würden, denn auf diese Weise wären Probleme der Versorgung und Probleme der Sicherheit leichter zu lösen. Bezeichnend für den Charakter dieses Projektes ist aber, dass mit den Ländern zwischen Deutschland und Russland, angefangen mit Polen, über dieses Vorhaben bisher gar nicht verhandelt worden ist.

*Publikum:* Sie sagten, ohne Erinnerung gäbe es keine Zukunft. Sie sagten auch, dass ein Europa ohne ein starkes Deutschland nicht möglich sein werde. Was bringt Sie zu dieser Ansicht? Braucht Europa wirklich eine ›Führungsmacht‹? Ein zweites Stichwort: Der Beitrittswunsch der Türkei zur EU wird auch mit dem Ziel unterstützt, die Beziehungen Europas zu den Nachbarländern der Türkei im Nahen Osten zu verbessern. Wie man weiß, war die Zeit der osmanischen Herrschaft in diesem Gebiet durchaus finster, denn das Osmanische Reich hat seine Nachbarvölker seinerzeit kolonisiert und unterdrückt.

*Mart Laar:* Die Gründe für den Beitrittswunsch der Länder des Baltikums zur Europäischen Union waren nicht rein wirtschaftlicher Natur. Wirtschaftlich erfolgreich waren wir auch bereits vor dem Beitritt zur EU, und manche Experten waren der Ansicht, dass das Wachstum der baltischen Länder innerhalb der Europäischen Union weniger stark sein werde als außerhalb. Ich beurteile die wirtschaftlichen Folgen unseres Beitritts allerdings als sehr gut.

Das stärkere Motiv jedoch scheint mir die historische, kulturelle und politische Einheit zu sein, deren Herstellung wir uns wünschten. Wir sind Teil von Europa, und es war immer schlecht für uns, wenn wir nicht dazu gehören durften. Auch für Europa war es besser, wenn die baltischen Länder dazu gehörten. Wir haben die gemeinsame Grundlage des ›christlichen Abendlandes‹, und davon haben auch Menschen Vorteile, die nicht christlichen Glaubens sind. Diese Grundlage schufen die Christianisierung, die Reformation, die Aufklärung.

In den Ländern, die nicht diese Entwicklungsstufen erlebten, fehlt dieser Gemeinschaftszusammenhang. Das ist eine Realität.

*Publikum:* In Estland leben 800.000 estnisch sprechende Menschen und 500.000 russisch sprechende Menschen. In Lettland sind sogar 70% der Bevölkerung russischsprachig. Wie ist das Verhältnis zum russischsprachigen Bevölkerungsanteil im Baltikum zu beschreiben?

*Mart Laar:* In der Rechtsstellung gibt es in Estland und Lettland keine Unterschiede zwischen russischsprachigen und anderen Bevölkerungsteilen. Diese kann es auch nicht geben, denn beide Länder sind Mitglieder der Europäischen Union. Die EU-Mitgliedschaft ist eben auch eine Garantie dafür, dass es keine Unterschiede im Rechtssystem geben kann. Diese Tatsache ist auch daran ablesbar, dass aus diesen Bevölkerungsgruppen niemand das Land verlassen möchte. Im Unterschied zu manchen Republiken im Süden der ehemaligen UdSSR wollen russischsprachige Bevölkerungsanteile aus dem Baltikum nicht zurück in ihr russisches Mutterland.

Es stimmt, dass das Verhältnis beider Bevölkerungsgruppen in der Vergangenheit problematisch war. Dies ist auch heute noch nicht ganz gelöst, denn unter den gegebenen Voraussetzungen war es nicht leicht, einen selbständigen estnischen Staat zu bilden. Ein Anteil von 40% der Bevölkerung bekannte sich seinerzeit dazu, »russisch« zu sein.

Diese russische Bevölkerung war keine Minderheit im Lande, sondern sie waren *Kolonisten.* Sie waren dort angesiedelt worden, wo es zuvor eine estnische Bevölkerung gab, die zum Teil vertrieben worden war. Diese Kolonisierungspolitik der Sowjetunion hatte das Ziel, die Esten in ihrem eigenen Land zur Minderheit zu machen. In Lettland gewann so der russischsprachige Bevölkerungsanteil mit mehr als 50% ein Übergewicht. In dieser Situation war es schwierig, die Initiative für ein unabhängiges Estland zu beginnen, denn die russischsprachige Minderheit hatte wenig Verständnis für diese Suche nach nationaler Identität. Sie selbst sahen sich überwiegend als »Sowjetmenschen«, nicht einmal als Russen. So gab es am Ende der Sowjetunion große Integrationsprobleme und beträchtliche Konflikte zwischen diesen beiden Bevölkerungsgruppen. Die russischsprachige Bevölkerung diffamierte Esten und Letten als »Deutsche« und diese bezeichneten die russischsprachigen Bürger eben als Kolonialherren. Wir sind froh, dass es gelungen ist, die staatliche Selbständigkeit im Baltikum wiederherzustellen. Nur so bekamen wir die Chance, den Konflikt zu lösen. Erst als bei den Esten das Gefühl wuchs, selbst eine Zukunft zu haben, schwächte sich der Konflikt ab. Infolgedessen war es auch für die andere, die russische Seite, leichter, sich den Entwicklungen anzupassen. Natürlich hatte man von Anfang an klargestellt, dass in einem künftig selbständigen Estland die Menschen einer estnischen Gesetzgebung unterstehen würden und nur diejenigen, die dazu bereit waren, hier würden leben können. Wir versuchten, der russischsprachigen Minderheit ihre nationale Identität wieder zurückzugeben. Deshalb haben wir sie als Russen, als Ukrainer, als Weißrussen oder als Mitglieder anderer Nationalitäten der ehemaligen Sowjetunion angesprochen. Das war erfolgreich, besonders bei den Ukrainern, die heute die drittstärkste Nationalität in Estland bilden. Wir richteten ukrainische Schulen ein, stellten ukrainische Kirchen wieder her und unterstützten diese Gruppen sehr. Auch das Bemühen, den Russen ihre nationale Identität zurückzugeben, war schließlich erfolgreich.

Heute bin ich froh, dass meine Kinder in einer Gesellschaft leben können, die unterschiedliche Nationalitäten integriert, und dass wir in einer Gesellschaft ohne Hass leben können. Dies gilt in ähnlicher Weise auch für das Nachbarland Lettland, auch wenn die dortigen Konflikte möglicherweise schärfer ausgeprägt waren und noch andauern. Dieser Integrationsprozess muss fortgesetzt werden, und das wird wohl noch Jahrzehnte in Anspruch nehmen.

*Publikum:* Eine Frage zur Problematik der Ratifizierung der Nachbarschaftsverträge zwischen den baltischen Ländern und Russland: Sind Sie, Herr Laar, zufrieden mit der Unterstützung der baltischen Länder durch die Europäische Union in dieser Frage?

*Mart Laar:* Die gegenwärtige Situation macht mir keine große Sorge, denn die Ratifizierung der Grenzverträge mit Russland ist für Russland womöglich wichtiger als für uns. Die praktischen Probleme zwischen beiden Seiten sind im Grunde gelöst, der Grenzverlauf ist unstrittig. Der Grund, warum Russland zögert, diesen Vertrag zu unterschreiben, ist folgender: Sie fordern von uns eine Erklärung, in der wir bestätigen sollen, dass das Baltikum ab 1940 nicht unter sowjetischer Besatzung stand, sondern der Beitritt der baltischen Länder zur UdSSR damals ganz freiwillig geschehen sei. Das wollen sie von uns hören, erst dann sind sie dazu bereit, die Verträge zu unterzeichnen. Aber ich sage Ihnen: das werden wir niemals tun.

# Positionsbestimmung für die deutsche Außenpolitik – Schritte zu einer neuen Weltfriedensordnung

Podiumsveranstaltung zum Osnabrücker Friedenstag am 26. Oktober 2005 in der Stadthalle Osnabrück

In Zusammenarbeit mit der Deutschen Gesellschaft für die Vereinten Nationen – DGVN

| | |
|---|---|
| *Dr. Wolfgang Schäuble MdB* | Stellvertretender Vorsitzender der CDU/CSU-Bundestagsfraktion für Außen-, Sicherheits- und Europapolitik |
| *Claudia Roth MdB* | Parteivorsitzende von BÜNDNIS 90 / DIE GRÜNEN, Beauftragte der Bundesregierung für Menschenrechte und Humanitäre Hilfe im Auswärtigen Amt a.D. |
| *Klaus-Peter Siegloch* | Stellvertretender Chefredakteur des ZDF und Leiter der Hauptredaktion Aktuelles – Gesprächsleitung |

*Klaus-Peter Siegloch:* Im zurückliegenden Bundestags-Wahlkampf war über die deutsche Außenpolitik eigentlich nur wenig zu hören. Und auch die Diskussionen über den EU-Beitritt der Türkei hatten wohl eher einen innenpolitischen Hintergrund. Auch bei den Koalitionsverhandlungen sah es so aus, also ob in der Außenpolitik zwischen den Parteien keine großen Kontroversen bestünden. Vielleicht ist es symptomatisch für diese Situation, dass der designierte Außenminister *Frank-Walter Steinmeier* bisher in der Öffentlichkeit wenig bekannt ist.

Die Schlussfolgerung liegt nahe: Außenpolitik ist nicht so wichtig in Zeiten, in denen die Arbeitslosigkeit nicht sinken will und die Sozialsysteme implodieren. Das wäre aber ein gefährlicher Trugschluss, denn Außen- und Innenpolitik sind ebenso schwer voneinander abzugrenzen, wie es Außen- und Sicherheitspolitik oder Außen-, Wirtschafts- und Sozialpolitik sind.

In diesen Bereichen ist vieles miteinander verwoben, wie einige aktuelle Geschehnisse zeigen: In London jagten einige junge, dort aufgewachsene Muslime aus Empörung über den Irak-Krieg völlig unbeteiligte Zivilisten in die Luft. ›Terrorismus‹ zeigt sich als ein nicht mehr ungreifbares ›internationales Problem‹, sondern eben auch als ein nationales. In Deutschland hat es uns mit dieser Härte glücklicherweise bisher nicht getroffen.

Ein anderes Beispiel: Weil slowakische Arbeiter für deutlich geringere Löhne gleiche Qualität abliefern, werden Arbeitsplätze nach Bratislava verlagert. Dies ist ein Thema für den so genannten ›Sozialgipfel‹ der EU. Hierbei zeigen sich Außenpolitik, Europapolitik und auch Sozial- und Wirtschaftspolitik als miteinander verbunden. Noch ein Beispiel: China erlebt einen beispiellosen Wirtschaftsaufschwung und kauft u.a. die Erdölmärkte leer. Auch deshalb steigen an den Zapfsäulen die Benzinpreise. Unsere Abhängigkeit von Rohstoffen wächst, und wir bemerken die Reichweite dessen, was am anderen Ende der Welt passiert, in unserem Portemonnaie. Das letzte Bild zum Auftakt für unser Thema: Weil Millionen Afrikaner aus der Armut fliehen wollen, wächst der Druck, Europa zu einer Art Festung auszubauen.

Müssen wir nicht doch die Bereitschaft entwickeln, Geld auszugeben, um die Armut und deren Ursachen dort zu bekämpfen, wo sie entstehen?

Diese außenpolitischen Fragen weisen immer wieder auch zurück in die Innenpolitik, und von den Antworten darauf hängt viel für den Weltfrieden ab. Wir erhoffen uns an diesem Abend von Frau Roth und Dr. Schäuble einige weiterführende Antworten. Als Grundlage für die Diskussion hören wir von beiden einige einleitende Überlegungen zu diesem großen Themenkreis. Darum bitte ich zunächst Frau Roth.

*Claudia Roth:* Mir ist das Thema ›Friedenspolitik‹ auch auf Grund meiner Herkunft sehr nahe: Augsburg ist wie Osnabrück eine ›Friedensstadt‹. Der vor 450 Jahren in Augsburg geschlossene Religionsfriede hat – wie der Westfälische Friede – eine große Bedeutung auch für unsere Zeit: Der Dialog der Religionen und der Kulturen sollte Vorrang vor einer Konfrontation haben, die das Gegenteil von Frieden brächte.

Wir leben heute nicht mehr in der Welt des ›Kalten Krieges‹, sondern in einer *multipolaren* Welt. Leider müssen wir feststellen, dass damit nicht alle Schwierigkeiten und Bedrohungen verschwunden sind. Sogar neue Probleme und Herausforderungen sind entstanden. Es muss uns aber darum gehen, Mauern einzureißen, anstatt neue Mauern zu errichten. Die Bilder verzweifelter Flüchtlinge in den nordafrikanischen Küstenstädten *Melila* und *Ceuta* zeigten uns, dass Flüchtlingspolitik eng mit Entwicklungszusammenarbeit und Entwicklungspolitik verbunden sein muss. Wir leben in einer Welt mit vielen regionalen Krisen bei einer rasant fortschreitenden Globalisierung. Diese gilt es zu gestalten. Und wir leben mit der Realität eines international agierenden Terrorismus. Beiden Herausforderungen muss sich eine Außenpolitik stellen, die sich als globale, multilaterale Sicherheits- und Friedenspolitik versteht. Es ist eine zentrale Aufgabe unseres Landes, zur Herausbildung eines stabilen *Systems der globalen, kooperativen Sicherheit* beizutragen. Hierbei spielen die Beziehungen der großen Mächte untereinander, ihre Bündnisse, das Gefährdungspotenzial regionaler Krisen und die Bedrohung durch asymmetrische Konflikte eine Rolle. Nur ein multilaterales System ist in der Lage, sich diesen globalen Herausforderungen zu stellen; dieses zu schaffen, wird eine der wichtigsten Aufgaben des 21. Jahrhunderts sein.

Angesichts der neuen Probleme brauchen wir dringend einen *erweiterten* Sicherheitsbegriff, der *zivile Krisenprävention*, aber auch die Frage der natürlichen Ressourcen und damit die Frage der Ökologie einbezieht, die in hohem Maße zugleich eine friedenspolitische Frage ist. Wenn es um schwindende Ressourcen geht, drohen – so sagen es auch die Militärs – mögliche neue Kriege. Krisenprävention soll dem Ausbruch gewaltsamer Konflikte langfristig vorbeugen. Es geht um die Herstellung von verlässlichen staatlichen Strukturen, in denen Rechtsstaatlichkeit, Demokratie und Sicherheit gedeihen. Es geht um Friedenspotentiale in der Zivilgesellschaft, in Medien, Kultur und Bildung. Eine solche Politik könnte zu einer *Kultur der Konfliktprävention* werden, wenn sie Gewalt fördernden ökonomischen Interessen frühzeitig entgegentreten und die Logik der Gewalteskalation entschärfen kann. Diese Querschnittsaufgabe von Außen- und Sicherheitspolitik, Entwicklungspolitik, von Innen- und Außenwirtschafts- und von Finanzpolitik erfordert eine Koordination des Handelns von staatlichen und nichtstaatlichen Akteuren.

Diese Friedens- und Sicherheitspolitik muss heute globale Umweltpolitik sein. Große Länder wie China und Indien verzeichnen starkes und schnelles wirtschaftliches Wachstum. Auch die Menschen dort haben einen Anspruch und ein Recht auf wirtschaftliche Prosperität. Dies wird aber einen rasanten Zuwachs an Energieverbrauch und eine Steigerung der Rohstoffpreise mit sich bringen. Die Menschheit nähert sich dabei ökologischen Grenzen. Hier muss unbedingt eine neue Richtung des Produzierens und des Verbrauchs gesucht werden, um möglichen Gefährdungen des Friedens zuvorzukommen. Klimaschutzpolitik ist daher kein exklusives Thema ›grüner‹ Umweltpolitik. Von ihren Erfolgen hängen Stabilität und Frieden in hohem Maße ab.

Die Einsicht in die Notwendigkeit einer globalen Umweltpolitik muss sich durchsetzen. Wir brauchen eine Politik, die die Abhängigkeiten vom Erdöl überwindet. Auch die Gewerkschaften müssen etwas unternehmen, um dies den großen Konzernen klarzumachen. Auch große und wichtige

Akteure wie die USA müssen begreifen, dass sie an der internationalen Klimapolitik mitwirken müssen.

Wir brauchen eine *nachhaltige* Entwicklung, ressourcenleicht und umweltverträglich. Dies bestätigen im Übrigen auch Militärfachleute, die die globale ökologische Dimension als ein zentrales Feld der Friedenssicherung bewerten. Zwischen diesem erweiterten Sicherheitsbegriff und der Reform der Bundeswehr besteht ein direkter Zusammenhang. Wir brauchen eine Bundeswehr, die in der Lage ist, internationale Krisenbewältigung im Rahmen der Vereinten Nationen zu leisten. Dafür ist keine *Wehrpflichtarmee* erforderlich. Wir sollten daher die Wehrpflicht abschaffen. Wir brauchen gut ausgebildete Soldatinnen und Soldaten, die besonders in Konfliktprävention ausgebildet werden. Wichtig ist, dass jeder Einsatz der Bundeswehr strikt an ein UNO-Mandat zu binden ist und dass der Einsatz der Bundeswehr im Inneren aus verfassungsrechtlichen Gründen unzulässig bleibt.

Als ehemalige Menschenrechtsbeauftragte der Bundesregierung ist mir ein Bereich besonders wichtig: Zu einem erweiterten Sicherheitsbegriff gehört eindeutig und zentral die *Menschenrechtspolitik*. Sie sollte nicht als ›Traum von Gut-Menschen‹ herabgesetzt werden. Sie ist im Kern Realpolitik, sie ist Schlüsselelement von Krisen- und Konfliktprävention.

Von *Mary Robinson*, der früheren Hochkommissarin für Menschenrechte der Vereinten Nationen, stammt der treffende Satz: »Die Menschenrechtsverletzungen von heute sind die Kriege von morgen.« In diesem Sinne brauchen wir eine Kultur der Prävention, eine nachhaltige Menschenrechtspolitik, die auch im Bereich der Sicherheitspolitik multilateral eingebunden sein muss. Erfolge sind nur möglich, wenn Menschenrechte von der starken Gemeinschaft getragen werden und wenn deren Verletzung mit *Sanktionen* beantwortet werden kann. Dabei hat der *Internationale Strafgerichtshof* in Den Haag entscheidende Bedeutung. Dort wird endlich damit begonnen, der Straflosigkeit von Menschenrechtsverletzungen ein Ende zu machen. Die Regierung der USA sollte den Widerstand gegen den Haager Strafgerichtshof aufgeben, denn nur durch eine internationale Institution können Menschenrechte wirkungsvoll geschützt werden.

Menschenrechtspolitik braucht die Verankerung im *Dialog der Kulturen*. Dabei sollten nicht die Universalität und Unteilbarkeit der Menschenrechte aufgegeben werden. Die Menschenrechte sind jedem Menschen eigen, und ihre Verteidigung ist keineswegs Ausdruck eines westlichen ›Menschenrechtsimperialismus‹, wie mir während meiner Arbeit als Menschenrechtsbeauftragte manchmal vorgehalten wurde. Menschenrechte sind unteilbar und universell gültig; es darf keinen Rabatt geben! Dies muss allerdings auch für die Terrorismusbekämpfung gelten.

Jede Form des Kampfes gegen Terrorismus kann nur erfolgreich sein, wenn demokratische und rechtsstaatliche Kriterien strikt geachtet werden und die Menschenrechte gewahrt bleiben. Wo dies wie in den Gefängnissen von *Abu Graib* und *Guantánamo* offensichtlich nicht der Fall ist, muss deutliche Kritik geübt werden. Das gilt auch gegenüber der russischen Regierung in ihrem Kampf in Tschetschenien.

Das zentrale Thema in der Außen- und Friedenspolitik sollte der Kampf für eine *gerechte Globalisierung* sein. Wir müssen dazu beitragen, dass die Globalisierung gerecht gestaltet wird und dass sie den Menschen zugute kommt. In diesem Zusammenhang steht auch die *Global Compact Initiative*, die *Kofi Annan* 1999 ins Leben rief. Hierbei sollen sich nicht nur Regierungen und Nichtregierungsorganisationen, sondern auch Unternehmen und transnational agierende Konzerne dafür einsetzen und dazu verpflichten, menschenrechtliche Standards hinsichtlich der Umwelt und der Arbeitsbedingungen in ihrem Unternehmenshandeln einzuhalten. Auch sie sollten dazu beitragen, dass diese Welt sicherer, stabiler und demokratischer wird. Hier wäre mehr Initiative auch der

Claudia Roth

deutschen Wirtschaftsunternehmen wünschenswert. Sie könnten im Rahmen ihrer wirtschaftlichen Aktivitäten und Kooperation in Russland und in China mehr dazu beitragen, dass es dort zu einer Demokratisierung kommt. Dies ist nicht nur die Aufgabe von Regierungen und Nichtregierungsorganisationen, sondern es liegt auch in der Verantwortung der Unternehmen und in ihrem eigenen ökonomischen Interesse. Eine richtige und sichere Investition braucht stabile Verhältnisse.

Ich denke, dass die von den Vereinten Nationen aufgestellten *Milleniums-Ziele*, darunter die Bekämpfung von Armut und Hunger, die Förderung von Bildung und Gleichstellung, von Gesundheitsvorsorge und ökologischer Nachhaltigkeit, ganz in den Vordergrund der Politik gehören. Dafür braucht es Reformanstrengungen in den Entwicklungsländern, die wir unterstützen müssen. Und es braucht zusätzliche Mittel aus den Industrieländern sowie kreative neue Finanzierungsinstrumente, um zur Bekämpfung von Armut und zur Erreichung der Milleniums-Ziele beizutragen. Dies wäre auch eine wirkungsvolle Fluchtursachen-Bekämpfung.

Die zukünftige Bundesregierung sollte Vorbild und Vorreiter sein, wenn es um die Einlösung finanzieller Zusagen und um die Entwicklung neuer Finanzinstrumente geht, um Mittel im Bereich der Entwicklungszusammenarbeit zur Verfügung zu stellen – sei es, wie die Franzosen vorschlagen, eine *Tobin*-Steuer oder, wie beim G8-Gipfel vorgeschlagen, eine Kerosin-Steuer. Von den Ergebnissen der Welthandelskonferenz in Hongkong im Dezember 2005 sollten die Entwicklungsländer gerade im landwirtschaftlichen Bereich profitieren.

›Europa‹ ist für die GRÜNEN immer die wichtigste sicherheits- und friedenspolitische Perspektive gewesen. Es ist unser gemeinsames Interesse, gegen die Europa-Skepsis anzutreten und die Verfassungsdebatte voranzutreiben. Dies ist nach den Referenden in Frankreich und in den Niederlanden, die keine Mehrheiten für diesen Verfassungsentwurf brachten, schwieriger geworden. Wir müssen die Angst der Menschen vor einem neoliberal geprägten Europa aufnehmen. Europa muss ein *soziales* Konzept sein, das auch im Zeichen der Globalisierung eine starke und eine gemeinsame Stimme hat. Initiativen im Europäischen Parlament für eine europaweite Volksabstimmung über diese Verfassung und über die Grundrechtscharta wollen wir unterstützen, weil sie ein Mehr an Demokratie und an Bürgerrechten mit sich bringen werden.

Wichtig bleibt unser Verhältnis zu den östlichen Nachbarn: Schwierige Themen sollten wir nicht in nationalen Alleingängen durchsetzen wollen. Die Unterstützung des Vorhabens für ein ›Zentrum gegen Vertreibung‹ in Berlin halte ich für bedenklich, weil dies ein Projekt ist, das die bestehende Sensibilität gegenüber dem Thema in Polen und Tschechien nicht berücksichtigt. Stattdessen wäre eine europäische Netzwerkinitiative zu wünschen, gemeinsam mit den Nachbarn und nicht im nationalen Alleingang. Berechtigt wäre es aber auch, den neu gewählten polnischen Präsidenten darauf hinzuweisen, dass es zu den Grundlagen und gemeinsamen Werten der Europäischen Union gehört, auf die Todesstrafe zu verzichten und Minderheiten im Land rechtlich gleichzustellen.

Nicht nur im jüngsten Wahlkampf, sondern seit geraumer Zeit erleben wir eine Kontroverse über die Frage der EU-Mitgliedschaft der *Türkei*. Für uns ist die Integration einer demokratischen Türkei in die Europäische Union von zentraler Bedeutung. Gerade der Beitrittsprozess hat glaubwürdige Reformanstrengungen und Demokratisierungsschritte in der Türkei ermöglicht. Eine ›privilegierte Partnerschaft‹ mit der EU wäre nichts als eine Zurückweisung, und dies wäre aus sicherheits- und integrationspolitischen sowie osteuropapolitischen Gründen ein falsches Signal.

Die Erwartungen an eine *Reform der UNO* sind bisher nur sehr bedingt erfüllt worden. Es braucht viel weiter gehende Reformen z.B. im Menschenrechtsrat und was die Repräsentanz im Sicherheitsrat angeht. Dass die UNO in Zeiten der Globalisierung *die* starke Organisation sein muss, bleibt hoffentlich unumstritten. Der jüngste UNO-Gipfel ergab ein Festhalten an den *Milleniums-Zielen*, aber keine verbindliche Festlegung auf das Ziel, bis zum Jahr 2015 0,7% des Bruttosozialprodukts eines jeden Landes für die Bekämpfung von Armut und Unterentwicklung einzusetzen. Zum Thema Abrüstung und Massenvernichtungswaffen blieben leider neue Stellungnahmen aus, da hätte ich mir deutlich mehr gewünscht.

Der internationale Terrorismus ist für die GRÜNEN eine ganz zentrale Herausforderung. Wie entscheiden wir über eine Beteiligung an militärischen Einsätzen? Ich bin davon überzeugt, dass es zum Einsatz von deutschen Soldatinnen und Soldaten in *Afghanistan* heute keine friedenspolitische Alternative mehr gibt. Wir haben es uns in dieser Frage nicht so leicht gemacht wie andere, die sofort sagten: Deutsche Soldaten haben nirgendwo auf der Welt irgendetwas zu suchen.

Ebenso entschieden, wie ich für die Beteiligung am Aufbau einer politischen Perspektive in Afghanistan bin, haben wir eine deutsche Beteiligung am *Irak-Krieg* abgelehnt. Dieser Krieg hat den Prozess der Demokratisierung im Nahen Osten sicher nicht verbessert. Unser »Nein« zu einem Krieg im Irak ist indessen nicht ›antiamerikanisch‹. Für uns sind die transatlantischen Beziehungen von enormer Bedeutung. Sie sind aber kein Selbstzweck, und daher unterstützen wir keine Politik einer US-Regierung, die wir für falsch halten. Dies deutlich zu sagen, ist für mich ein Ausdruck von *kritischer Solidarität*. Auch in den USA gibt es viele kritische Stimmen gegenüber der Bush-Administration. Es gibt viele wichtige Fragen, die wir gemeinsam angehen müssen, auch und gerade was Demokratisierungsprozesse und die globale Umweltpolitik auf dieser Welt betrifft. Kritische Solidarität muss die Grundlage von Freundschaft im transatlantischen Verhältnis sein. Sie ist alles andere als Antiamerikanismus, gegen den ich jederzeit eintreten würde.

*Wolfgang Schäuble:* Mit den allermeisten Zielen und Wünschen, wie sie Claudia Roth formuliert hat, stimme ich völlig überein. Deswegen ist es auch kaum überraschend, dass wir weder im Wahlkampf noch in den letzten Jahren große Kontroversen über diese Fragen hatten. Es ist sogar gut so, dass wir über alle Regierungswechsel hinweg in der 55-jährigen

Geschichte der Bundesrepublik Deutschland überwiegend einig blieben. Gab es umstrittene Fragen – wie über die Westpolitik der Europäischen Union und die Westintegration in den 1950er Jahren –, so wurden die Entscheidungen von der Opposition mitgetragen. Auch die Ostpolitik war einmal umstritten, später trug die vormalige Opposition deren Ergebnisse mit. Dies ist der Bundesrepublik Deutschland insgesamt gut bekommen.

Bei den vorgetragenen Zielen und Wünschen ist zu fragen, was getan werden muss, um sie zu erreichen. In Deutschland leben 80 Millionen Menschen zumeist guten Willens, aber insgesamt gibt es 6 Milliarden Menschen auf der Welt. Wir beobachten z.B. die Chinesen mit ihrem enormen Wirtschaftswachstum: Was tun, wenn sie nicht nur Fahrrad, sondern bald auch Auto fahren wollen? Derzeit liegt das dortige Pro-Kopf-Einkommen statistisch bei 70 Dollar im Monat. Von den ärmeren Ländern der Welt ist China eines der wohlhabenden. Richtig ist, dass wir viel stärker als in früheren Zeiten von Entwicklungen in allen Teilen der Welt unmittelbar betroffen sind – im Guten und im Schlechten. So müssen wir bei dem, was wir in Deutschland tun, denken und wollen, überlegen, ob es auch global umsetzbar wäre.

Die Gemeinsamkeit der Städte Augsburg und Osnabrück als Friedensstädte – vom Augsburger Religionsfrieden zum Westfälischen Frieden – ist bestechend, aber in der Zeit dazwischen wurde der *Dreißigjährige Krieg* geführt. Es gibt Fachleute, die den globalen Zustand der Welt heute mit dem katastrophalen Durcheinander dieser ersten Hälfte des 17. Jahrhunderts vergleichen. Der Augsburger Religionsfriede hat leider nicht den ewigen Frieden gebracht, sondern war Ausgangspunkt neuen, grausigen Kriegsgeschehens. Und der Westfälische Friede – mit allem Respekt vor der Friedenspolitik – ist nur erreicht worden, weil die Kriegsparteien in einen Zustand totaler Erschöpfung gekommen waren. Wer die Bevölkerungsentwicklung in Deutschland, Mitteleuropa, Europa verfolgt, kann die Wirkungen des Dreißigjährigen Krieges noch mehr als hundert Jahre weiterverfolgen. Deswegen denke ich oft in diesem Zusammenhang an *Nathan den Weisen*, der zu seiner Tochter sagt: »Begreifst du, wie viel leichter andächtig schwärmen als gut handeln ist?«

Wir müssen uns mit den Realitäten dieser Welt auseinandersetzen, wenn wir über Frieden und Friedensordnung reden. Die rot-grüne Bundesregierung hat 1999 mit der Unterstützung der CDU/CSU beschlossen, sich im Kosovo militärisch zu engagieren. Dieser friedenspolitische Einsatz im Kosovo war *nicht* durch ein UNO-Mandat abgedeckt. Dennoch war er richtig, und wir haben ihn unterstützt.

Ich will nicht den Versuch unternehmen, das von Frau Roth so engagiert Gesagte noch einmal genauso engagiert zu wiederholen, sondern einfach unser Gespräch fortführen. Meine erste Antwort ist: Angesichts der Entwicklung in der Welt – mit ihren heute 6 Milliarden und in 30 Jahren womöglich 10-11 Milliarden Menschen – müssen wir uns bei vielen Problemen fragen, ob es eine globale Lösung geben könnte und wie sie aussieht.

Das beginnt schon beim Thema Arbeitsplätze. Niemand bei uns ist bereit, für Arbeit so viel zu bezahlen, wie wir für Arbeit bezahlt bekommen möchten, wenn wir sie selbst machen. Das ist ein Ergebnis der internationalen Arbeitsteilung. Als Verbraucher profitieren wir davon, dass in anderen Ländern billiger produziert wird. Wir kaufen von den gleichwertigen Waren diejenigen, die uns billiger angeboten werden. Niemand würde Spargel kaufen, wenn er zu deutschen Tariflöhnen hätte gestochen werden müssen. Dies übernehmen ausländische Arbeitskräfte, trotz hoher Arbeitslosigkeit bei uns. Dies gilt auch im internationalen Maßstab, wo die *World Trade Organisation* mit diesem Problem konfrontiert ist.

Auch ich bin sehr für eine Stärkung der UNO. Die Bundesregierung hat den Beitrag, den Deutschland zum Gelingen der Reform der Vereinten Nationen hätte leisten können, nicht optimal erbracht. Die deutsche Regierung hat sich stark darauf konzentriert, einen ständigen Sitz im Weltsicherheitsrat für Deutschland zu erhalten. Deutschland hat sich in eine Position begeben, die die 195 Mitgliedstaaten in der UNO hat zweifeln lassen, ob es den Deutschen wirklich in erster Linie darum geht, die UNO zu verbessern, oder nur darum, einen ständigen Sitz im Weltsicherheitsrat zu bekommen. Damit hat man die Möglichkeit vertan, etwas dafür zu tun, dass die Dinge insgesamt vorankommen. Wir müssen bei dem in der Präambel unseres Grundgesetzes formulierten Ziel bleiben, nämlich als gleichberechtigtes Glied in einem vereinten Europa dem Frieden der Welt zu dienen. Da wir dies nicht allein bewerkstelligen können, darf es auch keinen ›deutschen Weg‹ geben.

Deswegen darf auch Europa nicht so gespalten bleiben, wie es die Europäische Union heute ist. Sie hat sich in Grundfragen der Außen- und Sicherheitspolitik in den letzten Jahren nicht so einig gezeigt, wie sie sein sollte. Es darf z.B. bei den Polen nicht das Gefühl aufkommen, sie würden durch eine neue Achse Paris-Berlin-Moskau wieder bedroht. Nur eine *gemeinsame* europäische Politik kann die Beziehungen zu Russland bestimmen, ebenso wie die atlantische Partnerschaft nur gemeinsam gestaltet werden kann. Transatlantische Beziehungen zu pflegen, heißt natürlich keineswegs, in diesen Beziehungen nicht seine Meinung zu sagen.

Wir haben immer gesagt: Was auch immer im Irak geschieht, darf nur auf Grundlage von Beschlüssen des Sicherheitsrates der Vereinten Nationen geschehen. Die Forderung nach einem Mandat des Sicherheitsrates der Vereinten Nationen war in allen Äußerungen der CDU/CSU-Bundestagsfraktion enthalten. Am Ende haben die Amerikaner unilateral entschieden, und das war ein Fehler. Wir haben es bedauert, dass es dazu gekommen ist. Die Folgen sind zu besichtigen. Der britische Premierminister *Tony Blair* gehört nicht zur Familie der christdemokratischen Parteien in Europa. Blair dachte, er könne die Entscheidung über einen Kriegseinsatz beeinflussen, wenn er eng an der Seite der Vereinigten Staaten bliebe. Er ist darin enttäuscht worden, und ich meine, die Lehre daraus muss lauten: Eine *gemeinsame* europäische Position hat eher eine Chance, dass sie auch in Washington Gehör findet und die Amerikaner vor dem Fehler bewahrt, einseitig zu entscheiden. Wer dagegen versuchen wollte, Europa gewissermaßen zur *Alternative* für die atlantische Partnerschaft zu machen, würde den Kontinent immer nur spalten, denn viele in Europa werden sich nicht vor diese Wahl stellen lassen wollen. Je stärker und geschlossener Europa ist und je größere Beiträge wir in dem Sinne leisten, den *wir* für richtig halten, umso mehr werden wir auch in allen Debatten in Amerika für relevant angesehen. Im Übrigen ist in der amerikanischen Politik und Öffentlichkeit ein schmerzhafter Prozess des Überdenkens eingetreten. Diesen Prozess sollten wir nutzen, indem wir klarmachen, dass die Amerikaner in Europa einen verlässlichen Partner haben und dass unilaterale Entscheidungen der USA nicht der beste Weg sind. Die Amerikaner davon zu überzeugen, dass man sich am Ende den Entscheidungen der Vereinten Nationen anvertrauen muss, ist ein schwieriger Prozess. Von daher verstehen die Amerikaner auch nicht wirklich die europäische Einigung. Sie können sich gar nicht vorstellen, Teile von staatlicher Souveränität an eine andere Ebene abzugeben. Die USA sind ein Land mit einer anderen Geschichte und anderen Vorstellungen. Darüber kann man diskutieren, aber man muss es zunächst einmal als Faktum nehmen.

Ich füge jedoch hinzu: Wir haben noch nicht vom *Iran* geredet und nicht über die Verbreitung von *Massenvernichtungswaffen*. Wir haben noch nicht darüber geredet, dass mehr als 40 staatsähnliche Gebiete heute als *failing states* betrachtet werden, Staaten, in denen es keine staatliche Ordnung mehr gibt. Nicht nur Afghanistan war unter dem Taliban-Regime ein Land, in dem Terroristen ausgebildet worden sind. Auch in Afrika gibt es solche Länder. Wir haben noch kaum von all den Entwicklungen geredet, die für die internationale Sicherheit dramatische Gefahrenpotenziale beinhalten.

In dieser Lage ist es mir lieber, eine starke Führungsmacht in der Welt zu haben, als eine schwache – auch wenn die Amerikaner furchtbare Fehler machen. Die Europäer haben im vergangenen Jahrhundert viel dazu beigetragen, dass die USA heute die westliche Führungsmacht sind – wir Deutsche insbesondere. Und die Vorstellung, dass irgendein anderes Land – vielleicht Russland oder China – eine vergleichbare Rolle wie die Vereinigten Staaten von Amerika hätten, erfüllt mich nicht mit Euphorie. Deswegen müssen unsere Ziele die europäische Integration *und* die Stärkung der atlantischen Partnerschaft sein. Und wir müssen immer darauf hinwirken, dass sich die Amerikaner einer *multilateralen* Partnerschaft und Entscheidungsprozedur anvertrauen. Dazu ist die Chance heute größer, als sie lange Zeit war.

In den Zeiten des Ost-West-Konflikts war der Weltsicherheitsrat praktisch lahm gelegt, weil in zentralen Fragen immer ein Veto zu befürchten war. Im Fall des Kosovo-Einsatzes hat man den Weltsicherheitsrat nicht damit befasst, um die Russen nicht in die Verlegenheit zu bringen, gegenüber ihren serbischen Brüdern Farbe bekennen zu müssen. Ich glaube, das war richtig. Heute gibt es in vielen Fragen neue Chancen, z.B. dadurch, dass wir China und Russland in internationale Kooperationen stärker einbeziehen, als es früher der Fall war. Die Verhandlungen über das Problem Nordkorea und dessen Atomwaffen kommen in den Gesprächen von China, Japan, Südkorea,

Wolfgang Schäuble

USA, Nordkorea und Russland besser voran, als je zu hoffen war. Noch immer ist auch der Ansatz, dem Problem Iran und Nuklearwaffen mit Verhandlungen zu begegnen, hoffnungsvoll und richtig: Die drei europäischen Länder Großbritannien, Frankreich und Deutschland bzw. die Europäische Union können – in Abstimmung mit den Amerikanern und hoffentlich in enger Kooperation mit Russen und Chinesen – die Chancen, den Frieden zu bewahren, schrittweise nutzen.

Dabei können auch regionale Konflikte einer Lösung näher gebracht werden: Der Konflikt zwischen Israel und Palästina bleibt immer noch von zentraler Bedeutung. Hier geht es nur mit erheblichem amerikanischen Druck weiter. In diesem Konflikt zeigt sich die Bedeutung einer Führungsmacht, die als einzige in der Lage ist, ihn vielleicht zu bewältigen.

135

Wir müssen dabei gleichzeitig zu den Vereinten Nationen stehen. Die Vereinten Nationen mit ihren fast 200 Mitgliedstaaten, von denen mehr als die Hälfte unsere Anforderungen an die Qualität des Regierens vielleicht nicht erfüllt, sind Realität. Das problematische Mehrheitsprinzip in den Vereinten Nationen wird stabilisiert durch den Weltsicherheitsrat mit den fünf ständigen Mitgliedern und deren Veto-Recht. Verglichen mit den realistischen Alternativen, kann man darüber streiten, was besser oder schlechter wäre. Aber leider beugt sich die Welt nicht den klugen Lösungsentwürfen, so funktioniert sie nicht.

Auch aus *christlicher Verantwortung* stellt sich die Frage: Wie muss man es machen? Denn es gibt die Verantwortung des Hausvaters, für den Frieden und die Sicherheit zu sorgen. Aber die Trennung und die Grenzen zwischen *innerer* und *äußerer* Sicherheit sind so fließend, dass niemand, kein Land, diese Verantwortung allein tragen kann. Wir können, um zu schützen, nicht auf Machtmittel verzichten. Trotzdem lassen sich die Probleme damit nicht lösen. *Konfliktprävention* heißt, dafür zu sorgen, dass es besser wird. Als Europäer werden wir in einem stärkeren Maße begreifen müssen, dass wir für *Afrika* eine besondere Verantwortung haben. Auch die Probleme auf dem *Balkan* werden wir als Europäer selber lösen müssen. Bis heute sind wir dazu nicht in der Lage. Wir mussten die US-Amerikaner bitten. Verständlicherweise wehren sich die Amerikaner gegen anschließende kluge Belehrungen der Europäer.

Auch die *Ukraine* war von der Bindung an Europa nur insoweit wirklich überzeugt, als sie zugleich für die Verbindung mit der atlantischen Gemeinschaft sorgte. Dies gilt für alle neuen Mitglieder in der Europäischen Union. Die Gewichtungen verschieben sich zunehmend nach Asien – *Nordkorea*, *Südostasien*. Wir müssen alles tun, um daran Anteil zu haben. Zwar fürchten manche Stimmen in der amerikanischen Debatte, *China* werde als neuer Kontrahent der USA die Nachfolge der Sowjetunion antreten. Andere sagen dagegen, dass China für eine sehr lange Zeit so sehr mit seiner Wachstumsdynamik und deren Problemen beschäftigt sein werde, dass die *defensive* Macht China dies auch bleibe.

Die Chance für eine Partnerschaft der großen Staaten – das Russland *Putins*, China, die USA, die Europäische Union – ist besser als in früheren Zeiten. Die Bedrohungen durch Probleme wie die Umweltverschmutzung, die Weltseuchen, die Migration, die Entwicklung aus der Armut, die *failing states*, den internationalen Terrorismus und die Verbreitung von Massenvernichtungswaffen sind so groß, dass die Staaten viel mehr Gemeinsamkeiten als früher haben. In diese Richtung müssen wir gehen.

Noch eines zum Problem Afrika: Bei den laufenden Koalitionsverhandlungen habe ich Frau Ministerin *Wieczorek-Zeul* darin unterstützt, Kürzungen bei der Entwicklungshilfe nicht hinzunehmen. Wenn wir das Ziel des Friedens wirklich ernst nehmen, müssen wir es in Deutschland und Europa schaffen, uns ein Stück weit über unsere Befindlichkeiten hinwegzusetzen und die Bereitschaft aufbringen, uns mehr für andere zu interessieren. Wenn wir etwas bewahren und für unsere Kinder und Enkel auch Chancen eröffnen wollen, dürfen wir uns nicht nur mit uns selbst beschäftigen. Wir müssen viel stärker sehen, was in unserer Nachbarschaft, in Europa, auf dem Balkan, bei der Erweiterung der Europäischen Union, was in der Welt los ist. Der Mensch in seiner Ambivalenz ist unglaublich zum Guten begabt, aber leider eben auch zum Gegenteil, und dieses Potenzial bleibt uns erhalten. Daraus eine realistische, verantwortliche Politik zu machen, ist eine riesige Aufgabe. Sie gelingt nur auf dem Weg der *Integration*, so wie es die Präambel unseres Grundgesetzes sagt.

*Klaus-Peter Siegloch:* Mir fällt die Differenziertheit in der Argumentation, die wir häufig in der öffentlichen Debatte vermissen, positiv auf. Es gibt in der Betrachtung der internationalen Konflikte und Schwierigkeiten viele Schnittmengen. Wenn wir nach den ›Positionen für die deutsche Außenpolitik‹ fragen, sollten gleichwohl auch die Differenzen deutlich werden.

Im Verhältnis Deutschlands zu den USA zeigen sich doch deutliche Trübungen. Man kann fast sagen, dass wir mehr oder minder bedingungslos an der Seite Frankreichs stehen oder im Geleitzug mit Frankreich fahren.

Wie kann und wie soll sich die deutsche Außenpolitik in den nächsten Jahren positionieren? Ist eine ›Europäisierung‹ der Außenpolitik das Ziel? Oder ist das nicht auch wieder ein Stück Schwärmerei? Werden wir wirklich zu einer europäischen Außenpolitik kommen? Die Auseinandersetzung über den Irak-Krieg hat doch eher Gräben aufgerissen, als eine Perspektive eröffnet. Wohin, Frau Roth, soll sich die deutsche Außenpolitik entwickeln, aus der Sicht der künftigen Oppositionspartei?

*Claudia Roth:* Das transatlantische Verhältnis ist von ganz entscheidender Bedeutung, aber kein Selbstzweck. Natürlich gibt es die Notwendigkeit einer engen Kooperation. Die globalen Fragen sind nicht lösbar, wenn man nicht an einem Strang zieht. Das zeigen viele Beispiele wie etwa die Demokratisierungsprozesse in Afghanistan und Kosovo. Herr Schäuble betont zu Recht, dass mit der Balkan-Frage einiges auf Europa zukommt. Was bedeutet für die Balkanstaaten ›Integration in die Europäische Union‹? Wie kommen die Kriterien von Demokratie und von Menschenrechten zur Anwendung? Wie soll die Statusfrage für Kosovo behandelt werden?

Ich glaube nicht an ein getrübtes Verhältnis zu den USA. Es muss doch möglich sein, die Politik der Regierung Bush zu kritisieren, ohne dass es gleich heißt: Verhältnis getrübt. Wenn wir die Zustände in Guantánamo aufgreifen, dann auch um auf Gefahren für die amerikanische Demokratie hinzuweisen. Unsere amerikanischen Freunde klagen über eine Erosion der demokratischen Errungenschaften in den USA. Diese Auseinandersetzung konstruktiv zu führen, ist pro- und nicht anti-amerikanisch. Ich glaube nicht, dass Europa in der Frage des Irak-Kriegs so sehr gespalten war. Die Staats- und Regierungschefs mögen unterschiedliche Auffassungen gehabt haben, aber die Bürgerinnen und Bürger in Europa stimmten doch weitgehend darin überein, dass sie diesen Krieg im Irak nicht wollten.

Allerdings ist es ein schlimmes Zeichen, dass die EU-Verfassung in Frankreich gescheitert ist. Das ist Ausdruck einer Krise. Die europäische Entwicklung, der Erweiterungs- und Integrationsprozess, kann nur voranschreiten, wenn es eine handlungsfähige Europäische Union gibt. Diese Verfassung ist die Grundlage, ist ein Bürgerrechtsfundament für die Handlungsfähigkeit der Strukturen, für eine Geschäftsordnung dieser Europäischen Union. Opposition und Bundesregierung müssen nach Kräften dazu beitragen, Vertrauen in dieses Europa zu bilden. Diese Verfassung beschreibt in ihrer Grundrechts-Charta ein *soziales* Europa. Der Einwand, sie beinhalte hauptsächlich ein neoliberales Konzept, ist unberechtigt. Wir dürfen nicht nachlassen, sondern müssen weiter dafür werben, um die Vorraussetzungen für eine größere Integration der Europäischen Union zu schaffen. Diese betrifft Länder wie Bulgarien und Rumänien; sie betrifft Kroatien und insgesamt den Balkan – und auch die Türkei.

*Klaus-Peter Siegloch:* Unsere Redaktion hat einmal die Positionen der CDU/CSU zum Irak-Krieg nachrecherchiert. Dabei haben wir keine explizite Aussage dahingehend gefunden, dass die CDU/CSU für eine Beteiligung deutscher Soldaten am Irak-Krieg eingetreten wäre. Ich erwähne dies aus Gründen der journalistischen Sorgfaltspflicht.

Ich möchte aber meine Skepsis zuspitzen, was die Möglichkeiten zu gemeinsamen außenpolitischen Positionen angeht. Multilateralismus war noch nie die Stärke einer Regierung in Washington. Das ist nicht nur ein Problem der Bush-Regierung. Auch die Schwierigkeiten mit den Vereinten Nationen – die jede US-Regierung hatte – haben sich noch verschärft.

Aber wie wird die praktische Politik der Zukunft aussehen? Glauben Sie wirklich, Herr Schäuble, dass die neue, größere EU eine Chance auf eine gemeinsame *europäische* Außenpolitik hat? Und dass diese vielleicht irgendwann einmal mit einem gemeinsamen Sitz im Weltsicherheitsrat verbunden wäre?

*Wolfgang Schäuble:* Europa hat viele Probleme, aber gerade in den Grundfragen der Außen- und Sicherheitspolitik haben wir alle unsere Lektionen einigermaßen gelernt. Die Briten haben aus der Irak-Debatte gelernt, dass die früher so genannte *special relationship* der englischsprachigen Völker, von der *Churchill* immer gesprochen hatte, ihnen heute nichts mehr nützt. Großbritannien allein ist nicht mehr relevant genug, um von den Amerikanern als ein Partner wie früher ernst genommen zu werden. Diese Lehre ist eine Chance: Wir haben in vielen Fragen der Außen- und Sicherheitspolitik in Europa große Gemeinsamkeiten. Das Beispiel *Iran*, ein schwieriges und dringendes Problem, wurde schon genannt. Wir Europäer sind uns in der Zielrichtung einig. Die Verhandlungen führen die drei wichtigsten europäischen Staaten – Großbritannien, Frankreich und Deutschland –, wobei der Generalsekretär des Europäischen Rates und Hohe Vertreter für die gemeinsame Außen- und Sicherheitspolitik *Javier Solana* dabei ist. Richtig ist, sich dabei mit den Amerikanern und Russen abzustimmen.

Wir haben ein Problem mit Frankreich: dort gibt es eine spannende innenpolitische Entwicklung. Die Geschicke in 50 Jahren deutsch-französischer Freundschaft sind eine Grundbedingung für die deutsche Außenpolitik und auch für eine europäische Einigung. Schon im Jahr 1963 bei der Ratifizierung des *Elysée*-Vertrags, den *Adenauer* und *de Gaulle* schlossen, stimmte der Bundestag mit großer Mehrheit zu. Klar war aber immer, dass die deutsch-französische Freundschaft sich nicht gegen andere richten darf. Die Franzosen haben mit ihrem Abschied von der Weltmacht größere psychologische Probleme; wir haben uns immer dagegen verwahrt, von ihnen vor die Wahl gestellt zu werden: »Paris oder Washington?«, »Paris oder London?« Eine solche Wahl treffen zu müssen, hätte gar keinen Sinn und wäre auch nicht im Interesse Frankreichs.

Wenn man es richtig macht und die Briten sich stärker in Europa engagieren, dann werden wir gerade in der Außen- und Sicherheitspolitik weitere Gemeinsamkeiten entwickeln. Jetzt sind 25 Staaten in der EU. Einige müssen sich stärker an den Entscheidungsprozessen beteiligen.

Und wir müssen unser Verhältnis zu Russland klären: Wenn wir über Georgien, das Schwarze Meer, über den Südkaukasus mit Tschetschenien im Hintergrund reden, sollten wir den Russen die Angst nehmen, jedes Engagement des Westens in diesen Regionen ziele darauf ab, die russische Rolle und ihr Einflussgebiet weiter zurückzudrängen. Wir sollten sagen: ›Wir denken gar nicht mehr in Interessen- und Einflusssphären. Wir wollen das *mit* euch machen. Aber wir lassen uns auch nicht gegeneinander ausspielen.‹ Wir sollten jedoch nicht den Weg fortsetzen, Sonderbeziehungen mit Russland zu kultivieren, auch nicht durch den Bau einer Pipeline durch die Ostsee, denn das spaltet die Europäer. Bedingungslos akzeptieren wir gar nichts, aber wir sind verlässliche Partner.

*Klaus-Peter Siegloch:* Frau Roth, Sie betonen mit Verve, die Menschenrechte seien unteilbar. Dabei haben Sie Russland erwähnt und den Tschetschenien-Krieg. Mit dem Stichwort von der »Pipeline« kommen nun die alten polnischen Ängste vor einer Umklammerung durch die großen Nachbarstaaten hinzu. Ist die rot-grüne Bundesregierung mit ihrer Annäherung an Moskau möglicherweise zu weit gegangen?

*Claudia Roth:* Aufgrund unserer Geschichte und der von deutschem Boden aus begangenen Verbrechen müssen wir das größte Interesse daran haben, ein enges und vertrauensvolles Verhältnis zu Russland und den dort lebenden Menschen zu haben. Aber wie im Fall der Beziehungen zu den USA braucht auch ein freundschaftliches und enges Verhältnis zu Russland die kritische Solidarität.

Klaus-Peter Siegloch, Claudia Roth, Wolfgang Schäuble

Es wäre falsch, nicht vor beklagenswerten Entwicklungen zu warnen. Solche gefährlichen Entwicklungen sehe ich in Russland in den Formen von *gelenkter Demokratie*. In Bezug auf das Parlament z.B. ist geradezu ein Prozess der Entdemokratisierung zu beobachten. Hinzu kommen Einschränkungen für die Pressearbeit und für die Freiheit der Presse. Der Prozess gegen den ehemaligen Öl-Konzern-Chef *Chodorkowski* hatte mit einem fairen Verfahren und rechtsstaatlicher Justiz nichts mehr zu tun. Ob man in einem freundschaftlichen Verhältnis den Streit immer öffentlich führen muss, ist eine andere Frage. Auch in der Tschetschenien-Frage gibt es kein Patentrezept. Wir erinnern uns an schreckliche Gewaltausbrüche und brutale Übergriffe auf die Menschen wie z.B. in der Schule von Beslan. In Tschetschenien sind bereits 10% der Bevölkerung Opfer von tödlicher Gewalt geworden. Auch das russische Militär ist für gewalttätige Übergriffe verantwortlich. Wenn man nicht vom Willen zu einer militärischen Lösung abgeht, ist keine Friedensperspektive möglich. Das sollte unter Freunden noch deutlicher ausgedrückt werden. Im Fall der Ostsee-Pipeline aber entsteht mitnichten eine neue Achse ›Moskau-Berlin‹, die für Polen eine Bedrohung wäre. Hier sind verstärkte nachbarschaftliche Kooperationen, gegenseitiges Verständnis und vertrauensbildende Maßnahmen nötig. Im Wahlkampf in Polen hat dagegen das Projekt des ›Zentrums gegen Vertreibung‹ eine große Rolle gespielt. Das müsste nun wirklich *ad acta* gelegt werden, und ein europäisches Netzwerk sollte an die Stelle treten. So würde in Polen und in der Tschechischen Republik Vertrauen geschaffen, denn es wäre ein europäisches Projekt und kein deutscher Alleingang.

*Wolfgang Schäuble:* Ich bin der Ansicht, das Zentrum gegen Vertreibungen sollte wie geplant realisiert werden. Die Präsidenten *Kwasniewski* und *Rau* haben dazu in einer gemeinsamen Erklärung gesagt: »Wir müssen uns auch jenen Elementen der Vergangenheit stellen, denen wir uns bisher noch nicht gestellt haben.« Vertreibung ist in der europäischen Vergangenheit ein noch nicht wirklich aufgearbeitetes Thema. Für jedes Land ist es wichtig, sich mit seiner Vergangenheit auseinanderzusetzen. Die Deutschen mussten es tun; die Japaner haben ein großes Problem, weil sie dies bisher nicht wirklich getan haben, ihre Vergangenheit holt sie ein. Und auch das Berliner Mahnmal für die ermordeten Juden Europas ist doch etwas, was uns *hilft*. Das Thema Vertreibung gehört auch mit dazu. Unter keinen Umständen darf man aber das Thema so behandeln, dass es zu einem Element der Konfrontation wird.

Das Problem der Ostsee-Pipeline wird dagegen unterschätzt. Die Vereinbarung rückgängig zu machen, geht nicht. Aber es müssen gute Argumente sein, die dafür sprechen, die Pipeline durch die Ostsee zu verlegen und nicht über Land. Wir müssen die Bedenken in Polen und in den baltischen Staaten ernst nehmen und ihnen erklären, dass dieses Projekt nicht deutsch-russischen Sonderbeziehungen dient, sondern ein gemeinschaftliches europäisches Projekt werden muss. Wir sollten lieber einmal auf einen kleinen, kurzfristigen nationalen Vorteil verzichten, denn wir Deutsche müssten doch besser als andere in Europa wissen, dass alles, was in Europa schief geht, die Deutschen betrifft. Ohne Europa aber hätten wir aus dem Tiefpunkt im Jahre 1945, von dem wir glaubten, er sei das Ende der deutschen Geschichte, nicht herausgefunden. Ohne die Polen hätten wir nicht die Wiedervereinigung. Es gibt keinen Gegensatz zwischen dem nationalen Interesse der Deutschen und der europäischen Integration, weil es nur ein vernünftiges Interesse der Deutschen gibt: dass diese europäische Integration gelingt. Darauf sollten wir unsere Politik ausrichten.

*Claudia Roth:* Zu dieser gemeinsamen europäischen Politik gehört aber auch die Glaubwürdigkeit der Außenpolitik. Der *Türkei* hat man im Ankara-Abkommen 1963 die Perspektive eröffnet, volles Mitglied in der europäischen Wirtschaftsgemeinschaft zu werden. Dies behielt für die

Europäische Gemeinschaft bis hin zur Bildung der Union Geltung, wie alle Bundesregierungen – von Adenauer bis Kohl – immer wieder betonten. Außenminister *Fischer* hat als Argument für eine Unterstützung der Integration der Türkei die Terroranschläge des 11. September 2001 angeführt. Europa hat die große Chance, durch die Integration der Türkei in die Europäische Union ein Beispiel zu geben und zu zeigen, dass ein *Clash* der Religionen und Kulturen vermieden werden kann und dass der Islam und die Demokratie nicht notwendigerweise im Widerspruch zueinander stehen. Europa wird sicherheitspolitisch stärker, wenn es die Türkei integriert. Die Türkei wird sich nicht zuletzt durch den Beitrittprozess demokratisieren und an Stabilität gewinnen. Eine Position, die dazu heute »Nein« sagt, ist für mich nicht nachvollziehbar. Die Außengrenzen der Türkei mit dem Irak, mit Syrien und mit dem Iran haben 1963 dem genannten Abkommen mit der Türkei nicht im Wege gestanden. Es ist gefährlich, die Kontinuität der europäischen Argumentation aufzugeben und den Eindruck zu vermitteln, dass die Tür zugeschlagen wird. Das schwächt Europa, das doch mit einer glaubwürdigen Stimme sprechen soll.

*Wolfgang Schäuble:* Die Europäischen Gemeinschaften haben der Türkei seit den Assoziierungsabkommen der 1960er Jahre tatsächlich die Mitgliedschaft in Aussicht gestellt. Insofern können wir uns Beitrittsverhandlungen mit der Türkei nicht verweigern. Damals war aber die Entwicklung Europas zu einer politischen Union mit einer gemeinsamen Außen- und Sicherheitspolitik, die zudem mit einer europäischen Währung auf dem Weg zu einer europäischen Armee und zu einer europäischen Verfassung ist, nicht vorstellbar. Wir sehen die Entwicklung in der Türkei positiv und betrachten sie als unterstützenswert. Zwar gibt es Probleme, aber auch große Fortschritte sind zu verzeichnen.

Ich habe aber erhebliche Zweifel, ob in den Bevölkerungen der europäischen Mitgliedsländer ein Beitritt der Türkei zur Europäischen Union eine Mehrheit finden würde – und das nicht erst seit dem Referendum über den EU-Verfassungsentwurf in Frankreich. Jede freiheitliche Ordnung kann den Menschen nur so viel an Solidarität und Zusammengehörigkeit zumuten, wie sie empfinden, auch wirklich zusammenzugehören. Da stehen die Osnabrücker enger zusammen als die Deutschen, und die Niedersachsen enger zusammen als die Badener in Baden-Württemberg mit den Schwaben. National geht auch noch ziemlich viel, europäisch geht schon erheblich weniger. Wir begreifen allmählich, dass wir nicht nur Niedersachsen und Deutsche, sondern auch Europäer sind; aber das braucht Zeit. Wir haben keine gemeinsame Sprache. Es gibt europäische Fernsehprogramme, aber wer schaut sie an? Die Realität, mit der Politiker es zu tun haben, sind die Menschen mit ihrem Denken und Wollen. Man muss da vorangehen im Sinne politischer Führung: Es war eine große Leistung von Bundeskanzler Kohl, dass er für die Einführung der gemeinsamen europäischen Währung geworben hat, und das in einem Wahljahr.

Ich fürchte aber, das europäische Projekt scheitert, wenn wir die Europäische Union weit über die Grenzen des europäischen Kontinents hinaus ausdehnen. Es gibt Länder, die gehören zum Teil zu Europa, zum Teil nicht, und so eines ist – neben Russland – die Türkei. In den Mittelmeerländern und auf dem Balkan hat der Islam über Jahrhunderte eine große Rolle gespielt. Heute leben in Deutschland viele Mitbürger islamischer Religionszugehörigkeit. Trotzdem sind Europa und Deutschland, sind unsere Zivilisation und Kultur mehr vom Christentum als vom Islam geprägt. Deswegen sollten die Verhandlungen mit der Türkei nicht auf die Alternative: volle Mitgliedschaft oder gar nichts reduziert werden.

Es muss auch eine dritte Möglichkeit geben, denn die Verhandlungen sind ergebnisoffen. Die Frage ist sogar, ob nicht das Ziel, der islamischen Welt Demokratie, Menschenrechte, Toleranz und Aufklärung zu bringen, durch eine EU-Mitgliedschaft der Türkei gefährdet würde. Denn dies würde die Türkei von der übrigen islamischen Welt eher trennen.

Wenn die Türkei eine Brücke zwischen Europa und der islamischen Welt sein soll, ist es vielleicht besser, sie ist *nicht* volles Mitglied in Europa. Denn dann wäre sie keine Brücke mehr zwischen Europa und der islamischen Welt, sondern ein Teil Europas. Am Ende der Beitrittsverhandlungen wird die Türkei vielleicht feststellen, dass sie mehr aufgeben müsste, um EU-Mitglied zu werden, als sie kann. Ob der von *Atatürk* mit harter Hand durchgesetzte Weg in die Moderne, zu Demokratie und laizistischer Rechtsstaatlichkeit, den nicht das Verfassungsgericht, sondern das Militär garantierte, weiterverfolgt werden könnte, ist fraglich. Die Rolle des Militärs muss reduziert werden, wenn die Türkei nach Europa kommen will. Es muss auch eine andere Lösung möglich sein, die seriös ist und die Interessen Europas und der Türkei berücksichtigt. Deswegen möchten wir ergebnisoffene Verhandlungen, nicht mehr und nicht weniger.

*Klaus-Peter Siegloch:* Herr Schäuble, könnte das Ergebnis »ergebnisoffener Verhandlungen«, wenn überzeugende Fortschritte erzielt werden, am Ende auch eine Mitgliedschaft der Türkei sein?

*Wolfgang Schäuble:* Wir halten die privilegierte Partnerschaft für die bessere Lösung. Am Schluss muss es aber eine gemeinsame Entscheidung aller geben. Wenn am Ende das Ergebnis sein sollte, dass eine große Mehrheit in der EU dem Beitritt der Türkei zustimmt, werden wir sicherlich kein Veto einlegen.

143

*Claudia Roth:* Ich engagiere mich seit vielen Jahren in der Türkei-Politik, unter anderem als Vorsitzende der deutsch-türkischen Parlamentarier-gruppe. Ich setze mich leidenschaftlich dafür ein, dass die Menschen- und Minderheitsrechte in der Türkei geschützt werden und dass die kemalisti-schen Tabus wie die Kurden-Frage, die Zypern-Frage und auch die Frage der Verbrechen an den Armeniern endlich aufbrechen. Deswegen bin ich dafür, dass wir der Türkei die glaubwürdige Perspektive auf die EU-Mitgliedschaft bieten, denn sie hat die Dynamik der Veränderung möglich gemacht. Sie hat Türen geöffnet und dazu beigetragen, dass die Todesstra-fe dort abgeschafft wurde. Ich möchte, dass man in der Türkei über die eigene Geschichte reden kann, anstatt sie zu verdrängen. Als Vorausset-zung für eine demokratische Zukunft bin ich für die EU-Integration.

*Publikum:* Ihre Fraktion, Herrn Dr. Schäuble, mag zum Irak-Krieg be-schlossen haben, was sie beschlossen hat. Aber wenn Frau *Merkel* in die USA reist und sagt, dass Kanzler *Schröder* nicht für alle Deutschen spre-che, dann scheinen sich politische Entscheidungen und politische Realität zu widersprechen.

*Wolfgang Schäuble:* Frau Merkel hat bei ihrem Besuch in Washington gesagt: »Wir stehen an der starken Seite von Amerika.« Das hat übrigens auch der Bundeskanzler ganz ähnlich gesagt. Der Krieg war ein Fehler, ich hätte ihn gern verhindert gesehen. Aber niemand wollte, dass die Ameri-kaner den begonnenen Krieg verlieren. So haben wir alle das Interesse, dass am Ende ein Erfolg steht.

Auch mit dem Blick in die Geschichte – z.B. in die Zeit, als es um die Sicherheit der Zufahrtswege nach Berlin ging – halte ich es immer noch für richtig, dass wir uns auf die Seite der Amerikaner stellen, denn man hätte sich häufig auch nicht auf so manche andere europäische Nation verlassen können. Wir leben in Freiheit und jetzt im wiedervereinten Deutschland. Deshalb ist es richtig, den Amerikanern zu sagen: Selbst wenn ihr Fehler gemacht habt, sind wir an eurer Seite und nicht an der Seite anderer.

Im Übrigen haben wir in der CDU/CSU in den letzten sieben Jahren al-len Entscheidungen der rot-grünen Bundesregierung, Soldaten der Bun-deswehr zu entsenden auf den Balkan, nach Afghanistan und ans Horn von Afrika, immer zugestimmt. Diese Politik, das wurde in den Koalitions-vereinbarungen festgehalten, soll fortgesetzt werden. Die Kontinuität, die wir in den wesentlichen Fragen der Außenpolitik meistens hatten, wird sich auch in den kommenden Jahren fortsetzen.

*Claudia Roth:* Wenn es richtig ist, dass Umweltpolitik globale Friedenspo-litik ist, ist die Notwendigkeit der *ökologischen Modernisierung* unbestreitbar. Meine Bitte an Herrn Schäuble als designierten Innenminister ist, dass die Frage, ob wir den Reichtum teilen oder uns einmauern wollen, in der Flüchtlingspolitik immer wieder gestellt wird. Die Bilder verzweifelter Flüchtlinge, die wir vom Rande Europas erhalten, und die Vorschläge, dort Außen- und Auffanglager für Flüchtlinge zu errichten, zeigen nicht die gemeinsame Verantwortung auch für Fluchtursachen, geben den Gesamtzusammenhang nicht wieder. An Fluchtursachen anzusetzen und nicht Flüchtlinge zu bekämpfen, ist unsere Aufgabe.

*Wolfgang Schäuble:* Allein mit Abgrenzung ist dieses Problem sicher nicht zu lösen. Aber auch nicht dadurch, dass alle Menschen, die arm sind, nach Europa kommen. Meine Politik, die ich schon als Bundesinnenminister in den 1980er Jahren vertreten habe, war, die Fluchtursachen wirkungsvoller zu bekämpfen. Deswegen wird Afrika unsere europäische Aufgabe werden. Viele Afrikaner sehen keine andere Lebensmöglichkeit für sich, als von diesem Kontinent zu fliehen. Wir müssen dafür sorgen, dass sich dies ändert, denn der Kontinent braucht dringend seine Menschen, besonders die tüchtigen. Auch sie sind Ressourcen seiner künftigen Entwicklung.

# ■ II. MUSICA PRO PACE 2005

*»Erinnerung an 1945«*

*Stefan Hanheide, Osnabrück*

# »Erinnerung an 1945« – Olivier Messiaen: »Et expecto resurrectionem mortuorum« und Johannes Brahms: »Ein deutsches Requiem«

Einführung beim Konzert zum Osnabrücker Friedenstag am 6. November 2005 im Hohen Dom zu Osnabrück

*I. Zur Idee des Friedens in beiden Werken* — Die beiden Werke des Konzertes haben eine unterschiedlich direkte Nähe zur Idee des Friedens.

Bei *Johannes Brahms' Requiem* ist sie kaum auf den ersten Blick erkennbar, und es mag sogar verwundern, sein ›Deutsches Requiem‹ in einem Konzert unter dieser Leitidee zu finden. Das Requiem ist nicht aus Anlass eines Krieges oder Friedensschlusses entstanden, und es überwiegen private gegenüber politischen Hintergründen für seine Entstehung. Allerdings ist kein Werk in der Musikgeschichte auch nur annähernd so häufig zum Andenken an die Opfer der großen Kriege aufgeführt worden wie dieses Requiem. Diese Aufführungsgeschichte liegt allerdings nahe bei einem derartig ergreifenden Trostgesang für die Hinterbliebenen. Besonders im Umkreis der beiden Weltkriege erklang das Werk in Osnabrück, zum Beispiel im November 1915, im Dezember 1939, im November 1942 und im November 1946.

Dagegen liegt bei *Olivier Messiaens* Orchesterwerk *Et expecto ressurectionem mortuorum* ein ganz direkter Bezug zur Friedensgedanken vor. Er komponierte es zur 20. Wiederkehr des Kriegsendes im Auftrag des französischen Kultusministers *André Malraux*. Seine Uraufführung erlebte das Werk am 7. Mai 1965 in der Pariser *Sainte-Chapelle*. Die Musik verzichtet auf Streicher und verlangt nur eine große Besetzung aus Holz- und Blechbläsern und umfangreiches metallisches Schlagwerk. Dadurch eignet sie sich besonders für große Räume, und der Hohe Dom zu Osnabrück ist ein geradezu idealer Aufführungsort.

*II. »Et expecto ressurectionem mortuorum«*
*Musik aus dem Glauben* — Als man Olivier Messiaen aufforderte zu sagen, was er glaube, antwortete er mit einem entschiedenen »*Je crois en Dieu!*«[1] (Ich glaube an Gott). Wohl keiner der Komponisten des 20. Jahr-

hunderts ist so tief vom katholischen Bekenntnis geprägt wie Messiaen. Der allergrößte Teil seines Schaffens steht im Zeichen dieser Religiosität, und immer wieder gibt er seinen Werken geistliche Titel bei, fügt Bibelzitate hinzu und erläutert die religiösen Zusammenhänge mit eigenen Kommentaren. Aus seinem tiefen Glauben heraus übte er 61 Jahre lang das Amt des Titular-Organisten der Pariser Kirche *Sainte-Trinité* aus, beginnend mit 23 Jahren 1931 bis zu seinem Tod 1992.

*Auferstehungsgedanken* — Es ist nahe liegend, dass auch das Werk *Et expecto resurrectionem mortuorum*, das nach 20 Jahren an das Ende des Zweiten Weltkrieges erinnert, die zentralen christlichen Gedanken über den Tod enthält. Der Komponist gibt folgende Zusammenfassung dazu:

> »Die fünf Teile des Werkes stützen sich auf Texte der heiligen Schrift, die von der Auferstehung der Toten handeln: von der Auferstehung Christi (Instrumentalursache und Pfand unserer Auferstehung), dem Leben der verklärten Leiber, das auf die Auferstehung folgen wird, dem Beifall der Engel und den Resonanzen der Sterne, die den Augenblick der Auferstehung begleiten werden.«[2]

*Neue Tonsprache* — Seine tiefe Religiosität kleidete Messiaen in eine ganz neue und eigene Tonsprache. 1946 begründete er in einem Klavierwerk die serielle Musik, die eine Weiterentwicklung der Zwölftonmusik darstellt. Aber er verließ diese Richtung bald wieder. Die Grundlagen seiner äußerst komplexen musikalischen Werkstrukturen legte er in einem eigenen Lehrbuch über die Technik seiner musikalischen Sprache nieder: *Technique de mon langage musical* (1944). Bestandteile dieser Sprache sind Vogelstimmen, die er an vielen Orten der Erde suchte und aufzeichnete. Ebenso beschäftigte er sich intensiv mit indischen Rhythmen. Schließlich galt seine große Aufmerksamkeit der Idee, dass Musik Farbvorstellungen hervorrufen könne. Er verglich musikalische Klänge mit den Farbwirkungen von Kirchenfenstern.

*Meditation und Phantasie* — Die komplexen Strukturen seines Werks verschwinden aber hinter den Klangeindrücken seiner Musik, auf deren großen Phantasiereichtum schon die Satztitel hinweisen. Die musikalische Sprache ist jedem verständlich, und die Phantasie stellt sogleich Bezüge zwischen den Satztiteln und den Klangeindrücken her. Ein Satztitel lautet zum Beispiel:

»Sie werden verherrlicht auferstehen, mit einem neuen Namen – im fröhlichen Konzert der Sterne und im Jubel der Gottessöhne.« (IV. Satz)[3]

Besonders intensiv nutzt Messiaen in diesem Werk die Wirkung des Raumes mit der Erwartung extrem langen Nachhalls. Es ist vielleicht nicht unwichtig zu erwähnen, dass er sich zur Zeit der Komposition häufig von großer Raumarchitektur umgeben fand, sei es auf Reisen von den Pyramiden in Ägypten oder Mexiko, sei es in den gotischen Kathedralen von Paris oder seien es die majestätischen französischen Alpenregionen, die er besonders liebte. Ein weiteres charakteristisches Merkmal seiner Musik ist die extreme Langsamkeit vieler Sätze, die die Hörer in große Ruhe versetzen und zu meditativer Kontemplation führen, was sich hier besonders im zweiten Satz zeigt.

*Musikalische Absichten* — Wie kaum einem anderen Komponisten war es Messiaen ein Anliegen, der Aussage seiner Werke auch mit Worten zu vermitteln.

So kommt er im ersten Satz von der Vorstellung des Fegefeuers her, und man hört am Beginn das vornehmlich einstimmige *Thema der Tiefe*, gefolgt von Schreien aus dem Abgrund in Erwartung der Auferstehung. Der Abgrund – »*l'abîme*« – ist immer wieder Gegenstand in der Musik Olivier Messiaens.

Den Gehalt des zweiten Satzes erläutert er mit tiefsinnig theologischen Aussagen *Thomas von Aquins* über die Auferstehung Christi. Diese Situation findet sich musikalisch im Bild einer Pastorale eingefangen. In diese Stimmung tritt mit Schlaginstrumenten der Hindu-Rhythmus *symhavikrama* hinein, der den Sieg Christi über den Tod symbolisiert.

Auch der dritte Satz arbeitet mit Symbolen. Die Stimme Christi wird von der Posaune repräsentiert. Um sie herum erscheinen drei Auferstehungssymbole: zunächst der Vogelruf des *Uirapuru* aus Amazonien, dann die Pause mit Glockenklängen und schließlich eine lange und mächtige *Tamtam*-Resonanz.

Im vierten Satz arbeitet er mit folgenden Elementen: mit Tamtamschlägen in verschiedenen Tonhöhen, dann mit den Gregorianischen Melodien des *Introitus* von Ostern, gespielt von Röhrenglocken und Almglocken, gekreuzt mit dem *Alleluja* von Ostern, vorgetragen von den Trompeten, drittens mit dem Gesang der Kalanderlerche in den Holzbläsern, viertens wieder mit dem Hindu-Rhythmus, vorgetragen von sechs Gongs, und schließlich mit dem *Thema der Tiefe* in den tiefen Blechbläsern.

Im fünften Satz wird die Stimme der großen Schar mit einem langsamen Choralsatz versinnlicht, der sich zu feierlicher Größe ausweitet. Die gleichmäßigen Gongschläge rufen das Bild eines langsamen Schreitens hervor.

### III. »Ein deutsches Requiem«

*Entstehungszusammenhänge* — Die Gründe, warum *Johannes Brahms* sich als junger Mann entschloss, ein Requiem zu schreiben, sind bis heute nicht eindeutig geklärt, und wenn nicht noch weitere Dokumente auftauchen, werden wohl letzte Fragen offen bleiben. Sicher ist, dass die Hauptarbeitszeit an dem Werk in den Jahren 1865 und 1866 lag – Brahms war zu der Zeit etwa 32 Jahre alt – ein junger Mann also. Da seine Mutter am 1. Februar 1865 gestorben war, wird vielfach angenommen, dass dieses Ereignis den Komponisten zu einem solchen Werk motivierte. Allerdings sind die ersten beiden Sätze weitaus früher entstanden oder jedenfalls skizziert worden. Möglicherweise stehen sie im Zusammenhang mit dem Selbstmordversuch *Robert Schumanns* 1854 und seinem Tod 1856. Beide Komponisten verband eine große gegenseitige Achtung und Zuneigung. Die Texte des Werkes notierte Brahms auf einem Skizzenblatt 1861, also zwischen beiden Todesfällen. Er selbst machte biographische Hintergründe jedenfalls für die Entstehung und die Gestalt des Werkes mitverantwortlich. Nach Vollendung des Werkes schrieb er:

> »Ich habe nun meine Trauer niedergelegt und sie ist mir genommen; ich habe meine Trauermusik vollendet als Seligpreisung der Leidtragenden. Ich habe nun Trost gefunden, wie ich ihn gesetzt habe als Zeichen an die Klagenden.«[4]

Die ersten drei Sätze wurden am 1. Dezember 1867 in Wien unter der Leitung von *Johann Herbeck* aufgeführt. Das ganze Werk wollte man dem Publikum noch nicht zumuten. Brahms war damals als Komponist noch unbekannt in Wien, er war nur als Dirigent arrangierter Barock-Musik aufgetreten. Das Konzert stand im Zeichen des Andenkens an *Franz Schubert*, dessen Geburtstag sich zum 70. Mal jährte. Als zweiten Teil des Konzertes brachte man dessen *Rosamunde*-Musik – aus heutiger Sicht wohl kaum passend zum Requiem.[5]

Eine erste Aufführung des Werkes ohne den noch nicht entstandenen fünften Satz fand im Bremer Dom am Karfreitag 1868 unter der Leitung von Brahms statt. Das komplette Werk erklang erstmals am 18. Februar 1869 im Leipziger Gewandhaus unter *Karl Reinecke*.

*Liturgisch, kirchlich, geistlich, christlich?* — Die Orte und Anlässe der ersten Aufführungen machen schon deutlich, wie schwierig es ist, das Werk in bestehende Gattungen einzuordnen. Natürlich handelt es sich nicht um ein katholisches liturgisches Requiem; das hätte man vom Prostestanten Brahms nicht erwartet. Ohnehin war die Komposition großer geistlicher Werke im 19. Jahrhundert vom Gottesdienst ins Konzert übergegangen. Aber auch zwischen einem Konzert zum Andenken an Schubert, wie es 1867 im Wiener Redoutensaal stattfand (dem leider später zerstörten Wiener Konzertsaal, in dem auch so viele Beethovensche Werke uraufgeführt worden sind), und einem Konzert zum Karfreitag im Bremer Dom liegt eine große Distanz.

Der Bremer Kirchenmusiker *Carl Reinthaler*, der das Werk einstudiert hatte, erkannte die Probleme des Werkes als Karfreitagsmusik deutlich und schrieb Brahms am 5. Oktober 1867:

> »Sie stehen in dem Werke nicht allein auf religiösem, sondern auf ganz christlichem Boden. [...] Es fehlt aber für das christliche Bewußtsein der Punkt, um den sich alles dreht, nämlich der Erlösungstod des Herrn. [...] Sie zeigen sich durch die Zusammenstellung des Textes so sehr als einen Bibelkundigen, daß sie gewiß die richtigen Worte finden werden.«[6]

Brahms war tatsächlich entschieden bibelkundig, distanzierte sich jedoch deutlich von einer textlichen Erweiterung, indem er schrieb, er wolle »mit allem Wissen und Willen Stellen wie z.B. Evang. Joh. Kap. 3 Vers 16«[7] entbehren. In dieser von ihm ausdrücklich nicht herangezogenen und zurückgewiesenen Bibelstelle heißt es: »Also hat Gott die Welt geliebt, dass er seinen eingeborenen Sohn gab, auf daß alle, die an ihn glauben, nicht verloren werden, sondern das ewige Leben haben.« Er verzichtete also ganz bewusst und entschieden auf den Aspekt des christlichen Erlösungstodes und nahm entgegen der Bitte von Reinthaler keine Textänderung vor. Im Bremer Karfreitagskonzert wurde die Arie *Ich weiss, dass mein Erlöser lebt* aus Händel *Messias* eingefügt und dem Konzert damit die notwendige christologische Komponente verliehen.[8]

Bei dem Werk handelt es sich um ein geistliches Oratorium von bis dahin einmaliger Ausrichtung. Es bittet nicht, wie das katholische Requiem, um die Schonung der Toten vor Strafe für ihre Sünden und Aufnahme in den Himmel. Die eigentliche Ausrichtung ist der Trost der Hinterbliebenen, verbunden mit der Hoffnung auf ein Wohlergehen der aus der Welt Geschiedenen.

*Politische Hintergründe?* — Es wurde immer wieder spekuliert, ob der Titel *Deutsches Requiem* eine nationale Bedeutung habe. Eine solche Annahme führt jedoch ins Leere. »Deutsch« bezieht sich hier allein auf die deutsche Sprache im Gegensatz zur sonst üblichen lateinischen Sprache für das katholische Requiem. Brahms äußerte Bedenken über den Titel und hatte eigentlich andere Intentionen: »Was den Text betrifft, will ich bekennen, daß ich gern auch das ›Deutsch‹ fortließe und einfach den ›Menschen‹ setzte.«[9] Es ging ihm also um eine Botschaft an den Menschen in der für ihn verständlichen deutschen Sprache.

Allerdings bekannte er sich zu einer anderen politischen Komponente: »Solltest Du noch nicht die politischen Anspielungen in meinem Requiem entdeckt haben? ›Gott erhalte‹ fängt's gleich an im Jahre 1866.«[10] Tatsächlich erklingen am Beginn des ersten Satzes in den Streichern gleich mehrmals hintereinander die erste vier Töne dieses Liedes.

Die von Joseph Haydn 1797 komponierte Hymne *Gott erhalte Franz, den Kaiser* wurde zum österreichischen Nationallied; später dichtete *Hoffmann von Fallersleben* auf diese Melodie das Deutschlandlied, das dann erst im 20. Jahrhundert zur deutschen Nationalhymne wurde. Im Jahre 1866/67 führte Preußen gegen Österreich Krieg und ging aus der Schlacht bei Königgrätz siegreich hervor. Brahms, der gebürtige Hamburger und Wahl-Wiener legt hier also ein deutlich antipreußisches Bekenntnis zu Österreich ab.

*Spiegelbildliche Anlage* — Vor allem in der Textdisposition, aber auch in der musikalischen Gestalt lässt sich eine spiegelbildliche Anlage um den vierten Satz als Zentrum erkennen: Die beiden Außensätze Nr. 1 und 7 handeln von der Seligsprechung der Hinterbliebenen und Toten und münden jeweils in einen hoffnungsvollen Ausblick. Sie sind allein dem Chor anvertraut. Die Sätze 2 und 6 klagen über die Vergänglichkeit alles Lebenden (Nr. 2: »Denn alles Fleisch, es ist wie Gras«) und die Verwandlung alles Seienden (Nr. 6: »Denn wir haben hier keine bleibende Statt«). Sie enden in großartigen Chorsätzen, in denen der Sieg des Guten über das Böse musikalisch wirkungsvoll ausgedrückt wird (Nr. 2: Schmerz und Seufzen – Freude und Wonne; Nr. 6: Tod – Sieg). Die nächsten, weiter innen liegenden Sätze Nr. 3 und Nr. 5 thematisieren Endlichkeitserfahrung und menschliche Trauer einerseits und den tröstenden Zuspruch Gottes andererseits. In ihnen gestalten sich musikalisch eindrucksvolle Dialoge zwischen Chor und Solist. Der Mittelsatz Nr. 4 behandelt als einziger keine Gegensätze, sondern ist dem reinen Positivbild des Jenseits vorbehalten, das allein vom Chor gemalt wird.

*Blicke in die Vergangenheit* — Wie kaum jemand in seiner Zeit zeigte sich Brahms aufgeschlossen für die Musik weit zurückliegender Epochen. Die Musik der Renaissance und des Barock galt in jener Zeit als veraltet und uninteressant. Man interessierte sich nur für die Musik der Gegenwart und der vergangenen Jahrzehnte bis hin zu Mozart. Alles andere war weitgehend vergessen. Brahms führte diese alte Musik wieder auf und ließ sich dadurch in seinem eigenen Schaffen befruchten. Auf dieses Interesse gehen die vielen Fugen in dem Werk zurück, eine Technik, die in der Orchestermusik jener Zeit kaum Verwendung fand, in der geistlichen Musik allerdings stärker weiterhin gepflegt wurde.

*Frühe Würdigung* — *Eduard Hanslick*, der Brahms-Freund und vielleicht bedeutendste Musikkritiker aller Zeiten, charakterisierte das Requiem mit jenen schönen Worten, wie sie nur selten der Musik nahe kommen. Er urteilte nach der ersten Begegnung mit dem Werk:

> »In Brahms' Requiem sehen wir mit den reinsten Kunstmitteln das höchste Ziel erreicht: Wärme und Tiefe des Gemüts bei vollendeter technischer Meisterschaft, nichts sinnlich blendend und doch alles so tief ergreifend, keine neuen Orchestereffekte, aber neue große Gedanken und bei allem Reichtum, aller Originalität die edelste Natürlichkeit und Einfachheit. Der Glücklichste, der nie einen Verlust erfahren, wird das ›Deutsche Requiem‹ mit jener inneren Seligkeit genießen, welche nur die Schönheit gewährt. Wer hingegen ein teures Wesen betrauert, der vermesse sich nicht, bei den überwältigend rührenden Klängen der Sopran-Arie trockenen Auges zu bleiben. Aber, er wird erfahren, wie verklärend und stärkend der reinste Trost aus dieser Musik fließt.«[11]

*Musikalische Eigenheiten* — Im ersten Satz verzichtet Brahms auf die Violinen, wodurch die Bratschen zur höchsten Streicherstimme werden. So erreicht er eine gedämpfte, warme Klangfarbe, die dem ausgedrückten Gedanken des Trostes entsprechen mag.

Der Beginn des zweiten Satzes ist in Form eines trauermarschartigen Schreittanzes gestaltet, der an die bildlichen Darstellungen des Totentanzes im Mittelalter erinnert. Auch das Bild des Sensenmannes lässt sich in der Musik hören.

Im dritten Satz erscheinen Echowirkungen, indem aus dem Chor die unumstößlichen Lehrsätze des Baritons wie Naturgegebenheiten widerklingen. Zunächst antwortet der Chor auf die Lehrsätze und bestätigt ihre Geltung. Folgend singt er sie schon, bevor der Tenor noch geendet hat, und bringt damit zum Ausdruck, dass er, als Repräsentant der Allgemeinheit, diese Lehrsätze schon inwendig erfahren habe. Eine majestätische Fuge drückt die Gewissheit aus, dass Gott die gerechten Seelen schütze.

Der zentrale vierte Satz ist eine Darstellung des himmlischen Jenseits mit all seinen Schönheiten, wie sie kaum je gelungener erreicht wurde, darin an manche *Sanctus*-Komposition erinnernd.

Als ein ergreifender Trostgesang erscheint das Sopran-Solo des fünften Satzes mit den Einflüsterungen des Chors, die von Muttertrost singen.

Aus diesen warmen Empfindungen reißt der sechste Satz heraus, indem er die unerbittliche Vergänglichkeit alles Irdischen mit pochenden Viertelnoten hervorkehrt. An alte *dies-irae*-Vorstellungen gemahnt der Mittelteil, allerdings mit der gegensätzlichen Gewissheit, dass der Tod besiegt wird. Eine abermals majestätische Chorfuge besiegelt diese Gewissheit.

Wie eine Stimme vom Himmel kommt im siebten Satz die Seligpreisung der Toten, unterstützt durch wiegend-wohlige Orchesterfiguren. Am Schluss wird das *Selig-sind*-Motiv aus dem Beginn des ersten Satzes wieder aufgenommen und so dem Werk eine Geschlossenheit verliehen. Es klingt im ruhigen Pianissimo auf dem Wort »selig« aus, was als Leitidee für das ganze Werk stehen kann.

---

1   In: Almut Rößler: Beiträge zur geistigen Welt Olivier Messiaens. Duisburg 1984, S. 40.
2   Zit. nach Aloyse Michaely: Die Musik Olivier Messiaens. Untersuchungen zum Gesamtschaffen. Hamburg 1987.
3   Olivier Messiaen: Et expecto resurrectionem mortuorum. Partition. Paris 1966. Übers. durch den Verf.
4   Am 28. Februar 1867 an Karl Reinthaler. Zit. nach Norbert Bolin (Hg.): Johannes Brahms – Ein deutsches Requiem. Vorträge. Europäisches Musikfest Stuttgart 2003. Kassel 2004, S. 116.
5   Programm abgedruckt in: Norbert Bolin (Hg.): Johannes Brahms (Anm. 4), S. 142.
6   Zit. nach Klaus Blum: Hundert Jahre ›Ein deutsches Requiem‹ von Johannes Brahms. Tutzing 1971, S. 34.
7   Blum (Anm. 6), S. 35.
8   Die Programmfolge im Einzelnen in Norbert Bolin (Hg.): Johannes Brahms (Anm. 4), S. 197 f.
9   Blum (Anm. 6), S. 35.
10  Zit. nach Norbert Bolin (Hg.): Johannes Brahms (Anm. 4), S. 214.
11  Eduard Hanslick: Aus dem Tagebuch eines Rezensenten. Gesammelte Musikkritiken. Hg. v. Peter Wapnewski. Kassel 1989, S. 19 f.

# ■ III. BEITRÄGE ZUR FRIEDENSFORSCHUNG

*Kulturelle Vielfalt – Grenzen der Toleranz?*

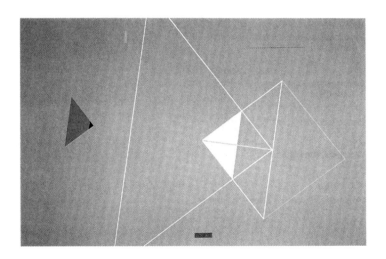

*Jochen Oltmer, Osnabrück*

# Aktive Intoleranz und beschränkte Duldung

## Osteuropäische Juden in der Weimarer Republik

Am Jahresende 1919 wandte sich der Physiker *Albert Einstein* mit einem Artikel über »die Zuwanderung aus dem Osten« im *Berliner Tageblatt* an die deutsche Öffentlichkeit. Es »mehren sich die Stimmen«, so die Beobachtung des späteren Nobelpreisträgers, »die gesetzliche Maßnahmen gegen die Ostjuden verlangen«. Im Mittelpunkt stünden dabei »schärfste Maßnahmen, d.h. Zusammenpferchung in Konzentrationslagern oder Auswanderung aller Zugewanderten«.

Einstein warnte vor solchen weit reichenden Schritten; denn »die Gesundung Deutschlands« nach der Niederlage im Ersten Weltkrieg »kann wahrlich nicht durch Anwendung von Gewalt gegen einen kleinen wehrlosen Bruchteil der Bevölkerung herbeigeführt werden«. Die Zahl osteuropäischer Juden in Deutschland, die in der deutschen politischen und publizistischen Diskussion zumeist undifferenziert und abwertend als ›Ostjuden‹ bezeichnet wurden, werde massiv überschätzt, die Gruppe sei keineswegs, wie dauernd betont worden sei, beinahe durchgängig kriminell und politisch gefährlich. Jede Maßregel gegen die jüdischen Zuwanderer aus Osteuropa als Gruppe beruhe nicht nur auf einer falschen Einschätzung des Phänomens, sondern widerspreche auch den Grundsätzen der Humanität und der politischen Klugheit. Im Ausland müsse dies als ein neuer »Beweis ›deutscher Barbarei‹« aufgefasst werden und das Bemühen um die außenpolitische Re-Etablierung nach der Kriegsniederlage schwer schädigen.[1]

Kriege und Bürgerkriege in Europa im Zeitraum von 1914 bis 1922 generierten zahlreiche Massenfluchtbewegungen und Massenvertreibungen. Restriktive Asylpolitik und die Verweigerung von Integration erzeugten Rechtlosigkeit, Staatenlosigkeit und Heimatlosigkeit: die zentralen Erfahrungen der Flüchtlinge mit und nach dem Ersten Weltkrieg, der das ›Jahrhundert der Flüchtlinge‹ einleitete.

Wie auch andere europäische Staaten fühlte sich das Deutsche Reich nach dem Ersten Weltkrieg durch die massenhafte Aufnahme von Flüchtlingen und Vertriebenen überfordert. Gering war die Bereitschaft, für diese Zuwanderergruppen Rechts- und Statussicherheit herzustellen. Gering war selbst die Bereitschaft, politische und rechtliche Instrumente zum Umgang

159

mit der Flüchtlingsfrage zu entwickeln. Flüchtlinge und Vertriebene unterlagen in der Weimarer Republik aufgrund politischer Erwägungen dem prekären Status der Duldung. Asyl wurde ihnen zwar nicht grundsätzlich verweigert, blieb aber permanent umstritten, beschränkt und gefährdet.

Das Beispiel der osteuropäischen Juden verdeutlicht zentrale Muster der Perzeption von Flüchtlingen im Deutschland der Zwischenkriegszeit und verweist zugleich darauf, warum ein großer Teil der Flüchtlinge Deutschland bereits in der ersten Hälfte der 1920er Jahre wieder verließ.[2]

*I. Asyl oder Abschiebung: die frühe Weimarer Republik und die Aufnahme von Pogromflüchtlingen aus Osteuropa* – Im Kontext zahlreicher Staatsbildungen nach dem Ersten Weltkrieg kam es in Ost-, Ostmittel- und Südosteuropa vor dem Hintergrund tief greifender wirtschaftlicher, sozialer und politischer Krisen zu schweren Pogromen, deren Zahl auf nicht weniger als 2.000 beziffert worden ist.[3] Zehntausende, möglicherweise auch Hunderttausende von Juden wurden ermordet,[4] wahrscheinlich eine halbe Million von ihnen verlor allein in Russland und der Ukraine ihre Heimat. Viele suchten den Weg über die weithin verschlossenen Grenzen nach Westen, der Völkerbund schätzte ihre Zahl 1921 auf 200.000, andere Quellen sprechen sogar von 300.000.[5]

Neben die Pogrome trat als weiterer zentraler Antriebsfaktor für die starke Abwanderung die Verschlechterung der wirtschaftlichen Position von Juden in Ost- und Ostmitteleuropa durch den Ersten Weltkrieg. Verschärfend wirkte nach Kriegsende die Etablierung neuer Zollgrenzen sowie neuer, zumeist stark inflationsgeschwächter Währungen und neuer rechtlicher Rahmenbedingungen für die Wirtschaft. Juden fanden sich darüber hinaus in großer Zahl unter den Flüchtlingen vor Revolution und Bürgerkrieg in Russland bzw. den bürgerkriegsinduzierten Hungersnöten zu Beginn der 1920er Jahre. Und es gab sie überdurchschnittlich häufig unter denen, die vor dem Kriegsdienst im polnisch-sowjetischen Krieg 1920/21 aus Polen flüchteten. Nicht zuletzt befand sich eine kaum bezifferbare Zahl von Juden – wahrscheinlich einige Hundert – aus Ost- und Ostmitteleuropa in Deutschland oder Österreich, weil sie als Angehörige der ehemaligen zaristischen Armee die Rückkehr aus der Kriegsgefangenschaft verweigerten.

Eine wichtige Durchgangsstation für jüdische Flüchtlinge auf dem Weg vor allem nach Deutschland, Frankreich, den Niederlanden, Belgien, Großbritannien und den Vereinigten Staaten von Amerika war in der unmittelbaren Nachkriegszeit Polen, das 1921 fast 100.000 jüdische Zuwanderer aus Russland und der Ukraine beherbergte. Weitere Transitländer bildeten die Freie Stadt Danzig, deren Hafen zwischen 1920 und 1925 rund 60.000 ost- und ostmitteleuropäische Juden zur Weiterreise nutzten, Rumänien, wo der Völkerbund 1922 rund 45.000 jüdische Flüchtlinge zählte, sowie die Tschechoslowakei und insbesondere Prag, das rund 10.000 jüdische Flüchtlinge allein innerhalb von drei Monaten Mitte 1921 als Durchreisestation nutzten.

Bald nach Kriegsende wuchs der Widerstand gegen die Aufnahme jüdischer Flüchtlinge. Die Politik der Grenzsperren, Zurückweisungen und Abschiebungen gewann an Bedeutung, wie das rumänische und das polnische Beispiel zeigen: Rumänien entzog dem größten Teil der jüdischen Flüchtlinge die Aufenthaltsgenehmigung und schob sie ab. Polen verhängte 1921 eine Grenzsperre nach Osten, betrieb ebenfalls Massenausweisungen und drohte mit Abschiebungen in die Herkunftsländer.

Unterstützung kam vor allem von (amerikanisch-)jüdischen Hilfsorganisationen, seltener von Seiten des Völkerbundes.[6]

Nach Angaben des preußischen Ministeriums des Innern befanden sich 1920/21 rund 70.000 Asyl suchende Juden aus Ost-, Ostmittel- und Südosteuropa in Deutschland, als einem der zunächst wichtigsten Aufnahmeländer.[7] Zumindest in Preußen wurde ihnen Asyl gewährt, auch wenn das ein prekärer Status blieb: Juden aus Ost-, Ostmittel- und Südosteuropa konnten, wenn sie als »persönlich einwandfrei« von den Polizeibehörden eingestuft worden waren, »bis auf weiteres« geduldet werden. Mit der ›Duldung‹ verband sich kein geregelter Aufenthaltsstatus, vielmehr handelte es sich um eine Art befristete Nicht-Ausweisung, also eine begrenzte Ausnahme von der allumfassenden Ausweisungskompetenz der Polizeibehörden; Ausweisungen sollten weiterhin erfolgen können, wenn jüdische Zuwanderer rechtskräftig verurteilt waren, keine angemessene Unterkunft oder »nutzbringende Beschäftigung« nachweisen konnten.

Das preußische Innenministerium schränkte Anfang November 1919 die Ausweisungsbefugnis der Polizeibehörden gegen die jüdischen Flüchtlinge aber weiter ein und schuf damit die Rechtsgrundlage für eine bedingte Asylgewährung: Eine Ausweisung bei Wohnungs- und Erwerbslosigkeit sollte dann nicht erfolgen,

> »[...] wenn eine der anerkannten jüdischen Hilfsorganisationen die Fürsorge für den Betreffenden derart übernimmt, dass er der öffentlichen Armenpflege oder der Erwerbslosenfürsorge nicht zur Last fällt.«

Mit der Einschaltung der jüdischen Hilfsorganisationen verlor die Duldung etwas von ihrem prekären Charakter.[8]

Das aus dem Erlass des preußischen Innenministeriums sprechende zentrale Paradoxon einer Asylpolitik, die vor allem mit Ausnahmeregelungen innerhalb der Ausweisungspolitik operierte, blieb unauflöslich: Wenn jüdischen Zuwanderern aus Ost-, Ostmittel- und Südosteuropa Asyl geboten wurde, weil die Herkunftsländer sie nach einer Abschiebung aus dem Reich nicht aufnehmen wollten, erwies sich auch die Ausweisungskompetenz gegenüber den ›lästigen‹, weil erwerbs- und/oder wohnungslosen jüdischen Zuwanderern als stumpfe Waffe. Faktisch hatte der Hinweis auf die Ausweisung ›lästiger‹ jüdischer Zuwanderer offensichtlich nur eine Legitimationsfunktion: Die Fürsorgepflicht des preußischen Staates gegenüber Ausländern, deren Ausweisung unmöglich war, konnte negiert und die Verantwortung jüdischen Wohlfahrtsverbänden übertragen werden.

Trotz seiner beschränkten Asyl-Offerten war dieser preußische Erlass sehr umstritten. In einer nur wenige Tage nach der Veröffentlichung des preußischen Erlasses anberaumten Besprechung der zuständigen preußischen und Reichsressorts wurde der preußischen Staatsregierung vorgehalten, geltendes Recht zu brechen. Der Vertreter des Reichsinnenministeriums führte aus:

> »Mit Sicherheit sei zu erwarten, dass die Aussicht, auch bei unerlaubter Überschreitung der Reichsgrenze in Preußen geduldet zu werden, für die Ostjuden in erhöhtem Maße einen Anreiz zur unerlaubten Einwanderung nach Deutschland bilden werde.«

Insofern bedeute »die in Preußen getroffene Regelung eine große Gefahr für die einheimische Bevölkerung« – eine Auffassung, der sich die anderen Reichsressorts und die beteiligten außerpreußischen Ländervertreter anschlossen.

Gestützt wurde diese Position durch eine stellenweise nachgerade zynische Expertise des *Reichswanderungsamtes*, das die von Preußen betonte »Gefahr für Leib und Leben« anzweifelte: »Die von den verbotswidrig eingewanderten Ostjuden stets vorgeschützte Pogromgefahr im Abwanderungsland bestehe entweder überhaupt nicht oder nur in einer Form, für welche die Bezeichnung ›Pogrom‹ nicht zutreffe.«

Anzunehmen sei vielmehr, dass die Zuwanderung der osteuropäischen Juden

> »[...] durch praktische Gründe veranlaßt werde. In Deutschland sei trotz der dort herrschenden Not die Lebenshaltung ungleich billiger und bequemer als in den östlichen Randstaaten. Auch seien dort die jüdischen Elemente, welche sich mit unerlaubten Geschäften befaßten, gegenwärtig bei weitem nicht so eingeengt, wie z.B. in Polen, wo Betrügereien weniger durch die Behörden als vielmehr durch Selbsthilfe der Bevölkerung geahndet würden.«

Resümierend hob das Reichswanderungsamt hervor:

>»Flucht vor persönlichen Gefahren für Leben und Eigentum und Fahnenflucht dienten in der großen Mehrzahl der Fälle lediglich als Vorwand für die verbotswidrige Einwanderung nach Deutschland.«[9]

In der publizistischen Diskussion wurde der preußische Erlass vom November 1919 sehr unterschiedlich aufgenommen; er fand Wohlwollen in jüdischen Zeitungen und Zeitschriften, während er in antisemitischen Organen scharf kritisiert wurde, weil er ein Ausnahmerecht für jüdische Zuwanderer schaffe und sie durch die Einbindung jüdischer Hilfsorganisationen staatlicher Autorität entziehe.[10]

Preußen ließ dennoch im Grundsatz nicht von seiner Politik einer beschränkten Asylgewährung ab, reagierte aber durchaus auf die amtliche und veröffentlichte Kritik: Ein Erlass des preußischen Innenministers vom 1. Juni 1920 betonte das Erfordernis einer schärferen Überwachung aller Asylsuchenden, Übertretungen deutscher Gesetze und Verordnungen seien strikt zu ahnden. Das preußische Staatsministerium kam darüber hinaus bei seinen Beratungen am 8. Oktober 1920 zu der Auffassung, noch stärker verdeutlichen zu müssen, dass das Asyl für Juden kein Sonderrecht bedeute. Der darauf folgende Erlass des preußischen Innenministers vom 17. November 1920 hob denn auch hervor, dass Preußen keineswegs eine Privilegierung jüdischer Zuwanderer aus Ost-, Ostmittel- und Südosteuropa anstrebe. Auch wenn ihnen »ein Asylrecht grundsätzlich« nicht versagt werden könne, so betonte das Innenministerium, setzte die

>»Gewährung eines solchen Asylrechts [...] aber voraus, daß dadurch nicht wesentliche Lebensinteressen des eigenen Landes beeinträchtigt werden. Diese Voraussetzung ist heute nicht mehr unbeschränkt gegeben«.

Deshalb könne die Gewährung von Asyl nicht davon abhängig gemacht werden, ob und inwieweit die zugewanderten Juden Verfolgungen ausgesetzt gewesen seien; vielmehr müsse das Interesse des Aufnahmelandes im Vordergrund stehen. ›Lästige‹, weil polizeilich auffällige oder erwerbs- und wohnungslose, nicht durch jüdische Wohlfahrtsorganisationen unterstützte jüdische Zuwanderer seien deshalb auch weiterhin unverzüglich auszuweisen.

In Erweiterung des rund ein Jahr zuvor in Kraft getretenen preußischen Asylerlasses war das preußische Innenministerium darum bemüht, die kritisierte, vermeintlich zuwanderungsfördernde Wirkung der Duldung zu entschärfen und zugleich das Paradoxon einer Asylpolitik aufzulösen, die vor allem mit Ausnahmeregelungen innerhalb der Ausweisungspolitik operierte: Falls eine Ausweisung nicht möglich sei, müsse eine Unterbringung in Internierungslagern erfolgen, die im Frühjahr 1921 eingerichtet worden waren.[11] Das waren jene ›Konzentrationslager‹, deren Aufbau Albert Einstein Ende 1919 befürchtet hatte. Die Internierung galt nicht als Strafe, sondern als »Unterbringung in einem Sammellager«, die ein »Untertauchen in den Großstädten und den dicht bevölkerten Industriebezirken« verhindern sollte. Als Internierungslager standen für diesen Zweck in Preußen entsprechende Anlagen in Cottbus-Sielow (Provinz Brandenburg), Stargard (Pommern) und Eydtkuhnen (Ostpreußen) zur Verfügung.

Im Juli 1923 wurden die Internierungen in Sammellagern schließlich aus Kostengründen untersagt, die Sammellager selbst geschlossen. Bis dahin hatte die preußische Polizei immer wieder auf diese Einrichtungen zurückgegriffen, um osteuropäische Juden und Angehörige anderer Flüchtlingsgruppen ohne richterlichen Beschluss zu maßregeln.

*II. Antisemitismus, Anti-Integrationspolitik und die Forcierung der Abwanderung ausländischer Juden* — In der politischen, wirtschaftlichen und sozialen Krise der unmittelbaren Nachkriegszeit nahmen antisemitische Deutungsmuster in der Bevölkerung erheblich zu.[12] In der politischen und publizistischen Diskussion wurden Juden – zumal die zumeist abschätzig als ›Ostjuden‹ angesprochenen ost-, ostmittel- und südosteuropäischen jüdischen Zuwanderer – immer häufiger verantwortlich gemacht für Kriegsniederlage, Revolution, Versailler Vertrag, Wirtschaftskrise und die als eine ›Schwäche‹ der jungen Demokratie interpretierten Auseinandersetzungen um die Neuformulierung von innen- und außenpolitischen Zielvorstellungen in den Jahren von 1919 bis 1923.

Solche weit verbreiteten antisemitischen Ressentiments und Projektionen wurden von antidemokratischen und völkisch-antisemitischen Gruppierungen instrumentalisiert. Nach Kriegsende waren die Juden »die geborenen Sündenböcke für die militärische Niederlage Deutschlands« und deren Folgen.[13] Im Vergleich zur Vorkriegszeit wurde in Deutschland zudem der Antisemitismus radikaler, verschärften sich aktionistische, antisemitische Aktivitäten deutlich. Offene Gewalt gegen Juden (Straßenkrawalle, Überfälle, Geiselnahmen und Terroranschläge) geriet in der frühen Weimarer Republik zu einem zentralen Element der »Straßenpolitik« (*Thomas Lindenberger*).[14] Das wirkte zurück auf eine deutlich restriktivere Politik gegenüber jüdischen Zuwanderern.[15]

Die Politik der Reichs- und der preußischen Behörden gegenüber jüdischen Asylsuchenden konzentrierte sich in der Hyperinflationsphase seit Herbst 1922 immer stärker auf die *Internationalisierung* der Asylfrage.

Schon im Erlass des preußischen Innenministeriums vom 17. November 1920 hatten die beiden zentralen migrationspolitischen Stichworte gegenüber jüdischen Zuwanderern gelautet: »1. Sperrung der Grenze gegen Zuwanderung, 2. Beförderung der Abwanderung«. Jüdische Zuwanderer sollten veranlasst werden, »sich in anderen Ländern ein Fortkommen zu suchen, die wirtschaftlich besser stehen als wir«.[16] Insbesondere in einer Förderung der Abwanderung sah beispielsweise das Reichsamt für Arbeitsvermittlung auch das wünschenswerte Hauptarbeitsgebiet jüdischer Hilfsorganisationen.[17]

Das Problem der Förderung der Abwanderung jüdischer Asylsuchender veranlasste Ende Dezember 1922 den preußischen Innenminister *Carl Severing*, die Aufmerksamkeit des Reichsaußenministers *Friedrich v. Rosenberg* »auf die vom innen- und außenpolitischen Standpunkt gleichbedeutsame Frage der Osteinwanderung zu lenken«. Zwar sei seit 1921 die Zuwanderung von Asylsuchenden aus dem Osten zurückgegangen. Allerdings müsse auch davon ausgegangen werden, dass ein Großteil der Flüchtlinge in Deutschland verblieben sei, worunter »in erster Linie – zwar nicht zahlenmäßig, aber äußerlich am ehesten erkennbar und am heftigsten umstritten – die Ostjuden stehen«. Die Rückwanderungschancen könnten aufgrund der weiterhin bestehenden Fluchtgründe als minimal eingeschätzt werden. Eine Weiterwanderung in die USA oder nach Palästina sei häufig an Kapitalmangel gescheitert. Aus Sicht Severings drohte das Reich die Rolle »als Brücke von Ost nach West« für jüdische Migranten zu verlieren und mehr zu werden als ein reines Transitland: Von zentraler politischer Bedeutung sei deshalb die Frage, »wie Deutschland in seiner Schwäche und Armut davor bewahrt bleiben kann, nicht nur als Brücke, sondern geradezu als Kessel zu dienen, aus dem Einwanderer sich weder vorwärts noch rückwärts bewegen können«.

Severing bezog dieses Eingeständnis des Scheiterns auch auf die von ihm selbst eingeleiteten Maßnahmen:

> »Zwar habe ich versucht, die Grenzen nach Möglichkeit zu sperren [...], auch habe ich es unternommen, durch scharfe Überwachung, Paßkontrollen und Razzien, Kontrollen ihrer Wohnungen usw. einen gewissen Druck auf die sich im Inland aufhaltenden Fremden auszuüben, um sie zum freiwilligen Verlassen des Landes zu veranlassen.«

Das alles aber habe »unzureichend bleiben müssen gegenüber Gefahren, die uns aus dem Zustrom von Leuten fremden Stammes, denen in Deutschland Gastfreiheit und Asylrecht geboten wird, drohen«.

Der geringe Beitrag der vom Innenministerium steuerbaren, vornehmlich polizeilichen Maßnahmen zur Eingrenzung des Problems verweise auf das außenpolitische Handlungsfeld: Nur ein verstärktes Maß an internationaler Abstimmung könne, so die Einschätzung Severings, die Zahl der Asylsuchenden in Deutschland reduzieren.

Mehrere außenpolitische Wege waren aus seiner Sicht gangbar: Eine Verständigung mit den Herkunftsstaaten werde Rückwanderung und Abschiebung erleichtern. Vertragliche Regelungen mit Sowjetrussland, Polen, Lettland, Litauen und Estland seien deshalb dringend erforderlich. Internationale Regelungen unter Beteiligung des Völkerbundes müssten zu einer Lastenteilung in der Asylzuwanderung führen, indem Flüchtlingsströme von den deutschen Grenzen ferngehalten und in andere Länder umgeleitet würden. Staatenlose seien vom Völkerbund mit Pässen zu versorgen. Außerdem sei eine »Wiedererschließung der Auswanderungsländer« anzustreben.[18]

Die migrationspolitischen Handlungsspielräume blieben 1922/23 allerdings sehr beschränkt, wie Reichsaußenminister v. Rosenberg nach Verhandlungen mit dem Berliner Büro des Hohen Flüchtlingskommissars des Völkerbundes dem preußischen Innenminister mitteilte. Gespräche über ein Rücknahmeübereinkommen mit der UdSSR seien längst angelaufen, mit einem zügigen Abschluss könne aber nicht gerechnet werden, weil die sowjetische Regierung weiterhin umfangreiche Ausweisungen von Regimegegnern vornehme und keinerlei Interesse an einer massenhaften Rückwanderung ehemaliger russischer Staatsangehöriger habe. »Die Hoffnung auf Unterbringung russischer Flüchtlinge in anderen Ländern durch Vermittelung des Völkerbundes erscheint aussichtslos.« Verhandlungen mit den Einwanderungsländern auf dem amerikanischen Kontinent werde das Auswärtige Amt nicht anstreben: Es sei bemüht, die Einwanderungsbedingungen deutscher Auswanderer zu verbessern, die Einbeziehung der Frage ausländischer Auswanderer aus Deutschland gefährde dabei den Verhandlungserfolg.[19]

Trotz der erheblichen Schwierigkeiten, die mit Weiterwanderungen in die USA und in westeuropäische Staaten sowie mit Rückwanderungen verbunden waren, sank die im Ersten Weltkrieg und in der unmittelbaren Nachkriegszeit deutlich angestiegene Zahl der ausländischen Juden in Deutschland Anfang der 1920er Jahre rasch wieder ab. Hintergründe waren die antisemitischen Ausschreitungen, die zunehmend restriktivere Asylpolitik und die angespannte wirtschaftliche Lage der frühen Weimarer Republik. 1920/21 scheint die Abwanderung nach Frankreich und Belgien stark angestiegen zu sein, wobei eine Konzentration auf die kriegszerstörten Regionen in Nord- und Nordostfrankreich sowie Westflandern festgestellt werden konnte.[20]

Die Monate der deutschen Hyperinflation 1922/23 und das Stabilisierungsjahr 1924 führten zu weiteren starken Rück- und Weiterwanderungen,[21] allein bis zu 14.000 Juden aus Ost-, Ostmittel- und Südosteuropa sollen zwischen Ende 1922 und Anfang 1924 das rheinisch-westfälische Industriegebiet in Richtung Frankreich und Belgien verlassen haben.[22]

Bei der Volkszählung 1925 wurden im Reich rund 108.000 ausländische Juden gezählt. Damit hatte sich ihre Zahl im Vergleich zur vorangegangenen Volkszählung von 1910 um lediglich 30.000 erhöht, obwohl doch 100.000 bis 105.000 allein zwischen 1914 und 1921 zugewandert sein sollen.[23] Unter den ausländischen Juden lag der Anteil der aus Ost-, Ostmittel- und Südosteuropa Zugewanderten bei rund 80% (86.000).

Bis zur Volkszählung 1933 sank [!] die Zahl der ausländischen Juden um rund 10.000 auf 98.000. Von diesen waren 90% (88.000) ost-, ostmittel- und südosteuropäischer Herkunft.

Die vom preußischen Innenminister geforderte Internationalisierung des jüdischen Flüchtlingsproblems ergab sich tatsächlich zu Beginn der 1920er Jahre. Allerdings war in diesem Kontext nicht der Völkerbund ausschlaggebend, den Severing 1922 ins Feld geführt hatte: Die starke Abwanderung von jüdischen Asylsuchenden aus Ost-, Ostmittel- und Südosteuropa seit 1920/21 wurde durch jüdische Hilfsorganisationen forciert und organisiert. Das im Januar 1918 eingerichtete *Arbeiterfürsorgeamt der jüdischen Organisationen Deutschlands* (AFA) bemühte sich nicht nur um Arbeitsmöglichkeiten für ausländische Juden im Inland, sondern auch im Ausland, wobei hier offensichtlich auch die Organisation oder doch Vermittlung illegaler Grenzübertritte nach Westeuropa zum Arbeitsprogramm vornehmlich der westdeutschen Außenstellen gehörte.[24] In den Kontext der zunehmenden Arbeitsvermittlung ins Ausland und der Forcierung von Auswanderung gehört auch die Tatsache, dass das Arbeiterfürsorgeamt und andere jüdische Fürsorgeeinrichtungen seit 1920 – vor dem Hintergrund zunehmender finanzieller Probleme der Organisationen während der Inflation in Deutschland – abhängiger wurden von Mitteln jüdisch-amerikanischer Hilfsorganisationen.[25] Damit einher ging die Tatsache, dass Fürsorge und Arbeitsbeschaffung immer mehr als Angebote für jüdische Asylsuchende verstanden wurden, »denen es aus Mangel an Mitteln oder aus anderen Gründen nicht möglich ist, Deutschland in kurzer Zeit wieder zu verlassen«,[26] deren Ziel aber auf Dauer die Auswanderung sein sollte.

Dem entsprach eine weitere Internationalisierung der Hilfe für jüdische Auswanderer: Das Anwachsen der Zahl der Asyl suchenden Juden in Europa, der Kapitalmangel der europäischen Organisationen und die im Vergleich zur Vorkriegszeit wesentliche Einschränkung der Auswanderungsmöglichkeiten führten im September 1921 zur Gründung des *Verei-*

nigten Komitees für jüdische Auswanderung / United Committee for Jewish Emigration durch europäische und amerikanische jüdische Hilfsorganisationen auf Initiative der amerikanischen Hebrew Sheltering and Immigrant Aid Society (HIAS). Aufgabe dieser vor allem aus amerikanischen Mitteln finanzierten neuen Institution, die ihre Zentrale in Berlin unterhielt, war es, Auswanderung aus Europa zu organisieren, dabei rechtliche und finanzielle Hindernisse zu beseitigen sowie Einwanderungsmöglichkeiten in Übersee zu erschließen.[27]

III. Fazit: Prekäres Asyl durch beschränkte Duldung in der Weimarer Republik — Deutschland entwickelte sich nach dem Ende des Ersten Weltkriegs zum wichtigsten europäischen Zielland für Flüchtlinge, Vertriebene und Umsiedler. Diese Position trat das Reich seit 1922/23 an Frankreich ab. Neben der wirtschaftlichen und sozialen Krisenlage trugen migrationspolitische Entscheidungen dazu bei. Die deutsche Anti-Integrationspolitik zeigte sich an einem Verbleiben der Flüchtlinge in Deutschland nie interessiert und bot weder rechtliche noch wirtschaftliche Integrationshilfen. Es gelang den Interessenvertretern der Flüchtlingsgruppen und dem preußischen Innenministerium, das zunächst eine asylfreundliche Politik vertrat, nicht, einen Asyldiskurs zu etablieren. Reichsinnenministerium und Reichsarbeitsministerium akzeptierten keine rechtliche Sonderstellung von Flüchtlingen gegenüber anderen Zuwanderern. Flüchtlinge wurden in der Weimarer Republik nur geduldet; die Abschiebungskompetenz der Polizeibehörden blieb, nachdem die asylfreundlichere preußische Politik Anfang der 1920er Jahre an Bedeutung verlor, faktisch uneingeschränkt.

Die Überforderung vieler europäischer Aufnahmestaaten und ihr weithin geringes Interesse an der Integration von Flüchtlingen in der Zwischenkriegszeit hatten zur Ausprägung erster Ansätze internationaler Lastenteilung gegenüber dem europäischen Flüchtlingsproblem geführt. Das war der Hintergrund für den – sehr zögernden – Beginn der Initiativen des Völkerbunds zur Etablierung supranationaler Flüchtlingshilfsorganisationen. Die nationalsozialistische Austreibung von Hunderttausenden sollte allerdings bald beweisen, dass diese Ansätze in der Internationalisierung der Flüchtlingspolitik vollkommen unzureichend waren.

Die ohnehin protektionistischen Tendenzen der Zuwanderungs- und Asylpolitik in den europäischen Staaten der 1920er Jahre wurden angesichts der globalen ökonomischen Desintegration in der Weltwirtschaftskrise in den 1930er Jahren noch übertroffen. Das 1933 vom Völkerbund in Lausanne eingerichtete Hochkommissariat für Flüchtlinge aus Deutschland war deshalb in einer sehr schwachen Position. Alle weiteren zwischenstaatlichen Initiativen blieben am Ende ebenfalls mehr oder minder folgenlos.

Erst nach einem weiteren weltweiten Krieg mit neuen Strömen von Flüchtlingen und Vertriebenen sollte es gelingen, die internationale Zusammenarbeit in der Flüchtlingspolitik zu forcieren sowie die Position von Flüchtlingen und Vertriebenen im Recht der einzelnen Staaten und im Völkerrecht zu verbessern. Die Erfahrung der nationalsozialistischen Diktatur, des Zweiten Weltkriegs und der mit ihm verbundenen, viele Millionen Menschen umfassenden Flüchtlingsströme verdeutlichten die Notwendigkeit neuer Regelungen. In der *Allgemeinen Erklärung der Menschenrechte* der Vereinten Nationen von 1948 wurde erstmals ein individuelles Asylrecht festgeschrieben. Artikel 14, Absatz 1 der UN-Menschenrechtserklärung lautet: »Jeder Mensch hat das Recht, in anderen Ländern vor Verfolgungen Asyl zu suchen und zu genießen.«[28]

Aber auch nach dem Zweiten Weltkrieg wurde nur der geringste Teil der Flüchtlinge und Vertriebenen von Asylregelungen erfasst. Im 19. und 20. Jahrhundert erfolgte die Aufnahme zumeist aufgrund von Regelungen jenseits des Asylrechts. Dabei handelte es sich in der Regel um Normen des Kriegsfolgenrechts (insbesondere im Kontext der beiden Weltkriege) oder um Einwanderungs- und Zuwanderungsgesetze (vor allem im 19. Jahrhundert und im Frankreich der Zwischenkriegszeit). Im Deutschland der Weimarer Republik aber wurden Flüchtlinge – soweit sie nicht deutsche Staatsangehörige waren oder wegen ihrer ›Deutschstämmigkeit‹ einen besonderen Status hatten – weder durch Asylregelungen privilegiert noch in der Regel durch Zuwanderungs- oder Einwanderungsgesetze aufgenommen. Ihr Status blieb damit äußerst prekär und in hohem Grade von innen- und außenpolitischen Opportunitäten abhängig.

---

1   Albert Einstein: Die Zuwanderung aus dem Osten. In: Berliner Tageblatt und Handels-Zeitung, 30. Dezember 1919.
2   Die Belege sind im Folgenden auf ein Mindestmaß beschränkt. Insgesamt s. Jochen Oltmer: Migration und Politik in der Weimarer Republik. Göttingen 2005, S. 219-269.
3   Zusammenfassend: Heiko Haumann: Geschichte der Ostjuden. 4. Aufl. München 1998, S. 186-204 – Frank Golczewski: Polnisch-jüdische Beziehungen 1881-1922. Eine Studie zur Geschichte des Antisemitismus in Osteuropa. Wiesbaden 1981, S. 181-264 – Dietrich Beyrau: Antisemitismus und Judentum in Polen 1918-1939. In: Geschichte und Gesellschaft 8 (1982), S. 205-232, hier S. 217-228.
4   Allein im russischen Bürgerkrieg sollen in Süd- und Zentralrussland rund 31.000 Juden Opfer von Pogromen geworden sein, die alle beteiligten Bürgerkriegsparteien zu verantworten hatten. Die Zahl der Opfer wiederum lag nach Schätzungen in der Ukraine und in Weißrussland wesentlich höher und soll bei 180.000 bis 200.000 gelegen haben, vgl. Matthias Vetter: Antisemiten und Bolschewiki. Zum Verhältnis von Sowjetsystem und Judenfeindschaft 1917-1939. Berlin 1995, S. 28-62.
5   Eugene M. Kulischer: Jewish Migrations. Past Experiences and Post-War Prospects. New York 1943, S. 24f.

6    Michael R. Marrus: The Unwanted. European Refugees in the Twentieth Century. New York / Oxford 1985, S. 72-80 – Ezra Mendelsohn: The Jews of East Central Europe between the World Wars. Bloomington 1987.

7    Trude Maurer: Ostjuden in Deutschland 1918-1933. Hamburg 1986 – Ludger Heid: Maloche – nicht Mildtätigkeit. Ostjüdische Arbeiter in Deutschland 1914-1923. Hildesheim 1995.

8    Preußisches Ministerium des Innern: Runderlaß vom 1. Nov. 1919, Bundesarchiv Berlin (BArch B), R 3901 (RAM), Nr. 571 – Ari Sammartino: Suffering, Tolerance and the Nation: Asylum and Citizenship Policy in Weimar Germany. In: Bulletin of the German Historical Institute Washington, DC (2003), Nr. 32, S. 103-115, hier S. 107f.

9    Niederschrift über das Ergebnis der am 10. Nov. 1919 auf Einladung des Reichsministeriums des Innern im Reichsratssitzungssaal des Reichstags abgehaltenen Beratung, betreffend fremdenpolizeiliche Maßnahmen zur Eindämmung der Zuwanderung von Ausländern, BArch B, R 3901 (RAM), Nr. 571.

10   Maurer (Anm. 7), S. 282f.; Heid (Anm. 7), S. 147-152.

11   Preußisches Ministerium des Innern: Runderlaß vom 17. Nov. 1920, BArch B, R 3901 (RAM), Nr. 761.

12   Werner Jochmann: Die Ausbreitung des Antisemitismus in Deutschland 1914-1923. In: Ders.: Gesellschaftskrise und Judenfeindschaft in Deutschland 1870-1945. Hamburg 1988, S. 99–170, hier S. 154f.

13   Heinrich-August Winkler: Die deutsche Gesellschaft der Weimarer Republik und der Antisemitismus. In: Bernd Martin / Ernst Schulin (Hg.): Die Juden als Minderheit in der Geschichte. München 1981, S. 271-289, hier S. 273; sowie mit ähnlichem Tenor: Avraham Barkai: Jüdisches Leben in seiner Umwelt. In: Michael A. Meyer (Hg.): Deutsch-jüdische Geschichte in der Neuzeit. Bd. 4: Aufbruch und Zerstörung 1918-1945, München 2000, S. 50-73, hier S. 50-53.

14   Dirk Walter: Antisemitische Kriminalität und Gewalt. Judenfeindschaft in der Weimarer Republik. Bonn 1999, S. 27-37 – Saul Friedländer: Die politischen Veränderungen der Kriegszeit und ihre Auswirkungen auf die Judenfrage. In: Werner E. Mosse (Hg.): Deutsches Judentum in Krieg und Revolution 1916-1923. Tübingen 1971, S. 27-65, hier S. 49-60.

15   Reiner Pommerin: Die Ausweisung von ›Ostjuden‹ aus Bayern 1923. Ein Beitrag zum Krisenjahr der Weimarer Republik. In: Vierteljahrshefte für Zeitgeschichte 34 (1986), H. 3, S. 311-340 – Ludger Heid: Die Ausweisungen von ›Ostjuden‹ aus dem Ruhrgebiet. In: Arno Herzig / Karl Teppe / Andreas Determann (Hg.): Verdrängung und Vernichtung der Juden in Westfalen. Münster 1994, S. 29-43 – Shalom Adler-Rudel: Ostjuden in Deutschland 1880-1940. Zugleich eine Geschichte der Organisationen, die sie betreuten. Tübingen 1959, S. 114-119 – Yfaat Weiß: Homeland as Shelter or as Refuge? Repatriation in the Jewish Context. In: Tel Aviver Jahrbuch für deutsche Geschichte 27 (1998), S. 195-219, hier S. 206.

16   Preußisches Ministerium des Innern: Runderlaß vom 17. Nov. 1920 (Anm. 11).

17   Reichsamt für Arbeitsvermittlung in Berlin an Reichsarbeitsministerium, 13. Nov. 1922, BArch B, R 3901 (RAM), Nr. 786.

18   Preußischer Minister des Innern Severing in Berlin an Reichsaußenminister v. Rosenberg in Berlin, 27. Dez. 1922, BArch B, R 3901 (RAM), Nr. 786; s. hierzu auch die Rede Severings vor dem preußischen Landtag am 29. Nov. 1922: »Ich möchte an dieser Stelle den Völkerbund darauf aufmerksam machen, daß Deutschland und Preußen diesen Flüchtlingsstrom nicht aufnehmen kann. Wenn die Einrichtung des Völkerbundes überhaupt einen Sinn hat, muß er sich mit dieser eminent praktischen Aufgabe beschäftigen«; zit. nach: Die Einwanderung aus dem Osten. In: Vossische Zeitung, 30. Nov. 1922.

19   Reichsaußenminister v. Rosenberg in Berlin an preußischen Innenminister Severing in Berlin, 20. Feb. 1923, BArch B, R 3901 (RAM), Nr. 786.

20   Arbeiterfürsorgeamt der jüdischen Organisationen Deutschlands in Berlin an Reichsarbeitsministerium in Berlin, 4. Aug. 1923, BArch B, R 3901 (RAM), Nr. 786.

21   Maurer (Anm. 7), S. 71.

22   Doron Niederland: Leaving Germany – Emigration Patterns of Jews and Non-Jews during the Weimar Period. In: Tel Aviver Jahrbuch für deutsche Geschichte 27 (1998), S. 169-194, hier S. 171.

23   Heinrich Silbergleit: Die Bevölkerungs- und Berufsverhältnisse der Juden im Deutschen Reich. Bd. 1: Freistaat Preußen. Berlin 1930, S. 38, 41-46, 108f.

24  Ludger Heid: Harry Epstein – Ein Anwalt der Ostjuden in der Zeit der Weimarer Republik. In: Walter Grab / Julius H. Schoeps (Hg.): Juden in der Weimarer Republik. Stuttgart/Bonn 1986 (Studien zur Geistesgeschichte, Bd. 6), S. 276-304, hier S. 288.

25  Mark Wischnitzer: Die Tätigkeit des Hilfsvereins in den Nachkriegsjahren mit besonderer Berücksichtigung der Auswandererfürsorge. In: Festschrift anläßlich der Feier des 25jährigen Bestehens des Hilfsvereins der deutschen Juden. Berlin 1926, S. 47-58, hier S. 55f. – Yehuda Bauer: My Brothers's Keeper. A History of the American Jewish Joint Distribution Committee 1929-1939. Philadelphia 1974, S. 16f.

26  Alfred Marcus: Die ostjüdische Durchwanderung. In: Sozialistische Monatshefte 17 (1921), S. 342-344 – Fritz Mordechai Kaufmann / Werner Senator: Die Einwanderung der Ostjuden. Eine Gefahr oder ein sozialpolitisches Problem. Berlin 1920 (Schriften des Arbeiterfürsorgeamtes der jüdischen Organisationen Deutschlands), S. 18f., 22f.

27  Vereinigtes Komitee für jüdische Auswanderung ›Emigdirekt‹, Entstehung und Tätigkeit 1921-1925. Berlin 1926 – Mark Wischnitzer: To Dwell in Safety. The Story of Jewish Migration since 1800. Philadelphia 1948, S. 149-151 – Shalom Adler-Rudel: Die allgemeine jüdische Wanderung. In: Jüdische Arbeits- und Wanderfürsorge 1 (1927), Nr. 3-4, S. 57-62, hier S. 59-61.

28  Allgemeine Erklärung der Menschenrechte. Resolution 217 (III) der Generalversammlung der Vereinten Nationen. Vom 10. Dez. 1948. Abgedruckt in: Bruno Simma / Ulrich Fastenrath (Hg.): Menschenrechte – Ihr internationaler Schutz, München 1992, S. 5-10, hier S. 7.

*Reinhold Mokrosch, Osnabrück*

# Djihad – Religion und Gewalt

## Wie lässt sich die Pervertierung dieses Friedensbegriffs im Islam erklären?

Es mag viele verwundern, dass ich »*djihad*« als Friedensbegriff bezeichne. Sind im Namen des Djihad nicht grausamste Verbrechen verübt worden? Sind die terroristischen Vereinigungen *Islamischer Djihad* und *Palästinensischer Djihad* mit ihren Selbstmordattentätern nicht grauenvolle Mörderbanden, welche im Namen Allahs und Mohammeds »Heilige Kriege«, also (angeblich) »*djihad*«-Kriege führen, um den Islam als überlegene Religion und die islamische Theokratie als überlegene Staatsform zu beweisen und mit Gewalt durchzusetzen?

Vor dem Wort »*djihad*« erzittert die westliche Welt. Es wird gemeinhin mit »Heiliger Krieg«, »Rache und Vergeltung«, »Feuer und Schwert« und »persönlicher Kampf« übersetzt. Zu Unrecht! Djihad hat eine gänzlich andere Bedeutung – unabhängig von seiner perversen machtpolitischen Instrumentalisierung. Djihad heißt: »Bemühen um Frieden auf dem Weg Allahs«. Und mit dem »Weg Allahs« ist gemeint: Überwindung des eigenen Rachebedürfnisses, der eigenen Gewaltbereitschaft, der eigenen Feindbilder und des eigenen Hasses – mit Hilfe des Geistes Allahs. Aber freilich auch: gewaltsame Bekämpfung derjenigen, die solche Friedensbereitschaft mörderisch verhindern wollen – und das heißt: gewaltsame Bekämpfung derjenigen, die die Ausbreitung des Islam verhindern wollen.

Ich versuche im Folgenden, der Entwicklung des Begriffes »*djihad*« vom *Qur'an* (Koran) bis zur Gegenwart nachzuspüren. Hat Djihad im Koran eine einheitliche Bedeutung? Und welche? Was sagt die *Sunna*, die Gesamtheit der Überlieferungen der Aussagen des Propheten Mohammed, über ihn? Gibt es eindeutige Aussagen der *Schari'a* über *djihad*? Wie entwickelte sich der Begriff zur Zeit der Ausbreitung des Islam, zu Zeiten der Kreuzzüge, im Hochmittelalter, in der Neuzeit usw.?[1]

Meine Ausführungen haben einführenden Charakter. Sie gehen nicht auf die Differenzen in der Wissenschaftlichen Auseinandersetzung über den *djihad* und seine Geschichte ein.

*I. Was versteht der Koran (frühes 7. Jahrhundert) unter Djihad? —*

Im Jahr 610 trat *Mohammed* in Mekka als Prophet auf und kritisierte öffentlich die soziale Ungerechtigkeit, die Unterdrückung der Armen und die Laster des Diebstahls, der Trunkenheit und des Mordens unter Kaufleuten, Soldaten und Bürgern. Er rief zu einem Djihad auf und meinte damit eine »innere Anstrengung jedes Menschen zur Überwindung solcher sozialen Missstände«. Jeder, so forderte er, solle seine Gier nach Korruption, Unterdrückung, Feindschaft und Rache überwinden. Er solle seine inneren Feindbilder mit dem Gefühl von Liebe und Versöhnung besiegen. »Ihr, die ihr glaubt«, rief Mohammed seinen Anhängern zu, »fürchtet Allah, sucht Zugang zu ihm und setzt euch auf seinem Weg ein« (Sure 5, 35).[2] »Al-dhihad u fi-sabil Illah«, »bemüht euch auf dem Weg Allahs«, lautet die Kernformel des Koran für Djihad. Allen, die sich in dieser Weise abmühten, verhieß Mohammed Allahs helfende Barmherzigkeit: »Die glauben, auswandern und sich auf Gottes Weg einsetzen, die haben Gottes Barmherzigkeit zu erwarten« (Sure 2, 218). Und darüber hinaus verhieß er ihnen »mächtigen Lohn«: »Die sich mit ihrem Vermögen und Leben einsetzen auf Allahs Weg, die zeichnet Allah im Rang gegenüber denen aus, die sitzen bleiben [...], mit mächtigem Lohn« (Sure 4, 95).

Diesen Lohn malte er in den Farben muslimischer Eschatologie aus:

> »Ihr glaubt an Allah und seinen Gesandten; setzt euch auf Allahs Weg mit eurem Vermögen und Leben ein [...] Dann vergibt er euch eure Sünden und führt euch in Gärten, in denen unten Flüsse fließen, und in gute Wohnungen in den Gärten Edens. Das ist der mächtige Lohn« (Sure 61, 11).[3]

Von Gewaltanwendung oder gar Kriegführung gegen die asozialen Unterdrücker war in dieser Zeit überhaupt keine Rede. Mohammed erhoffte, dass die Bewohner Mekkas sich allein durch seinen Bußruf zum Besseren bekehren würden. Ja, er formulierte in geradezu pazifistischer Manier:

> »Wer einen Menschen umbringt (nicht um zu vergelten oder weil dieser Verderben auf der Erde anrichtete), ist gleich einem Menschen, der alle Menschen ermordet hat; und wer einem Menschen das Leben gerettet hat, sei angesehen, als habe er das Leben aller Menschen gerettet« (Sure 5, 32).

Aber von Besserung war in Mekka nichts zu spüren. Vielmehr wurde Mohammed, der Sozialkritiker, wie die alttestamentlichen Propheten *Amos*, *Hosea* und *Jeremia* bedrängt und verfolgt.

Im Jahr 622, dem Beginn islamischer Zeitrechnung, floh Mohammed auf der so genannten *Hidjra* mit seinen Anhängern in das 340 km entfernte Medina. Dort nahm sein Aufruf zum Djihad nun einen anderen Charakter an. Zwischen den Muslimen in Medina und den reichen Kaufleuten aus Mekka fanden nämlich bewaffnete Konflikte, also Kriege statt: 624 die Schlacht bei *Badr* mit einem Sieg und 625 diejenige bei *Uhud* mit einer Niederlage der Truppen Mohammeds. Auch die Belagerung Medinas 627 durch die Mekkaner brachte aufgrund des großen Grabens um Medina herum (daher stammt der Begriff »Grabenkrieg«) keinen Erfolg für Mekka. Vielmehr besetzte Mohammed nun seine alte Heimatstadt (630), löste den Polytheismus auf und erklärte die *Kaaba* zum Heiligtum des Islam.

In dieser sog. Medina-Zeit (622 bis 630) sind diejenigen Koran-Verse entstanden, die wir heute als bedrohlich empfinden und die von Fundamentalisten und Selbstmordattentätern heute zur Legitimation ihrer Verbrechen instrumentalisierend herangezogen werden. Als nämlich die mekkanischen Soldaten Medina im o.g. Grabenkrieg umzingelt hatten, rief Mohammed zum Verteidigungskrieg auf:

> »Tötet die Heiden (Polytheisten), wo ihr sie findet, ergreift sie, umzingelt sie und lauert ihnen überall auf! Wenn sie sich aber bekehren und das Gebet verrichten und die Pflichtabgabe leisten, dann lasst sie ihres Weges ziehen« (Sure 9, 5).

Und ein paar Verse später interpretiert er den Djihad noch bedrohlicher, wenn er zum Kampf auch gegen Juden und Christen als sog. Schriftbesitzer aufruft:

> »Bekämpft die, die nicht an Allah und den Jüngsten Tag glauben, nicht verbieten, was Allah und sein Gesandter verboten haben, und nicht die wahre Religion befolgen – unter denen, denen die Schrift gegeben ist –, bis sie unterlegen den Tribut aushändigen« (Sure 9, 29).

Allerdings fügt er an anderer Stelle hinzu: »Sind sie zum Frieden geneigt, so sei auch du dazu geneigt und vertraue nur auf Allah« (Sure 8, 61). Und an anderer Stelle betont er: »In der Religion gibt es keinen Zwang« (Sure 2, 256).[4] Andere Verse stammen aus der Zeit, in der Mohammed Mekka und deren Heiligtümer zurückerobern wollte. Er rief seine Anhänger auf, in den Kampf gegen die Mekkaner zu ziehen und gegebenenfalls auch ihr Leben zu opfern. Falls sie stürben, würden sie sicherlich ihren Lohn von Allah erhalten. Viel versprechend äußerte er: »Wer auf dem Weg Allahs kämpft (*djihad*), mag er umkommen oder siegen, wird großen Lohn empfangen« (Sure 4, 74). Und: »Wer Gut und Blut für die Sache Allahs wagt, wird von Allah sofort begnadet und im Paradies sein, die anderen auch, aber erst später«.

Das alles waren Äußerungen aus der Medina-Zeit (622 bis 630). Es waren begrenzte Konflikte. An eine Welteroberung durch einen militärischen Djihad hatte Mohammed nicht im Traum gedacht. Er wollte die islamische Lebens-, Wirtschafts- und Rechtsordnung in Medina durchsetzen, von der er fest glaubte, dass sie gerecht sei, wenigstens gerechter als die korrupten Zustände in Medina und Mekka und auch gerechter als das Recht der Christen und Juden. Und er wollte mit dieser Gemeinschaft der Kämpfenden eine islamische Gemeinschaft (*umma*) fördern. Von einem »Heiligen Krieg« redete er niemals. Dieser Begriff kommt im Koran nicht vor. Allerdings muss man zugeben, dass die Djihad-Passagen aus der Medina-Zeit nicht nur einen Defensiv-, sondern auch einen präventiven Angriffskrieg gegen die Mekkaner unterstützen. Aber »heilig« (*muqaddas*) war eine solche militärische Bewaffnung für Mohammed niemals. Militärischer Kampf war für ihn immer »notwendiges Übel«, niemals etwas Heiliges. »Heiliger Krieg« und Islam widersprechen sich, weil Gewalt für Muslime etwas Böses und Unheiliges war und ist und weil das Wort »heilig« im Islam niemals mit weltlichen Dingen in Zusammenhang gebracht werden darf. Nur Allah ist »heilig«, sonst nichts und niemand, auch nicht Mohammed.

Zusammenfassend kann ich also sagen, dass es im Koran zwei Arten von Djihad gibt: *Erstens* den von Allahs Gnade unterstützten Djihad gegen die innere und äußere Neigung zu Korruption, Ungerechtigkeit, Unterdrückung und Feindbildentwicklung (in der Mekka-Zeit, 610 bis 622) und *zweitens* den ebenfalls von Allah unterstützten Djihad gegen die polytheistischen Mekkaner, die Medina angriffen und sich dem neuen Glauben widersetzten (aus der Medina-Zeit, 622 bis 630). Zwischen großem und kleinem Djihad wurde noch nicht unterschieden.

Wieso leiten (fundamentalistisch orientierte) Muslime aus den Scharmützeln zwischen Mekka und Medina 622 bis 630 heute bombastische Theorien vom Heiligen Krieg ab? Weil der gläubige Muslim im Koran Gott persönlich und nah erlebt und ihn deshalb oft wort-wörtlich nimmt. Und weil er sich aufgerufen fühlt, Einzelzitate des Koran auch ohne Kontext und historischen Hintergrund implementieren zu sollen. Im Sinne Mohammeds ist eine solche Pervertierung des Djihad sicherlich nicht. Und gegen den Propheten und gegen Allah ist auf jeden Fall die Rede vom Heiligen Krieg gerichtet.

*II. Was sagt die Sunna im 8. bis 13. Jahrhundert über Djihad, Frieden und Gewalt?*

*8. bis 9. Jahrhundert* — Während der Kalifenzeit bis 674 (Kalif *Abubakr*, Kalif *Umar*, Kalif *Uthman*, Kalif *Ali*; die Schiiten anerkennen nur Ali, die Sunniten alle vier Kalifen) führten die Muslime in ihrem Expansionsdrang noch sehr viele Kriege in Palästina, Syrien und im Norden des Mittleren Ostens. Dabei beriefen sich die Kämpfer auf Mohammeds Lehre von Djihad aus der Medina-Zeit.

Um 800 hörten die Expansionskriege aber auf und es entstand jetzt die Frage, welche Bedeutung der Aufruf zum Djihad noch haben könne. In dieser Zeit besannen sich islamische, mystisch orientierte Theologen und Rechtsgelehrte auf Mohammeds Djihad-Lehre aus der Mekka-Zeit. Sie entwickelten im frühen 9. Jahrhundert die Lehre von einem mystischen inneren Djihad, einem mystischen Kampf zur Überwindung von Hass, Feindbildern, Korruptionsbedürfnissen, Gewaltbereitschaft, Unterdrückungsambitionen usw. – Jahrhunderte vor der christlichen Mystik.

Diese Mystik trug im Sinne Mohammeds aber auch soziale Züge: Der Djihad richtete sich auch gegen gesellschaftliche Korruption in der Wirtschaft, gegen Diebstahl, Trunksucht, falsche Sexualität (Homosexualität galt als Pervertierung der von Allah geschenkten Sexualität) u.a.

Dieses Bemühen wurde in der Sunna fortan als »großer Djihad« (*al djihad al akbar*) bezeichnet. Durch Meditation und innere Besinnung sollen, so meinten die islamischen Mystiker, die Probleme des gesellschaftlichen Lebens gelöst und eine gerechte islamische Gemeinschaft (*umma*) gebildet werden. Der große Djihad war ein spiritueller Djihad. Er war eine »sich selbst auferlegte Anstrengung, um moralische und religiöse Vollkommenheit zu erlangen«. Es war eine »Anstrengung auf dem Weg zur Konfliktlösung«.[5] Von Allahs Hilfe war man dabei fest überzeugt.

Davon wurde der »kleine Djihad« (*al djihad al-saghir*) unterschieden. Damit war weiterhin die bewaffnete Anstrengung gemeint, nämlich gegen die Feinde des muslimischen Glaubens keinen Angriffs-, aber einen Verteidigungskrieg führen zu dürfen. Er wurde aber niemals als »Heiliger Krieg«, sondern als »notwendiges Übel« bezeichnet. – Eine Individualpflicht jedes einzelnen männlichen Muslim zur Teilnahme an solchem kleinen Djihad gab es (noch) nicht. Es gab nur die Pflicht für die Umma, die Gesamtheit der Muslime, solchen Krieg zu führen. Sie tat das stellvertretend für alle Muslime, die nicht teilnehmen konnten. Es gab im frühen Hochmittelalter noch keine Pflicht des Einzelnen zur Teilnahme am kleinen Djihad.

*10. bis 11. Jahrhundert* — Im 10. und 11. Jahrhundert wurde in der *Sunna* die sog. Islamische Völkerrechtstheorie konzipiert. Sie unterschied in der damaligen Welt das »Gebiet des Islam« (*dar al-islam*) und das

»Gebiet des Krieges« (*dar al-harb*). Ersteres war das Gebiet, in dem die Muslime lebten, letzteres war das der Nicht-Muslime. Zwischen beiden konnte es aber friedliche Beziehungen geben: Die Muslime im »Gebiet des Islam« waren aufgerufen, Verträge mit den Nicht-Muslimen zu schließen. Falls das geschah, konnte dieses Gebiet als »Vertragsgebiet« (*dar al-ahd*) oder auch als »Gebiet des (vorübergehenden) Friedens« (*dar as-suhl*) bezeichnet werden. Später nannte die Sunna dieses Gebiet auch »Haus der Mission bzw. Haus des Rufes zu Gott« (*dar ad-da'wa*). Letztere Bezeichnung ermöglichte es den Muslimen, in diesem (ehemaligen) »Gebiet des Krieges« mit missionarischem Auftrag leben zu können. Noch heute ist sie die Basis für das Leben streng gläubiger Muslime in Europa.

*12. bis 13. Jahrhundert* — Im 12. und 13. Jahrhundert breitete sich der Islam bis in die heutige Türkei aus. In dieser Zeit gewann der kleine Djihad wieder größere Bedeutung. Ja, er wurde von radikalen islamischen Theologen nun als sechste Säule islamischen Glaubenslebens neben den fünf anderen Säulen (Gebet, Mekka-Wallfahrt, Ramadan-Fasten, Almosen-Geben, Bekenntnis zu Allah und seinem Gesandten) verstanden. Aber eine *fatwa* (Dogma) für diese Überzeugung gab und gibt es bis heute nicht. Trotzdem hielten und halten fundamentalistisch gesonnene Muslime daran fest, dass die Teilnahme am kleinen Djihad die sechste Säule muslimischen Glaubens sei.

Schaut man genauer hin, gab es zu dieser Zeit vier Arten des Djihad: den djihad der Seele (*djihad binafs*), welcher die Anstrengung der Gotteserkenntnis bezeichnete; den djihad der Zunge (*djihad bis lisan*), welcher die Missionstätigkeit des Predigers markierte; den djihad der Feder und des Wissens (*djihad bis qalam*), die den Kampf gegen Analphabetismus bedeutete; und erst zum Schluss den djihad des Schwertes (*djihad bis sayf*), welcher ein militärischer Kampf war.

Faktisch wurde im 13. Jahrhundert, also zur Zeit der Kreuzzüge der christlichen Kreuzritter gegen die muslimischen Seldschuken im Heiligen Land, der kleine Djihad jedem muslimischen Mann zur Pflicht gemacht. Jetzt entstand in der Sunna auch die Theorie von einem »Heiligen Krieg« und von den Märtyrern (*shahid*). Wer im Heiligen Verteidigungskrieg getötet werde, so nahm die Sunna entsprechende Medina-Passagen im Koran auf (z.B. »Du darfst keinesfalls die für tot halten, welche für die Religion Allahs fielen; sie leben vielmehr bei ihrem Herrn, der ihnen reiche Gaben gibt«, Sure 3, 169), könne damit rechnen, im Paradies belohnt zu werden. Allerdings waren nur Verteidigungs- und keine Angriffskriege erlaubt.

Das Problem des Selbstmordattentäters existierte damals noch nicht. Selbsttötung ist im Koran zwar verboten, aber wenn der Suizid zum Zweck der Verteidigung des islamischen Glaubens ausgeübt wird, hat er, so meinen manche muslimische Theologen, eine andere Dignität. Bis heute, besonders seit dem 11. September 2001, ist unter muslimischen Theologen umstritten, ob Selbstmordattentäter als Märtyrer eingestuft werden dürfen. Liberale Theologen bestreiten das, orthodox-fundamentalistische bejahen es.

Trotz dieser Tendenz war im 13. Jahrhundert der große Djihad als gewaltfreie Aktion noch immer höher gestellt als der kleine. Ja, es gab Tendenzen, auch den großen, mystischen Djihad zur sechsten Säule muslimischen Glaubens zu qualifizieren. Die Überwindung des inneren Hasses und der wirtschaftlichen und sozialen Korruption sollte nach Meinung vieler Mystiker jedem Muslim genauso zur Pflicht gemacht werden wie das tägliche Gebet. Aber auch dafür gab und gibt es bis heute keine offizielle Fatwa.

Zusammenfassend lässt sich sagen, dass sowohl der kleine als auch der große Djihad im Hochmittelalter des Islam als gerecht und heilig galten. Das stand freilich im Widerspruch zum Koran, in dem Gewalt als »notwendiges Übel« und niemals als »gerecht und heilig« bezeichnet wird.

*III. Wie wird der Djihad heute interpretiert?* — Am 23. November 1914 rief Sultan *Mehmed V. Rashid* den »Heiligen Krieg« gegen Kolonialismus, Imperialismus und Zionismus aus. Das war der Anfang eines Wiedererwachens islamischer Traditionen. Es war aber auch das Fanal für eine Inflation des Begriffs »Heiliger Krieg« im 20. Jahrhundert. Viele Muslime, die den »Heiligen Krieg« propagieren, sind der Überzeugung, dass der Westen – und insbesondere die USA – die islamische Bevölkerung und Politik im Nahen und Mittleren Osten, in Nordafrika, in Indonesien und anderswo auslöschen will. Islamistische Fundamentalisten haben deshalb ein leichtes Spiel, den Djihad zu instrumentalisieren und gegen Mohammed und gegen Allah zu pervertieren und in sein Gegenteil zu verkehren. Konsequent war es dann, dass in den 50er Jahren der kleine djihad als großer djihad in einer Fatwa (Dogma) ausgerufen wurde. Das widersprach natürlich dem Koran und auch der Sunna vollständig.

Seitdem wird der Begriff Djihad ständig pervertiert und instrumentalisiert: zu Zwecken der Re-Islamisierung, des Kampfes gegen den Westen, des Kampfes gegen Un- und Andersgläubige und des Kampfes für eine islamische Theokratie. Von Mohammeds Djihad zur inneren Überwindung des Bösen und von einem mystischen Djihad zur Nachfolge Mohammeds kann keine Rede mehr sein. Den Kampf, den Mohammed in den Jahren 622 bis 630 von Medina aus gegen Mekka geführt hat, möchte man jetzt gegen die gesamte islamische Welt führen. Nur noch liberal und mystisch gesonnene Muslime reden noch heute vom Djihad als Kampf gegen den inneren Feind. Bei den anderen wurde der innere Feind nach außen transportiert und dort bekämpft.

Sicherlich ist das politisch nachvollziehbar. Die Unterdrückung des Islam und die Demütigung der orientalischen Muslime durch den Westen mussten sich Luft verschaffen. Die Gründung einer islamischen Theokratie im Iran seit der Rückkehr des Imam *Khomeini* aus dem Exil 1979 war der Anfang einer gegen den (christlichen) Westen gerichteten Re-Islamisierung. Die Pervertierung des kleinen zum großen Djihad kam in dieser Situation sehr gelegen. In dieser Zeit entstanden auch die Bewegungen *Hizb Allāh* (Hisbollah), *Hamas* und eben *Djihad*, die alle ihre mörderischen Aktionen – ebenso wie die israelische Seite – als Verteidigungsmaßnahmen deklarierten und bis heute deklarieren. Ja, sie bekämpften sogar die eigenen Muslimbrüder und -schwestern in der Welt-Umma, obwohl kein Muslim einen Muslim töten darf. Aber sie argumentierten, dass diejenigen Muslime, die mit dem Westen kooperieren, keine Muslime mehr seien. Deshalb durften sie auch Hunderte von Muslimen, die am 11. September 2001 im *World Trade Center* arbeiteten, in den Tod reißen. Sie waren keine Muslime mehr, weil sie im *World Trade Center* arbeiteten. So einfach ist es, den Djihad, Mohammed und Allah zu strangulieren.

Freilich gab es im 20. Jahrhundert auch eine Gegenbewegung. 1955 hatten sich auf der sog. *Bandung*-Konferenz 14 islamische Staaten verpflichtet, die Menschenrechte und das Völkerrecht der UNO von 1949 anzuerkennen. Andere islamisch geprägte Staaten kamen später hinzu (u.a. der Iran), die alle bis heute zu ihrer Verpflichtung stehen wollen. Hisbollah, Hamas und Djihad dagegen lehnten und lehnen die *Bandung*-Konferenz-Ergebnisse ab. Sie seien, so argumentieren sie, nur aus Gründen der Ökonomie und westlicher Kreditzusagen zustande gekommen und deshalb nicht glaubwürdig. Aber sie anerkennen immerhin die Ergebnisse der islamischen Menschenrechtskonferenz von 1982 und beziehen sich immer wieder auf diesen islamischen Menschenrechtskodex.

Gleichzeitig hat sich – besonders in Europa und z.T. in Ägypten – in der zweiten Hälfte des 20. Jahrhunderts ein liberaler Islam ausgebreitet, der zu den Ursprüngen des Djihad zurückgekehrt ist und unermüdlich zur Überwindung der eigenen Gewaltbereitschaft »auf dem Weg Allahs« aufruft. Ob und wieweit er sich durchsetzen wird, bleibt abzuwarten. Solange der Westen freilich weiterhin eine Politik der Demütigung und Unterwerfung gegenüber islamisch geprägten Staaten praktiziert, wird der wahre Djihad wenig Chancen haben. Andererseits erachte ich den Djihad als eine Kraft, Demütigung und Unterwerfung zu besiegen. *Gandhi* mit seiner hinduistischen *satyagraha*-Lehre und *Martin Luther King* mit der christlichen *Bergpredigt* sind diesen Weg erfolgreich gegangen.

Wann wird es einen muslimischen Charismatiker geben, der im Geist des Djihads Gewalt, Feindschaft, Hass und Krieg gewaltlos überwinden wird?

---

1    Ich beziehe mich dabei auf folgende Literatur: Bassam Tibi: Kreuzzug und Djihad. Der Islam und die christliche Welt. München 2001 – Hans Peter Raddatz: Von Allah zum Terror? Der Djihad und die Deformierung des Westens. München 2002 – David Cook: Understanding Jihad. Berkeley 2005

2    Übersetzung des Qur'an nach: Hans Zirker: Der Koran. Darmstadt 2003.

3    Es ist nicht ganz sicher, ob die Sure 61 in die Mekka- oder in die Medina-Zeit fällt. Ich halte sie für »mekkanisch«.

4    Freilich ist umstritten, ob Mohammed hier meint: »Innerhalb des Islam gibt es keinen Zwang« oder: »In keiner Religion darf es Zwang geben«.

5    Zitate aus der Sunna.

*Klaus von Beyme, Heidelberg*

# Kulturelle Vielfalt und demokratische Konfliktbewältigung

Vortrag bei der Verabschiedung von
Prof. Dr. Rainer Eisfeld am 22. Juni 2006
am Fachbereich Sozialwissenschaften der Universität

*I. Die Theorie der Anerkennung und der Multikulturalismus* — Der demokratische Staat, vor allem in seiner französisch-republikanischen Variante, setzt auf nationale Identität und Partizipation aller. Die kulturelle Vielfalt, die von postmodernen Identitätspolitikern wiederentdeckt wurde, führte hingegen zu subnationaler Identitätspolitik. Beide widersprachen im Grunde dem liberalen Rechtsstaat, der auf *Individuen* aufgebaut ist und sich schwer tut, kollektive Rechte auf ethnischer Grundlage anzuerkennen. Nur im *Föderalismus* wurde ein Kompromiss gefunden: Die Gesamtmehrheit musste sich gelegentlich den »konkurrierenden Mehrheiten« der Gliedstaaten im Sinne von *John Calhoun* beugen, dem führenden Theoretiker der US-Südstaaten vor dem Sezessionskrieg.

Die Debatten um *Identität* wurden von »Essentialisten« oder »Primordialisten« und »Konstruktivisten« ausgetragen. Zwischen ihnen scheinen die »Modernisten« wie *Karl Deutsch* oder *Ernest Gellner* zu stehen. Konstruktivisten verweisen auf die mythenbildende Kraft eines »historischen Gedächtnisses« und leugnen die Bedeutung fester ethnischer Einheiten, zumal die Kategorie des »Fremden« omnipräsent ist und die ideologisch prästabilisierten Ordnungen immer wieder stört. Gemeinsames Schicksal und gemeinsame Feinde werden konstruiert. Die Staatsangehörigen werden zu »Eingeborenen« definiert.[1] Rechtsextreme Gruppen, die mit dem Konzept des Ethnopluralismus unverdächtiger aufzutreten versuchen als die alten Faschisten, befürchten für die alten Nationen unter Migrationsdruck bereits »Ethnozid.«[2] Der »aktive Ethnozid« des »Faschismus in seiner Epoche« wird zu einem »passiven Ethnozid« in einer Verteidigungsideologie umgedeutet und Gruppengrenzen werden erneut verdinglicht.

Die Anti-Essentialisten führen ihre Debatten freilich auch quasi-essentialistisch – etwa um die Frage, ob Anerkennung oder Umverteilung das *movens* der neuen sozialen Bewegungen darstellen. Aber sie sind sich einig, dass kein quasi-göttlicher Standpunkt mehr eingenommen werden kann, um eine Gesellschaft gänzlich unabhängig zu beurteilen.[3]

*Anerkennung* hat sich zudem in der modernen Gesellschaft gewandelt. In prämodernen Gesellschaften lag der Begriff der *Ehre* der Anerkennung zugrunde. In modernen Gesellschaften, die sich egalisierten, ist er durch die *Würde* ersetzt worden. Die hierarchische Gesellschaft mit ihrem ständischen Ehrbegriff ging unter, aber Relikte drohen sich wieder einzuschleichen, wenn der Ehrbegriff sich horizontal statt vertikal wiederherstellt und sich territorialisiert. Aber auch vertikale Aspekte des Ehrbegriffs werden durch Migration in moderne Gesellschaften durch Angehörige traditionaler Gesellschaften wieder virulent.

Der Begriff der Würde wird auf dem Boden eines Verfassungspatriotismus in günstigen Fällen zu einem Minimalkonsens geführt, wie er auch den Regeln für Einbürgerungen zugrunde liegt. Wo essentielle Gesinnungswerte abgefragt werden, wie Ende 2005 in einem Leitfaden für die Gespräche zur Einbürgerung in Baden-Württemberg, regt sich mit Recht Widerstand postmoderner Rechtsstaatler. Problem bleibt, dass auch in modernen Gesellschaften der Verfassungspatriotismus nicht von allen Bürgern als ausreichend erachtet wird. Auch Theoretiker, die den Verfassungspatriotismus als wünschbares Prinzip ansahen, wie *Charles Taylor*,[4] baten zu beachten, dass es sich dabei nicht um eine durch den Philosophen *a priori* theoretisch legitimierte Form der Einheit handele.

Die *Legitimitätsforschung* hat drei Typen der Identitätsgefühle angeboten: den Traditionalismus, den Verfassungspatriotismus und den Postnationalismus. Die beiden letzten Typen leugnen die Primordialität der Nation mit unterschiedlicher Intensität.

*Postnationales* Bewusstsein war in Deutschland am schwächsten entwickelt und hat nach der Vereinigung im Osten nur 15,8%, im Westen nur 20.8% der Menschen erfasst.[5] Es besteht die Tendenz, dass die drei Typen etwa je ein Drittel umfassen, mit abnehmender Option für einen prämodernen traditionalistischen Nationalismus. Die postnationale Identifizierung ist nicht notwendigerweise auf das Rechtssystem bezogen. Sie kann unterschiedliche Identifikationsmuster beinhalten, vom idealisierten Weltbürgertum bis zum Rückzug in eine alternative Öko-Kommune. Der postnationale Typ ist gelegentlich als überlegene Form dem rein »narrativen nationalen Identitätsgefühl« gegenübergestellt worden. Aber auch postnationale Identität ist nicht frei von Narrativität, um sich zu begründen.[6] In diesem dritten Typ ist zudem der »Negativpatriotismus« noch keine Garantie für ewigen sozialen Frieden. Das zeigten Experimente, welche die Rassen, Klassen, Gender-Gruppen oder Anarcho-Kommunen zum wichtigsten Bezugspunkt der Identifikation zu machen versuchten.

184

Eine säuberliche Trennung der drei Typen ist vermutlich auch überflüssig. Mischungsverhältnisse finden sich in allen Interviewstudien. Zudem haben viele Bürger eine wachsende Ambiguitätstoleranz gegenüber mehrdimensionalen Identitäten.

Die *konstruktivistische* Sichtweise hält sich das Verdienst zugute, Kulturen nicht als Zwangsjacken, sondern als widersprüchliche Verflechtungen von Interpretation und Symbolisierung zu konzipieren. Sie enthält nach ihrem eigenen Anspruch eine reflexive Selbstkritik, die immer schon die Ansprüche der anderen Kulturen bedenkt.[7] Der *Anti-Essentialismus* rühmt sich einer Vielfalt der Perspektiven im Gegensatz zum essentialistischen kulturellen »Holismus«. Die Identitätspolitik wird jedoch durch eine Sichtweise beeinträchtigt, die *Rogers Brubaker*[8] »groupism« nannte, weil sie bestimmte Gruppen verdinglichte. Identitätsgruppen müssen nach diesem Ansatz als kontingentes »*event*« und nicht als objektive Realität behandelt werden. Dies gilt umso mehr, seit nach Brubaker noch die internationalen Einflüsse auf die »triadische Natur« nationaler Identitäten in neuen »*nationalizing states*« und den externen »*homelands*« als Bezugspunkte von ethnischen Minderheiten entdeckt wurden. Die so konstruierte »vierfache Natur« des nationalen[9] Problems zeigte sich vor allem in den neuen Konflikten um die *Diaspora*-Politik, die zunehmend von internationalen Organisationen wie dem Europa-Rat und der Europäischen Union bearbeitet werden.

Trotz der Ausbreitung des Konstruktivismus in der Postmoderne wird den neuen sozialen Bewegungen, vor allem den ethnischen und den Gender-Gruppen – insbesondere jenen, die mit biologischen Konstanten operieren – vorgeworfen, dass sie einen neuen Essentialismus begünstigten. Während sie die Großgruppen als holistische Konstrukte fleißig destruieren, wird der eigenen Gruppe ein nahezu kompromissunfähiges Profil nachgesagt. Als Folge erscheint, dass es mit anderen Gruppen kaum Einigung geben kann. Feministinnen haben gelegentlich diese Gefahr nicht übersehen, aber sich zu einem taktischen Essentialismus für ihre »gute Sache« bekannt.[10] Hoffnungen, die neo-essentialistischen Rückfälle zu vermeiden, werden auf die neuen Informationstechnologien gesetzt, die einst »virtuelle« und »reale« Kommunikationsräume verklammern helfen, sodass sich universale Werte und Rücksichten auf sprachlich-kulturelle Differenzen miteinander verbinden lassen.[11] Eine solche Hoffnung ist jedoch vermutlich an die Universalisierung des Englischen als *lingua franca* gebunden, die der gleiche Autor an anderer Stelle ablehnt.

Zwischen Essentialismus und Konstruktivismus gibt es Vermittlungspositionen. Nicht jede beliebige mythische Erzählung wird geglaubt. Konstruktionen müssen eine gewisse Verankerung in der Realität haben. Es ist von »Wahlverwandtschaft« von Realität und Konstruktion gesprochen

worden.[12] Ein noch so großer propagandistischer Aufwand zur Identitätsbildung in der Sowjetunion oder in Jugoslawien hat dieses »super-nation-
building« nicht retten können, obwohl es eine verbindende Sprache gab,
wie das Russische oder das Konstrukt »Serbo-kroatisch«. Mit dem Zerfall
Jugoslawiens wurden selbst die Sprachen dekonstruiert. Jahrelang wurde
eine serbo-kroatische Sprache propagiert. Nun gab es plötzlich nur noch
eine serbische Sprache auf der Basis zweier Dialekte und der kyrillischen
Schrift (Art. 15, Verfassung Restjugoslawiens von 1992).

Liberale Theoretiker waren im Gegensatz zu den Kommunitariern auf
die Rechte der Individuen geeicht. Im Cartesianismus war der Rationalismus strikt individualistisch. Alles Kollektive und Traditionale schien
irrational und musste überwunden werden. Moderne Theoretiker, die in
dieser Denktradition als irrational abqualifiziert wurden, haben sich mit
der Retourkutsche eines »tu quoque«-Arguments (Du auch) zu retten
versucht. Auch der Rationalismus kann nur mit Zirkelschlüssen seine
Höherwertigkeit verteidigen, aber nicht beweisen. Somit scheinen alle
Begründungstheorien auf der gleichen Stufe zu stehen.[13]

Der Pluralismus – um den sich Rainer Eisfeld sein Leben lang theoretisch bemühte – ist für die Theoretiker der Identitätspolitik in kleinen
Einheiten, und vor allem bei den Ethno-Nationalisten, zu einem gewichti-
gen Verteidigungsargument geworden. Es kam in der Postmoderne zu dem
Paradoxon, dass die stärkste Einheit der klassischen Moderne, die nationale Identität, in Frage gestellt wurde, aber kleinere Einheiten und Gruppen
umso stärker ontologisiert worden sind. Der liberale Individualismus, der
gegen diese Entwicklung einen ›altmodernen‹ Universalismus setzt, sieht
jedoch die Individuen, die er als einzige Träger von Rechten anerkannt,
einer ähnlichen Dekonstruktion ausgesetzt wie die kollektiven Einheiten.

Die Einheit des erzählenden Ichs ist in der Literatur sogar schon vor der
Postmoderne im Dadaismus in Frage gestellt worden. Liberale und ihr
demokratischer Universalismus haben ein weiteres Problem: sie können
ihre hehren Ideale nicht voll verwirklichen. Das Staatsangehörigkeitsrecht
in allen Demokratien bleibt eine Ungereimtheit angesichts des Anspruchs
universaler Rechte für alle. Warum genießt ein einheimischer Verbrecher
in einigen Bereichen größere rechtliche Privilegien als ein ausländischer
rechtschaffener Mensch?

Eine neue Dimension wurde in der Debatte um den Multikulturalismus
erschlossen. Kanada – nicht die USA, wie vielfach behauptet – gilt als das
Ursprungsland der Debatte, auch wenn der Ausdruck erstmals in einem
amerikanischen Roman auftauchte.[14] 1964 wurde er erstmals konkret auf
ein Land wie Kanada angewandt. Der Begriff erwies sich am brauchbars-
ten für migrationsbedingte multikulturelle Einwanderungsgesellschaften
und wurde in Kanada 1971 und in Australien 1977/78 in die offizielle

Politik eingeführt.[15] Die Verknüpfung mit der Föderalismus- und Demokratietheorie wurde in einer Fusion aus Multikulturalismus und Diskursethik versucht. Die Anerkennung der kulturellen Ansprüche von Minderheitenkulturen wird gewährleistet. Aber sie sind beschränkt durch die Anerkennung von Regeln im gesellschaftlichen Diskurs.[16]

Auch in der politischen Theorie wurden solche Debatten geführt, vor allem zwischen liberalen Individualisten und kommunitarischen Gemeinschaftstheoretikern. Einige Theoretiker haben versucht, die Frontlinien zwischen Liberalismus und Kommunitarismus zu überbrücken. Sie sahen in diesem Streit keine Debatte einer liberalen Mehrheit und einer kommunitarischen Minderheit, sondern eine Debatte unter Liberalen über eine sinnvolle Interpretation von Liberalismus. *Ethnische Gruppen* – mit Ausnahme einiger ethno-religiöser Rückzugsgrupen wie der *Amish* oder der chassidischen Juden – pflegen sich meist nicht vom Recht der Gesellschaft zu distanzieren und teilen die liberalen Grundwerte.[17] Häufiger ist dies bei fundamentalistischen religiös motivierten Gruppen der Fall.

*II. Regionalismus und Föderalismus: Autonomisten, Föderalisten, Separatisten* — Föderalismus und Regionalismus werden vielfach in einem Atemzug genannt. Die beiden Prinzipien leben jedoch nicht immer in Harmonie. Sie sind geeint in der altmodernen Vorliebe für Territorialität der Macht. Ethnische Identitätsgruppen sind meist besonders skeptisch gegen alle Netzwerktheorien, welche die »governance« zu entterritorialisieren trachten. Nicht einmal die Regionalisten sind einander immer grün. Ein kanadischer Wissenschaftler glaubte sich bei seinen »Mit-Kelten«, bei Québecois, Katalanen und anderen Freunden des ethnischen Regionalismus entschuldigen zu müssen, dass er den Begriff »Region« in einem breiteren wirtschaftswissenschaftlichen Zusammenhang benutzte.[18]

*Ethnische Identitätspolitik* hielt vielfach an einem essentialistischen Begriff fest, der nur ein Kriterium gelten ließ und wirtschaftliche oder national-kommunikative Gesichtspunkte verdrängte. Auch wenn sich dieses Kriterium nicht universalisieren ließ, hat doch der Impetus für ethnisch-kulturell-ökonomische Regionalisierung zu der Frage geführt, ob der herkömmliche Länderföderalismus nicht bald überholt sein wird. In Ländern mit zentralistischer politischer Kultur droht er zur Zwangsbeglückung zu degenerieren, wenn die Bürger mehr an der Effizienz der Lösung von Problemen als an der Wahrung regionaler Identität interessiert sind. Wenn der Aufstieg der Regionen anhält, schien für einige Betrachter sogar die immer wieder geforderte Länderneugliederung überflüssig: »Dann können die Bundesländer bleiben, wie sie sind«.[19]

Der Kampf um Anerkennung begann mit der Identitätspolitik regionaler ethnischer Gruppen. Er entterritorialisierte sich zunehmend und weitete

sich auf die gesamte Gesellschaft aus, als Kampf um Anerkennung Unterprivilegierter – von den Frauen bis zu den Homosexuellen. In atembrau-
bender Geschwindigkeit wechselten die Theorien zur Erklärung der neuen
Suche nach Identität.[20] Der Objektivismus einer traditionellen Sichtweise
ging von der Persistenz unterdrückter Volksgruppen aus.

Zur Erklärung, warum der Kampf um Anerkennung solche Schärfen
annahm, wurde die *Modernisierungstheorie* bemüht. Marginalisierte
Gruppen verlangten Gleichwertigkeit der Lebensverhältnisse.

In der marxistisch angehauchten *Dependenztheorie* wurde die Dynamik
des Weltkapitalismus bemüht, der Regionen auch in den »Metropolen«
marginalisiert und hoffnungslos »abhängig« erscheinen lässt, sodass von
»internem Kolonialismus« gesprochen wurde oder gar wie bei *Michael
Hechter*[21] von »institutionalisiertem Rassismus«.

Was schon für den »*celtic fringe*«[22] unhaltbar war, ließ sich erst recht
nicht bei wohlhabenderen Regionen halten. Die Südtiroler begehrten gegen
die Einwanderung sehr viel ärmerer »*terroni*« aus dem Süden auf. Das
Baskenland und Katalonien gehörten zu den reichsten Regionen Spaniens.

Die Argumente verlagerten sich daher schon vor dem »*cultural turn*«
der Postmoderne auf Kultur und Sprache als bedrohtes Potential in den
Regionen. Die Theorie des Wertewandels bei *Inglehart*[23] hat schließlich
die Argumente von den ökonomischen Füßen auf den kulturellen Kopf
gestellt: die Identitätssuche ist vor allem einer gewissen materiellen Satu-
riertheit zuzuschreiben, welche die Suche nach postmateriellen Werten
ermöglicht. In der Politikwissenschaft wurden die neuen Identitätssuchbe-
wegungen erst rezipiert, als sie das Netzwerk der traditionellen Bewegungen und Parteien durcheinander brachten.

*Dirk Gerdes*[24] hat eine einleuchtende Ordnung in das Gewimmel der
Gruppen gebracht. Nach der Reichweite ihrer Ziele gab es bloße »außer-
parlamentarische Oppositionen«. Als *Autonomisten* waren sie vom Elsass
bis nach Okzitanien in Frankreich zu finden. Zu *Föderalisten* wurden sie
gelegentlich im Geist des Theorien *Proudhons*. Im Gegensatz zur Zeit
zwischen den Weltkriegen gab es kaum *Separatisten*. Als soziale Bewegung
ohne institutionelle Einbindung trat damals noch der korsische National-
lismus auf. Separatistische Tendenzen entwickelten die baskische ETA
oder die irische IRA. Zur sozialen Bewegung mit institutioneller Repräsentation wurden nach einigen Kämpfen die Südtiroler Volkspartei, die baskische Nationalpartei PNV und die meisten Regionalbewegungen in Spanien. Die damals noch als Separatisten in dieser Gruppe gezählte
Schottische Nationalpartei SNP und die baskische *Herri Batasuna* gingen
zunehmend in die Rubrik der »Autonomisten« über.

Die Klassifikationen wurden auch nach den eingesetzten Mitteln der
Bewegungen vorgenommen, die von einer Beteiligung an Wahlen bis zum

Terrorismus reichen. An dem zweiten Pol war die Vorstellung verbreitet, dass das Mehrheitsprinzip regional keine Geltung haben könne. In der Ära postmoderner Anerkennungskämpfe kam sogar die Idee auf, dass auch die Intensität berücksichtigt werden müsse, mit der Gruppen ihr Anliegen vertreten – eine Horrorvorstellung für Gleichheitstheoretiker im Rechtsstaat. Da käme es zur postmodernen Variante eines preußischen Dreiklassenwahlrechts!

Emotionale regionale oder *Länderidentität* wurde als eines von neun Kriterien des »echten Föderalismus« gewertet.[25] Diese Regionalität ist jedoch nirgends in symmetrischer Weise verbreitet, in Bayern stärker als in einem künstlich geschnittenen Land wie Rheinland-Pfalz. Eine gewisse Asymmetrie wird – auch wenn man die Intensität des Begehrens nicht zur *de-jure*-Asymmetrie erhebt – gefördert, weil in Bundesstaaten die Gliedstaaten in unterschiedlicher Intensität als Identifikationsobjekt dienen.

Die EU, die sich pausenlos mittels Umfragen[26] um die Identifizierung ihrer Bürger mit der höchsten Ebene kümmert, lieferte uns vor allem in den 90er Jahren ständig Daten zur Rangfolge der Identifikation mit politischen Einheiten. Lange wirkten diese Daten wie jene des einstigen kommunistischen Lagers: es wurden nur Erfolge für Europa gemeldet. Erst mit dem Zerfall des Ostblocks und der neuen Öffnungspolitik der EU kam es zu Rückschlägen bei den Bekenntnissen. Europäer fühlten sich seltener in erster Linie als Europäer. In diesem Zusammenhang interessiert freilich vor allem die Relation der Bürger, die sich mit einer Region und weniger mit dem Nationalstaat identifizierten. Spanien lag an der Spitze mit 38% der Bürger, die sich in erster Linie auf die Region orientierten. Es folgten Belgien mit 32% und Deutschland mit 27%. Auf deutsches Level kam aber auch ein Zentralstaat wie Portugal und selbst im zentralistischen Frankreich gaben immerhin 23% an, sich in erster Linie mit der Region zu identifizieren. Leider fehlen vielfach Daten zu den regionalen Differenzen, außer in Spanien und Österreich.[27] Innerspanische Umfragen ergaben 1996, dass einige Ethnien (Baskenland 22%, Katalonien 17%, Galizien 20%) mehr forderten, während ein gutes Drittel mit dem Autonomiegrad zufrieden waren. Zunehmend unproblematischer entwickelten sie eine duale Identität, die sich in gleicher Weise als spanisch und als regionalgebunden empfand (Baskenland 30.8%, Katalonien 38,9%, Galizien 47,9%, Andalusien.[28] Die Loyalitäten der Österreicher richteten sich zu 25% auf das Bundesland, am stärksten in Salzburg (39%) und erwartungsgemäß in Vorarlberg (36%). In erster Linie als Österreicher fühlten sich nur 48%, am meisten in Wien (54%), am wenigsten in Tirol (30%). Diese regionalen Differenzen haben aber abnehmende Bedeutung.[29]

Wichtiger für den Föderalismus als die diffuse Identifikation ist die *Partizipation* an der regionalen Politik. Der Fall Deutschland könnte vermuten, dass nur in Gebieten mit einer ethnischen Identitätspolitik die regionale Politik hohe Aufmerksamkeit bei den Bürgern erreicht. In der Bundesrepublik rangierte nach einer Forsa-Umfrage von 1990 die Landespolitik in der Aufmerksamkeit der Bürger hinter der Bundespolitik, der Kommunalpolitik und angeblich selbst nach der europäischen Politik an vierter Stelle.[30] Die Teilnahme an Landtagswahlen bestätigt das Ergebnis nicht. Die Schweiz ist eher ein Beispiel, da die Kantonspolitik überwiegend keine ethnischen Funktionen entwickelte.

*Regionalismus* ist positiv besetzt, ob er von der Bevölkerung gewollt wird oder nicht. Die EU machte sich dies für ihre Förderung der Regionen zu Nutze. Es gab jedoch auch Befürchtungen, die Regionen könnten durch die Erstarkung der supranationalen Ebene an Bedeutung verlieren. In Zentralstaaten mit einem weniger entwickelten Regionen-System, wie in Frankreich, hat die Europäisierung den Regionen und Departements jedoch kaum etwas wegnehmen können, sondern hat eher den Prozess der Regionalisierung gefördert.[31] Aber die Glieder der Staatshierarchie wie die Departements haben von diesem Prozess mehr profitiert als die Regionen.

Inzwischen wird der Regionalismus sogar in den neuen Beitrittsländern von der EU propagiert. Hier erscheint die Akzeptanz in der Bevölkerung wesentlich geringer. Vergleichende Studien fanden Identitätsbewusstsein allenfalls in Siebenbürgen (Transsylvanien) und im Banat in Rumänien, in Schlesien und Kleinpolen in Polen sowie in Mähren (Tschechien).[32] In einigen Ländern wie z.B. Slowenien kamen allenfalls Sandkastenspiele heraus (Ljubljana *versus* Nicht-Ljubljana).[33]

Die schiere Größe des konstruierten Aggregats ist noch keine Determinante des Erfolgs. Der Keltenkult in Irland führte nicht zur Ausmerzung des Englischen, obwohl es ein irisches Identitätsgefühl gab. Die *revival*-Bewegung gegenüber dem Hebräischen war in der israelischen Einwanderungsgesellschaft erfolgreich. Etwa dazwischen liegen die Erfolge baskischer Konstruktionen. Auch Jahrzehnte des Bombens haben nicht dazu geführt, dass die Mehrheit des Territoriums die baskische Sprache als erste Sprache benutzt.

Es gab auch einen älteren Pluralismus, der nicht substantielle Identitäten rechtfertigen wollte. Der Nationalstaat in einer Einwanderungsgesellschaft wie den USA wurde getragen von einem »*benign neglect*« gegenüber ethnischen und kulturellen Bindungen. In den Fronten, die zwischen Liberalismus und Kommunitarismus aufgebaut wurden, schienen Minderheitenrechte – nicht nur ethnische und regionale – für radikale Neo-Liberale wie eine Abweichung von den individuellen Rechten. Ein bekannter Spezialist für Minderheitenfragen wie *Nathan Glazer*[34] hat die »affirmative Diskriminierung« für verhängnisvoll gehalten. Öffentliche Politik sollte für ihn ohne Rücksicht auf Unterscheidungen von Rasse, Farbe oder ethnischem Ursprung wirken. Diese Position eines jüdischen Gelehrten kann selbst als gruppenspezifisch angesehen werden. Eine Minderheit wie die Juden, die nicht zu den depravierten Gruppen gehört und außer bei religiösen Fundamentalisten lieber unauffällig bleibt, kann einen solchen strikt liberalen Standpunkt eher durchhalten als die Exponenten von Schwarzen oder *hispanics*. Ethnokulturelle Minderheiten schienen in ihrem Gruppenkollektivismus für konsequente Liberale noch nicht auf der Höhe des individuellen Liberalismus angekommen.

In einer Gesellschaft mit mehreren Rassen war der liberale Staat theoretisch gern »farbenblind«. Ideologische Liberale waren daher sogar gegen »*affirmative action*« in diesem Bereich, weil sie das Rassenproblem, das es lösen soll, angeblich verschlimmerte, da sie die Differenzen zuspitzte und die Entfremdung der Gruppen verstärkte.[35] Die Trennung von Staat und Religion wurde gern auf die Ethnien übertragen: strikte Trennung von »Staatsdemos« und »Gesellschafts-Ethnos«. Diese Parallele von Religion und Ethnien ist in mehrfacher Hinsicht unsinnig. Eine Religion kann man ändern, seine Muttersprache wird man als Akzent hörbar in der Regel nie mehr los. Gleiches gilt erst recht für die Rassen. Inzwischen bröckelt der Konsens für eine ethnisch-sprachliche Neutralität in Amerika. Erstmals tauchte die »Staatssprache Englisch« in Senatsbeschlüssen auf.[36]

Mit dem Aufstieg der Umweltschutzbewegung und der Entdeckung von »*small is beautiful*« wurde das Problem von dem Sonderfall der ethnischen Minderheiten gelöst. Die arme Peripherie schien in einigen Föderationen die Hauptlast der technischen Veränderungen in der Nutzung der natürlichen Resourcen zu tragen. Neue dezentralisierte Formen des Föderalismus und die Ausdehnung der regionalen Rechte und Stärkung der Kommunen – bis zur Wiederbelebung des Gemeindeeigentums als Mittel gegen die Überausbeutung regionaler Ressourcen durch nationale und transnationale wirtschaftliche Akteure – tauchten als Forderung auf.[37]

Bei aller Sympathie für Gruppenrechte wurden jedoch mit Recht bald warnende Stimmen laut: es gibt Probleme des Schutzes regionaler Gruppen, die nur auf nationaler Ebene gelöst werden können. Eine exzessive Dezentralisierung, wie der Ökozentrismus sie manchmal forderte, droht schließlich lauter territoriale Kleingruppen machtlos gegenüber den Globalisierungstrends werden zu lassen.

Die andere Möglichkeit der Übertreibung war eine ganz von oben gelenkte Regionalpolitik, die vielfach damit endete, dass »Kathedralen in der Wüste« gebaut wurden, d.h. teure Prestigeobjekte, die sich nicht in die regionale Wirtschaft einfügten.[38] Vom italienischen Mezzogiorno bis nach Indien lassen sich zahlreiche Beispiele für verfehlte »*top-down*-Politik« finden.

*III. Demokratische Konfliktbewältigung zwischen Effizienz und Integration* — Demokratische Konfliktbewältigung ist im Zeitalter der Postmoderne erschwert worden. Die pauschale Antwort, der *Föderalismus* schaffe diese Konfliktbewältigung, erwies sich als vorschnell. Die politische Soziologie war nach dem Zweiten Weltkrieg äußerst skeptisch, dass der Nationalstaat (oder der Subnationalstaat) dieses leisten könne. Der zentrale Nationalstaat wurde entzaubert. *Talcott Parsons* hatte bereits die These vertreten, dass in der modernen Gesellschaft nur noch Systemintegration möglich sei, nachdem die Teilsysteme füreinander Umwelten darstellen, mit denen allenfalls rational kommuniziert werden könne. Aber eine Sozialintegration hielt er nicht mehr für möglich. *Niklas Luhmann*[39] hat angesichts der Herausbildung einer »Weltgesellschaft« selbst diese Antithese über Bord geworfen. Die Subsysteme konnten einander nur noch beobachten.

Aber selbst die Gegner der konservativen Systemtheorien, welche die »Lebenswelt« nicht ganz vom »System« absorbiert sahen, wie *Jürgen Habermas*,[40] hielten kollektive Identität nur in reflexiver Gestalt für möglich. Ein Bewusstsein allgemeiner und gleicher Chancen in einem kontinuierlichen Lernprozess sollte zu einer »vernünftigen Identität« führen.

Die Antipoden der Theoriebildung konnten sich damals noch auf das Passepartout »Lernprozesse« einigen. Der *Nationalstaat* konnte für beide diese Lernprozesse nicht mehr dirigieren. Solche warnenden Stimmen haben die etablierten Nationen nicht daran gehindert, durch Sozialisation und Kulturpolitik und durch symbolische Politik bis zum Flaggen- und Hymnenkult die Identitätsgefühle der Bürger zu fördern.

Nur in Zeiten der Krise müssen so törichte Kampagnen angezettelt werden wie »Du bist Deutschland«. Eine Nation, die sich von »Null-Bock-auf-Nation«-Parolen in ihrer Jugend verunsichern lässt, sollte zur Kenntnis nehmen, dass die gleiche Jugend fast hysterisch nationalistisch wird, wenn eine gegnerische Mannschaft ins deutsche Tor schießt. Herkömmliches Nationalgefühl erscheint als das »Selbstverständliche«, das einer Politik der Identität nicht bedarf. Identitätspolitik wird aber entscheidend für den Bestand bei nationalen Minderheiten oder Nationalitäten, die das *nation-building* noch vor sich zu haben glauben. Das *sub-nation-building*, das vor allem im Devolutionsföderalismus stattfand, kämpfte mit dem Vorurteil, dass der in den verfassungsmäßigen »Reißbrett-Föderalismus« eingebettete gesamtstaatliche Nationalismus »das Rationale« sei, während die neue Identitätspolitik von unten »das Irrationale« vertrete. Bei den Prätendenten auf Nationalstaatlichkeit ist die Identitätssuche häufig »eine Sehnsuchtsparole und eine Verlustanzeige zugleich«.[41]

Entscheidend für den Zusammenhalt von Gemeinwesen ist ein Minimum an Zivilgesellschaft und die generelle Respektierung von Minderheitenrechten. Die Migrationen im Zeitalter der Globalisierung werden künstlich stabilisierte Grenzen der Nationalstaaten zunehmend aushöhlen. Im Zeitalter der Globalisierung und Europäisierung kann der Nationalstaat zunehmend weniger für die nationale und ethnische Homogenität der Bürger tun. Erziehung und Kultur sind internationalen Medien ausgesetzt. Schulen – oder die Armee im Zeitalter der Berufsheere – dienen als Sozialisationsagenturen nationaler Identität nicht mehr im gleichen Maß wie in der Zeit der klassischen Moderne. Zudem führt die Globalisierung zum Zweifrontenkrieg, weil die Schwäche des Nationalstaats die regionalen Identitäten als wirkungsvollere Einheiten ermutigt, ihre Identität konstruierend zu verstärken.

Parallel zur wachsenden sozialen Differenzierung gibt es in ethnisch relativ homogenen Ländern wie Deutschland oder Österreich eine *Unitarisierungstendenz*. Der *Wohlfahrtsstaat* wurde nach 1945 in Systemen mit schwachem nationalen Identitätsgefühl eine Art Ersatzidentität. In den ›fetten Jahren‹ konnte man sich den Luxus immobiler Züge des Föderalismus leisten. Sowie der Sozialstaat im Zeitalter leerer Kassen bedroht wird, haben viele Bürger in ethnisch homogenen Bundesstaaten mehr Interesse an der wirtschaftlichen Wohlfahrt als an den Institutionen, welche die regionale Identität bewahren helfen. Die Bürger akzeptieren dabei mehr Asymmetrie als in jener Ära, als die »Gleichwertigkeit der Lebensverhältnisse« von den Verfassungspatrioten wie eine Monstranz umher getragen wurde.

Die Akteure sind gespalten: die armen Territorien rufen nach einem Bonus für die Herstellung von Gleichheit, die reichen wollen keinen Malus mehr ertragen. Ihr Reichtum – so glauben sie – ist ja nicht gottgegeben, sondern durch gutes Wirtschaften erarbeitet. Das hindert reiche Länder wie Schweden im Zeitalter der Dezentralisation nicht, weiter mit Inbrunst ihre Nationalhymne über das »arme Schweden« (»*fattiga Sverige*«) zu singen.

Der *Föderalismus* erfuhr seit dem 1980er Jahren eine starke Ausweitung des Konzepts. Quasi-föderale Systeme wie Belgien und Spanien wurden unter den Begriff subsumiert. Föderalismus wurde nicht mehr nur deskriptiv als Institutionengebilde verstanden. Föderalismus wurde zum normativen Konzept und »*federation*« stand in der angelsächsischen Literatur oft für die deskriptive Seite jener 23 Bundesstaaten, die gegen Ende des 20. Jahrhunderts gezählt wurden.[42] Föderalismus wurde zum Oberbegriff für viele Unterbegriffe wie Föderationen, Konföderationen, assoziierte Staaten, Unionen, Ligen, Kondominium, Regionalisierung und verfassungsmäßig garantierte »home rule«. Während die jahrzehntelange Debatte um den »echten Parlamentarismus« (den britischen) und den »unechten Parlamentarismus« (den französischen) als unzulässiger Essentialismus[43] zu den Akten gelegt wurde, starb die Abgrenzung eines »echten Föderalismus« von einem »unechten Föderalismus« nicht aus.[44]

Die neun Minimalkriterien des echten Föderalismus sind durchaus akzeptabel, um Bundesstaaten von bloßen Devolutionsstaaten zu unterscheiden. Dennoch ist die »Echtheitsdebatte« seit *Wheare*[45] heute nicht mehr angebracht, und der Terminus sollte durch neutralere Bezeichnungen ersetzt werden. »Bloße Devolutionsstaaten« ist ein vielfach herabsetzender Terminus in der Literatur. Es sieht jedoch so aus, als ob *Devolution* bald zum Oberbegriff werden könnte; Vorboten sind Buchtitel wie: *Vom Föderalismus zur Devolution.*[46] Angesichts der Dezentralisierung von unitarischen Staaten und der Unitarisierung von föderalen Systemen könnte der Föderalismus irgendwann zum Sonderfall der Devolution werden.

Die wichtigste Konfliktschlichtung in einer zentrifugalen Gesellschaft ist *wirtschaftliche Effizienz.* »Opas Politikwissenschaft« wurde für tot erklärt. Der »paläo-institutionelle Ansatz«, der Formen des Regierens wie unveränderliche Spezies gewachsener Pflanzen in einer politologischen Botanisiertrommel sammelte, wurde aufgegeben. Bundesstaat oder Konföderation war eine der ältesten Dichotomien der Föderalismustheorie. Neuere Mischtypen wie Belgien kombinierten jedoch föderale und konföderale Elemente mit Relikten eines Einheitsstaates.[47]

Besonderheiten auf der Ebene von »*politics*« und »*polity*« werden zunehmend mit der Effizienz im Bereich der »*policies*« zusammen gesehen. *Polity* – das Verfassungssystem – und *politics*, das institutionelle Entscheidungssystem, sind nicht irrelevant geworden. Aber sie werden nach ihrem Nutzen für die Wohlfahrt der Bürger befragt. Diese schlägt sich in *policies*, im Entscheidungsoutput des Systems, nieder.

Der gesellschaftsbasierte Föderalismus geriet nicht zuletzt durch den Wohlfahrtsstaat in die Defensive. Zunehmend sind Zweifel an nachweisbaren eindeutigen Einflüssen föderaler Strukturen auf den *policy-output* laut geworden. Dass bundesstaatliche Strukturen solche Einflüsse haben, wird nicht bestritten. Aber der Föderalismus gilt allenfalls als »intervenierende Variable«. Es wird neuerdings eher die Gesamtheit der Konfiguration gewürdigt. Diese schließt das Regierungssystem (parlamentarisch, semipräsidentiell und präsidentiell) ein, sowie Verwaltungstraditionen und politische Ideologien, Interessengruppen und Parteiensysteme.

Die Kritik am *Konservatismus des Föderalismus* war auch nach dem Zweiten Weltkrieg noch nicht ausgestorben. In der Regel wird jedoch in der Literatur nicht mehr *Rikers*[48] Verdacht geteilt, dass die Entscheidungskosten in Bundesstaaten den kollektiven Nutzen übersteigen und dass der Föderalismus einen Bonus auf die »Tyrannei der Minderheit« setzt. Dennoch blieb es ein historisches Verdienst Rikers, darüber nachgedacht zu haben, wer jeweils der größte Nutznießer einer Föderation ist. Zu seiner Zeit schienen das die Weißen der Südstaaten in den USA, Québec in Kanada, die »*landlords*« der landwirtschaftlich unterentwickelten Gebiete in Indien, und in Deutschland der nicht-preußische Süden. Selbst für Australien, wo kein einzelner Nutznießer festgestellt wurde, schienen die Handelsinteressen am meisten zu profitieren, weil sie durch föderale Vetogruppenpolitik zentralen Regulierungen weitgehend ausweichen konnten. Die vergleichende Systemforschung zeigte freilich, dass die Kapitalinteressen dafür den Föderalismus nicht brauchen, ja dass er ihnen in der Kleinteiligkeit der Regulierungen eher lästig ist.

Ein Schüler Rikers wie *Mitra*[49] hat für Indien zeigen können, wie die Interessen sich seit Rikers wichtigem Buch auch verlagern können. Die »neuen Regionalisten« haben nicht mehr die gleichen Interessen wie einst die »alten Regionalisten«. Sie stellen nicht mehr eine agrarische Oligarchie dar, sondern sind hochmobile und gebildete urbane Kapitalisten.

Die Konfliktbewältigung geschieht in föderalen und dezentralisierten Demokratien auf unterschiedliche Weise. Die vergleichende Systemforschung hat die Einsicht entwickelt, dass föderalistische mit zentralisierten Regimen verglichen werden müssen. Die Dezentralisation und Devolution hat auch einst reine Zentralstaaten erfasst. Zwischen dem Typ der unitarischen Staaten, der unter »*fused hierarchy*« subsumiert wurde (Belgien, Frankreich, Italien, Niederlande, Spanien, Island, Griechenland), und dem Bundesstaatstyp der funktionalen Teilung in den überwiegend deutschsprachigen Ländern (Schweiz, Österreich, Deutschland) sind starke Ähnlichkeiten entdeckt worden. Die Differenzen liegen im Grad der Kooperation zwischen den territorialen Ebenen. In unitarischen Staaten behält die Zentralregierung die letzte Entscheidungskompetenz, in föderalen Systemen haben die Untereinheiten auf einigen Gebieten gleichen Status.[50]

Die Föderalismusforschung musste zur Kenntnis nehmen, dass auch nichtbundesstaatliche Systeme stark dezentralisiert sein können. Die alte Dichotomie: Unitarismus *versus* Föderalismus wird unscharf. Die Föderalismusliteratur hat sich ohnehin allzu lange auf »staatliche Gebilde« fixiert und die wachsende Bedeutung von Regionen und Gemeinden unterschätzt.[51] Vor allem Skandinavien hat diesen Weg in den letzten Jahren beschritten, der zu einem Untertyp »*split hierarchy*« unter den Zentralstaaten führte (Großbritannien, Irland, Neuseeland, skandinavische Staaten). Der Grundsatz: »Durch Bundesgesetz dürfen Gemeinden und Gemeindeverbänden Aufgaben nicht übertragen werden«, den die deutsche Föderalismusreform 2006 vorsah, war – wie es im Berlin-Deutsch meist heißt – »ein Schritt in die richtige Richtung« zur Entlastung der Kommunen. Das Strukturproblem, dass vielleicht eher die Gemeinden als die Länder gestärkt werden sollten, ist damit freilich noch nicht gelöst.

*IV. Herausforderungen des postmodernen Föderalismus* — Der *postmoderne Föderalismus* ist verschiedenen Herausforderungen ausgesetzt, welche die Asymmetrien verstärken.

*Erstens:* Die Asymmetrien werden durch ethnische Konflikte vorangetrieben, ohne den betroffenen ethnischen Gruppen ein Gefühl voller Zufriedenheit zu verschaffen. In der *rational-choice*-Literatur werden solche Konflikte meist ausgeklammert, vielleicht weil ethnische Identitätspolitik als *irrational choice* abgetan wird. Wenn man Spanien, Belgien, den Jura-Konflikt in der Schweiz oder das konfliktreiche Indien in der vergleichenden Analyse nicht berücksichtigt, lässt sich ein leidliches symmetrisches Design von Forschungsfragen herstellen.

Der Drang in der Europäischen Union, den Regionalismus auszubauen, wird gelegentlich so empfunden, als ob damit die Bundesländer an die Wand gedrängt werden sollten. Der herkömmliche Länder-Föderalismus erschien einigen Autoren[52] im Vergleich zum neuen Regionalismus bereits altertümlich und unflexibel. Wo etablierte Länder existieren, werden sie überwiegend wie Regionen auftreten können, wenn sie keine Übergröße (wie Nordrhein-Westfalen) oder Untergröße (wie das Saarland) aufweisen. Sie besitzen zudem mehr eingespieltes administratives Know-how als die vielfach künstlich geschaffenen Regionen in Frankreich oder Italien. In Belgien hingegen werden die sprachlich definierten Landesteile eifersüchtig darüber wachen, dass die Regionen innerhalb der ethnischen Landesteile kein allzu unkontrolliertes Leben führen.

Aber auch die regionalen Bäume werden nicht in den Himmel wachsen. Nicht in allen Regionen wird man das gleiche Regionalbewusstsein finden können. Man wird sich damit abfinden, dass Engländer, Kastilier und Andalusier und weite Regionen Italiens nicht das Regionalbewusstsein von Schotten, Basken oder Südtirolern entwickeln können. Nicht alle theoretisch möglichen Regionen fühlen sich als »Irredenta« und wollen von einem neuen *Design-Devolutions-Föderalismus* ›erlöst‹ werden. Das bedeutet, sich mit zunehmenden Asymmetrien im System abzufinden und flexibel auf die immer neuen Herausforderungen der Identitätspolitik zu reagieren. Selbst dort, wo das Regionalbewusstsein stark entwickelt ist, wie in Spanien, haben die ständigen Kompetenzzuwächse keine entsprechende Zufriedenheit der Regionalbürgerschaft erzeugt. Es kam zu einer »*blame avoidance*«: Mißerfolge regionaler Politik wurden wegen der angeblich mangelnden finanziellen Unterstützung durch den Nationalstaat auf diesen abgewälzt. Andererseits wurde bei großzügiger Unterstützung der »goldene Zügel« kritisiert, wenn der Nationalstaat für seine Subsidien die Verwendungsrichtlinien vorgab. In einigen Föderationen konnte es dazu kommen, dass die regionalen Einheiten die Angebote ausschlugen und »Verschiedenheit und Eigenverantwortung« für einen höheren Wert erklärten als »interregionale Gleichheit«. Was in Österreich die »Verländerung der Staatsausgaben« genannt wurde, konnte freilich ebenfalls Unzufriedenheit erzeugen, weil das Danaergeschenk nicht ausreichte, um die steigenden Kosten für den Sozialstaat zu decken.

*Zweitens:* Migration und Umschichtung schaffen neue Gruppen und Gemeinschaften, die keine territoriale Abgrenzung haben. Die Mobilität der Gesellschaften lässt selbst rechtlich abgesicherte Sprach- und Schulbezirksgrenzen wie in Belgien oder am Schweizer »Röstigraben« immer löcheriger werden. Die herkömmliche Theorie des Föderalismus hat die Territorialität von Machtbeziehungen unterstellt. Diese stammte jedoch aus dem absolutistischen Denken, gegen die alle wichtigen föderalistischen Theorien gerichtet waren. Erst für das 21. Jahrhundert wurde der »territoriale Imperativ« für überholt erklärt. Kanada schien ein Vorreiter einer konkordanzdemokratischen Gesellschaft mit parallelen Organisationen, die etwa bei den »*aborigines*« und zum Teil bei den frankophonen Kanadiern nicht mehr territorial organisiert waren.[53]

Auch in der europäischen *Implementationsforschung*[54] wurden ähnliche Gedanken entwickelt, wie sie sonst eher aus der ethnischen Identitätspolitik zu hören waren. Die Regionalismusforschung hat solche Aufweichungen nicht immer begrüßt und plädierte lieber für eine regionale Wiederbelebung des »politischen Raums«.[55] Für Territorialisten sind die Netzwerk-Phantasien einiger Theoretiker schon eine Art ›Eigentor‹, das *governance* erschwert.

Die *Personal-Autonomie*, die einst in Österreich-Ungarn angedacht wurde und Bürger unabhängig vom Wohnort zu Trägern bestimmter Rechte machen wollte, hat den Vorteil, universell anwendbar zu sein und keine neuen Herrschaftsstrukturen zu schaffen. Sie stößt auf zunehmendes Interesse der Experten[56] und wird vermutlich zur Lösung der Probleme auch von den politischen Akteuren wiederentdeckt werden, da die territoriale Parzellierung ethnischer und anderer Gruppenansprüche immer weniger gelingen kann. Die Schweiz, Belgien, Kanada, Russland oder Indien würden profitieren, wenn sie die territorialistische Sperre in den Köpfen gegen unorthodoxe Lösungen lockern könnten.

Die Migrationszentren in Europa und Amerika werden sich an solche Modelle ›heranlieben‹ müssen, weil ihre ethnischen Probleme nur noch in Stadtteilen mit türkischen Mehrheiten wie Berlin-Kreuzberg oder Hamburg-St. Georg – oder *downtown* Los Angeles, wo man schon Spanisch können muss – eine territoriale Komponente besitzen. Das Modell der Austromarxisten hätte zudem den Vorteil, dass es Länder mit unitarischen Traditionen, die sich noch an den Souveränitätsbegriff klammern, gewinnen könnte, weil das System gerade einen relativ unitarischen Staat voraussetzt. Niemals getestet wurde, wie eine individuelle personale Autonomie sich mit kollektiven territorialen Autonomien im Bundesstaat harmonisieren ließe. Ungeklärt bleibt auch das Problem der doppelten Loyalität, die sich in Doppelsprachigkeit oder ›doppelter Halbsprachlichkeit‹ niederschlägt, sodass sich die Kulturen nicht mehr säuberlich trennen lassen. Hier würde wohl die individuelle Option den Ausschlag geben müssen.

*Drittens:* Nachhutgefechte der Gleichheitsbefürworter konnten nicht verhindern, dass jede Zunahme des Wettbewerbs die Asymmetrie des Föderalismus verstärkt. Wettbewerbsföderalismus muss nicht nur mit Asymmetrien leben. Er setzt sie sogar voraus, um Anreizstrukturen für innovatives Verhalten zu entwickeln. Abweichungen vom klassischen dualen Föderalismus müssen zwar in Untertypologien benannt werden. Aber eine essentialistische Terminologie ist zu vermeiden. Sie kommt durch die Fahnenschwenker der Identitätspolitik noch früh genug in die Debatte und muss auch dort in die Schranken gewiesen werden.

Die Debatte um die *Föderalismusreform* in Deutschland zeigt jedoch einen aufschlussreichen Argumentationswandel: Gerade ökologische Gruppen verteidigten anfangs die regionale Asymmetrie gegen die Mehrheit. Kaum sollen die Länder weitere Kompetenzen bekommen, wird ein ökologischer Ausverkauf in den reichen Ländern befürchtet, die damit Investoren anlocken, und in den armen Ländern, die ohne Investoren ihre ökologische Nachhaltigkeitspolitik in der Region nicht mehr bezahlen können. Der Wettbewerb von armen und reichen Territorien macht die Harmonisierung von kultureller Vielfalt und nationaler Konfliktbewältigung zunehmend schwerer.

Der Traum von der *Symmetrie der regionalen Kräfte* ist immer neuen asymmetrischen Dynamiken ausgesetzt. Die Forderung nach sozialer Gerechtigkeit erzwingt periodisch territorialen Wandel. Die Balance zwischen den Interessen bei territorialen Konflikten ist deshalb schwer zu finden, weil alle Deklamation für das evolutionär progressive Element des Föderalismus nicht darüber hinwegtäuschen kann, dass auch prämoderne Solidarbestände akkommodiert werden müssen, die sich rationaler Erörterung nur schwer erschließen.[57]

Die Schweiz schien einst die ideale Akkommodation aller *cleavage*-Gruppen im System. Sie hat jedoch durch das Erfordernis einer »doppelten Mehrheit« im Zweikammersystem und die Konkurrenz von Verfassungsreferenden eingefrorene Strukturen erzeugt, welche die traditionalen Mehrheiten und nicht die Repräsentation neuer Minderheiten begünstigt. In der Regel gilt freilich: wenn Störungen der horizontalen und vertikalen Gleichgewichte in regional differenzierten Systemen zu stark werden, stellen politische Initiativen und Bewegungen ein Gleichgewicht wieder her. Der Traum aller *constitutional engineers* zielt auf ein nachhaltiges Gleichgewicht ab. Es gibt im Zeitalter der Postmoderne kein vollkommenes Gleichgewicht und keine Symmetrie. Trotzdem muss das System nicht gänzlich aus den Fugen geraten, solange der Rechtsstaat funktioniert, und dies gilt vor allem in den Ländern, in denen eine funktionierende Verfassungsgerichtsbarkeit besteht.

*Viertens: Parteiensysteme* waren in vielen Föderationen wie Deutschland, Österreich, Schweiz, Kanada, Australien oder USA eine wichtige Klammer des Zusammenhalts in Bundesstaaten. Selbst in Belgien, wo die Parteien voll regionalisiert sind, funktioniert die Koalitionsbildung noch leidlich – vermutlich, weil es sich um ein bipolares System handelt. Parteiensysteme wurden jedoch in vielen dezentralisierten Systemen zunehmend regionalisiert, wie in Kanada oder Spanien. Regionale Gruppierungen dienen als Zünglein an der Waage für die Koalitionsbildung auf nationaler Ebene. Der Devolutionsföderalismus mit seinen bilateralen *ad-hoc*-Konzessionen hat selbst die meisten Regionalparteien auf die Dauer eingebunden. Wie man in Kanada sagte: »Die separatistischen Hunde bellen lauter, als sie bereit sind zu beißen.«

Die Parteienforschung konnte zeigen, dass die Wähler zwar die Identitätsparteien bei schlechten wirtschaftlichen Entwicklungen weniger hart abstrafen als Parteien, die Schichten und soziale Interessen vertreten. Andererseits sind ethnische Identitätsparteien außer im regionalen Bereich allein nicht regierungsfähig. Sie haben in der Regel Konzessionen an die Verteilungspolitik der Koalitionspartner gemacht, die sich für ihre Erhaltung positiv auszahlten.

Das Parteiensystem ist selbst im unitarischen Bundesstaat Deutschlands bei einigen Wissenschaftlern schon zur Hoffnung geworden, weil es durch flexible Koalitionen die institutionellen Blockaden aufbricht und in den Politikfeldern »Bypässe« legt, um den »Entscheidungsinfarkt« zu vermeiden. Die Parteien als Klammer falsifizieren unaufhörlich Theorien von der Immobilität der Pfadabhängigkeit oder der Politikverflechtungsfalle.

*Fünftens:* Erst mit dem Absolutismus und später mit dem Nationalismus wurde die *Territorialität* zum beherrschenden Prinzip von Machtbeziehungen.[58] In der postmodernen Ära wurden die parallelen Möglichkeiten funktionaler und territorialer Identitätsbildung, wie sie in der Theorie des *Johannes Althusius* entwickelt worden ist, wiederentdeckt.

Die modernen Kommunikationstechnologien und die Macht der großen transnationalen Wirtschaftsunternehmen werden zunehmend für die Möglichkeit des postmodernen *consociationalism* angeführt, Macht in nicht-territorialen Formen zu organisieren. Einige öffentliche Güter sind nicht territorial gebunden und moderne Technologie ermöglicht eine Symbiose von territorialen und nicht-territorialen Machtbeziehungen. »Governance« ist in den kontinental-europäischen Sprachen rezipiert worden, um die Schlacken etatistisch-territorialer Beziehungen abzustreifen, und öffnet sich leichter dem neuen Paradigma als die herkömmlichen Staatsdoktrinen. Sowie der ältere Föderalismus jedoch die Grundlage der Territorialität vom Staatsdenken übernommen hatte, das er bekämpfte, haben postmoderne Regionalisten und vor allem ethnische Identitätspolitiker die Territorialität gegen die theoretische Möglichkeit verteidigt, alle interpersonalen Beziehungen in funktionale Netzwerke aufzulösen.

Die zunehmende Asymmetrisierung des Föderalismus durch Identitätspolitik kleinerer Einheiten hat Abwehrstrategien herausgefordert.

*Erstens:* Ein Gegenmittel schien der *kooperative Föderalismus* zur Koordination gemeinsamer Anliegen. In vielen Bundesstaaten förderte er die Zentralisierung, weil der Nationalstaat für viele kooperative und konsultative Gremien die Federführung übernahm. Es wurde in Deutschland vielfach bedauert, dass Adenauer und die Gründergeneration im Parlamentarischen Rat für den Föderalismus nicht viel übrig hatten und dass sie erst später – vor allem in der EU – das Bekenntnis zum Föderalismus wie eine Monstranz vor sich her getragen hätten.[59] Die Entdeckung der »Pfadabhängigkeit« hatte das Verdienst, die historische Dimension in der Föderalismusforschung wiederzuentdecken. Sie war jedoch in Gefahr, aufgrund von *ex-post-facto*-Urteilen selbst ahistorisch zu werden. Die Entdeckung der Pfadabhängigkeit führte zur Entlarvung von unitarischen ›Geburtsfehlern‹ des deutschen Föderalismus.

Ist es aber historisch realistisch anzunehmen, *Bismarck* hätte 1871 einen ›echteren‹ Föderalismus schaffen können? Die Konsequenz wäre gewesen, das sich als Sieger fühlende Preußen aufzulösen. Ein preußischer König, der schon die Kaiserkrone nur widerwillig annahm, hätte das monarchische Prinzip mit Füßen treten und die Bundesratsrepräsentation der Fürsten, die ihm zum Teil halbherzig in den Krieg gegen Frankreich gefolgt waren, nicht erstehen lassen. Selbst der sehr viel liberalere Nationsbildner *Cavour* hat in Italien keinen Föderalismus angestrebt, für den der bekannteste Theoretiker der Einigung, *Giuseppe Mazzini*, durchaus die ›Blaupause‹ im Geiste Proudhons anzubieten hatte.[60]

In Zeiten der Krise nach 1918 und 1949, als die politischen Kräfte gebündelt werden mussten, schien die *Unitarisierung* als eine lässliche, wenn nicht gar unerlässliche Sünde. Die Schrumpfung des Territoriums führte zu einem Zusammenrücken der Restbevölkerung. Nach dem Ende der ›fetten Jahre‹ und einer schleichenden wirtschaftlichen Stagnation wäre das klare Bekenntnis zur Unitarisierung wahrscheinlich sinnvoller, als das erneute Vorsichhertragen der Monstranz des Föderalismus.

Dass *Ladenschluss*-Gesetze dezentralisiert werden können, ohne den Kern des Verbundföderalismus in Frage zu stellen, ist einsichtig. Aber es gibt wichtigere Entscheidungen. Man kann nicht unaufhörlich über den Niedergang von Wissenschaft und Bildung jammern und zugleich hoffen, dass weitere Kompetenzübertragungen an die Länder dort überall »clusters of excellency« schaffen werden.

Geburtsfehler kann man ab einem gewissen Alter nicht mehr korrigieren, stellte *Lehmbruch* fest. Vielleicht sollte man sich zu ihnen bekennen und mit ihnen leben lernen. Österreichs Unitarisierung ist dem Land seit 1990 besser bekommen, als Deutschland seine Halbherzigkeit zwischen Föderalismus und Unitarisierung. Neuere Analysen scheinen zu dieser Konzession bereit: »Die Defizite, die aus der Politikverflechtung resultieren, werden überschätzt«.[61]

Blockierte Systeme öffnen sich erfahrungsgemäß nur unter Problemdruck. Die deutsche Einigung hat diesen vorübergehend geschaffen, und dabei hat die Politikverflechtung sich als überraschend handlungsfähig erwiesen, schon weil die Länder sich von kostenreichen Engagements in den neuen Bundesländern gern dispensieren ließen.

Wo eine Tendenz zum »unitarischen Bundesstaat« dominierte, hat diese Kooperation zu Verfilzung und zu Blockaden geführt. Das Beispiel Deutschland zeigt, dass die Politikverflechtung, einst als »Stein der Weisen« gepriesen, auch wieder in Verruf geraten kann. »Marmorkuchen statt Schichttorte« hatte das Problem auf der symbolischen Konditorebene nicht lösen können. Stetigkeit und Verlässlichkeit schienen in Boom-Zeiten die Tugenden der Verflechtung, in Zeiten der Krise hingegen entdeckte man den *Immobilismus*, in den sich das System manövriert hatte.

In nicht voraussehbaren Wellen der Globalisierung – verstärkt durch das Ende des Ost-West-Konflikts und durch die Europäische Währungsunion – wurde dieses System zum Hemmschuh.[62] Die zugrunde liegende Kooperationsideologie der Ebenen wird man jedoch auch durch eine mit ›heißer Nadel‹ gestrickte Föderalismusreform nicht aus der Welt schaffen. Entscheidende Reformen im Bereich von Wirtschaft und Arbeitsbeziehungen waren zwischen Bund und Ländern weniger umstritten als zwischen den Vetospielern im Parteiensystem. Alle diese Faktoren lassen vermuten, dass ein ›grand design‹ weniger wirksam ist als *ad hoc*-Entscheidungen im zunehmend asymmetrischer entwickelten Föderalismus.

Der duale Föderalismus der klassischen Bundesstaaten spukt immer wieder durch die Reformliteratur. Aber selbst in den USA wurde der duale Föderalismus in der Finanzverfassung nicht strikt gehandhabt. Kooperative Verflechtungen entwickelten sich aber *ad hoc* auf freiwilliger Basis und können jederzeit revidiert werden. Flexibilisierung der Kooperationsformen wird vermutlich an die Stelle des Traums vom Dualismus aus einem Guss treten.

Die *Föderalismusreform* des Jahres 2006 brachte einige Entflechtung, aber keinen Durchbruch zu einem strikt dualistischen Konzept der Bundesstaatlichkeit. Die dualistischen Gegenmodelle der Urföderationen, USA und Schweiz, entpuppten sich bei genauer Analyse auch schon als kooperative Mischformen. In der römisch-rechtlichen Tradition der Schweiz erschallen Kritik an der Entwicklung in Richtung Bundesrepublik und der Ruf nach rechtlichen Rahmenbedingungen, um den Wildwuchs der Kooperation einzudämmen. In der *common law*-Tradition Nordamerikas war man hingegen eher geneigt, solche Kooperation dem schöpferischen Halbdunkel der Politik zu überlassen.

Dezentralisierung ist sektoral weiterhin angebracht. Aber vielleicht sollte man sich dabei eher auf die Verlierer aller Glaubenskriege um den Föderalismus besinnen: die Kommunen. Es scheint zunehmend so, dass sie bei Dezentralisierungen von Einheitsstaaten am besten fahren.

Solche Ansichten werden eher dem Deutschen Städtetag als der Bayerischen Landeszentrale für Politische Bildung oder der Hanns-Seidel-Stiftung gefallen. Aber es gibt einen Trost: unitarische Zurufe aus der Wissenschaft bleiben vermutlich einflusslos. Etablierte Länderinteressen werden eher Dezentralisierungsschübe dankbar aufgreifen als Zentralisierungstendenzen mittragen.

Es gibt jedoch auch Stimmen, die nicht nur die Neuordnungsdebatte, sondern auch die Diskussion um die Kompetenzverteilung im internationalen Vergleich übertrieben finden. In der Tat: wenn wir eifrig diskutieren, ob Bremen oder das Saarland im Namen der Effizienz als Bundesländer verschwinden müssten, würde niemand auf die Idee kommen, Zwergstaaten wie Glarus in der Schweiz oder Connecticut in den USA zu degradieren. Der Parteienstaat, der einst als Widerpart der föderalistischen Logik[63] angesehen wurde, hat nun sogar Hoffnungen erweckt. Die Pluralisierung des deutschen Parteiensystems könnte die Flexibilisierung des Föderalismus bewirken.[64]

*Zweitens:* Die *Verfassungsgerichtsbarkeit* wurde in vielen Reföderalisierungs- und Devolutionsprozessen zum effektiven Mittel der Konfliktschlichtung. Geradezu unerlässlich wurde sie bei der Durchsetzung der Rechte der Ureinwohner (*aborigines*) in Nordamerika oder Australien. Ein Aspekt der Identitätspolitik ist das, was in den USA »*morality policies*« genannt wurde, eine Anerkennungspolitik zugunsten unterprivilegierter Gruppen, territorialen wie nicht-territorialen Zuschnitts. Die Umweltpolitik hat sich der »*morality policy*« angenähert. Harte Standards, vom Bund verordnet, drohen Staaten und Gemeinden harte finanzielle Folgelasten aufzubürden.

Der Inhalt einzelner Entscheidungen erscheint weniger wichtig als die Funktion der Schaffung von Transparenz in den Spielregeln des Systems – eine Funktion, die vom Rationalismus der Vetospieltheoretiker vernachlässigt wurde, weil sie glaubten, der Eigennutz der einzelnen Akteure sei das Rationalitätskriterium. Dieses bleibt jedoch individualistisch.

*Identitätspolitik* greift vielfach zu dem Trick, Kollektivrechte unter dem Vorwand des Einklagens individueller Menschenrechte zu fördern. Aber auch bei einer strikt individualistischen Grundrechtsjudikatur entwickelt sich ein kollektiver Minimalkonsens über Spielregeln im föderalen System, der durch *judicial review* gestärkt wird. Den Verfassungsgerichten in Bundesstaaten wird vielfach eine unitarisierende Wirkung vorgeworfen. Urteile zur Rechtswahrung wirkten teils zentralisierend, teils föderalisierend. Die Wirkungen sind weniger eindeutig als bei den Medien, welche mehr Aufmerksamkeit auf die Entscheidungen im Zentralstaat lenken, als dass sie sich für die Politik der föderalen Untereinheiten interessierten.

*Drittens:* In den 90er Jahren kam es in einigen Bundesstaaten zu einer Dezentralisierung der fiskalischen Beziehungen. *Efficiency* schien wichtiger als *equity*. Aber nach der Jahrtausendwende kam es zu erneuten Zentralisierungsbestrebungen, als der neo-liberale Trend zu viele soziale Kosten hinterließ und wieder Interventionen der Zentren zur Stützung der Sozialprogramme in den Gliedstaaten herausforderte. Die permanente Kontroverse von *equity* und *efficiency* erwies sich vor allem in Nordamerika als abhängig von wirtschaftlichen Zyklen.

In Zeiten des Booms werden Gesichtspunkte von Gleichheit und Gerechtigkeit unter den Territorien erfahrungsgemäß wieder stärker. Aber – wie so treffend bemerkt wurde[65] – »Keine Regierung wird die Gans der Effizienz schlachten wollen, welche die goldenen Eier eines nachhaltigen wirtschaftlichen Aufschwungs gelegt hat.« Die Gezeiten der Dezentralisierungen und Re-Zentralisierungen treten zur Milderung von Asymmetrien im föderalen Systemen auf, wenn auch in schwer berechenbaren unregelmäßigen Intervallen. Kein *grand design* des Föderalismus hat sie jedoch bisher verhindern können.

*Viertens:* Symmetrie im Föderalismus schien einst eine Forderung der kleineren und schwächeren Einheiten. Angesichts der Privilegien, welche die Asymmetrisierung des Föderalismus für die ethnischen Sonderheiten schuf, gibt es in einigen Devolutionssystemen und Bundesstaaten, wie Spanien oder Kanada, auch die Gegenbewegung der größeren Einheiten, die mehr Symmetrie wiederherstellen möchten.

Die gegenwärtige Asymmetrisierung des Föderalismus im Zeitalter der Globalisierung der Ökonomie und der Re-Ethnisierung mancher Staaten muss daher nicht das letzte Wort der Geschichte bleiben. Immer neue Formen der Identitätspolitik sorgen für Unruhe im System und verhindern, dass die Statik des herkömmlichen Föderalismus zum langweiligsten Forschungsgegenstand der Politikwissenschaft wird. Bei den Institutionen wird – wie bei Kulturprodukten – der Traum von der unbefristeten Beständigkeit geträumt. »Aber dem Kulturwert der Dauer, dem ›dur désir de durer‹ (*Paul Éluard*), korrespondiert in ironischer Spiegelung der ökologische Wert des Verfalls«.[66]

Dennoch kann auch ›postmoderne Wurstigkeit‹ gegenüber dem Wunsch nach Dauer im Bereich der Institutionen nicht die gleiche »Lust am vergänglichen Müll« produzieren, wie in der neuesten Kunst eines *Ilya Kabakow*. Es bleiben einige unverzichtbare Minimalkriterien der Demokratie und des Föderalismus, die zu verteidigen sind, und dazu gehört die Mehrheitsregel. Diese wird heute im Nationalstaat kaum noch durch die Theorie der »*concurrent majorities*« à la Calhoun bedroht, die einst im Sezessionskrieg der Südstaaten in Amerika einflussreich war. Die Mehrheitsregel wird eher latent dadurch relativiert, dass bestimmte – oft ethnische – Minderheiten nachhaltiger etwas beanspruchen, was die nationale Mehrheit eher kühl lässt. Die Demokratie kann nicht durch ein Pluralstimmrecht ausgehebelt werden. Aber soziale Bewegungen immer neuer Protestgruppen sorgen dafür, dass die aktivsten Akteure mehr bekommen als die schweigende Mehrheit.

Eine Nachkriegsentwicklung wurde als Bewegung vom »*statism*« zum »Föderalismus« bezeichnet. In der Postmoderne hatte sich der Föderalismus an den »*post-statism*« anzupassen.[67] Dennoch ist der »*statism*« nicht das letzte Wort in der Föderalismusanalyse. Funktionale Imperative stimmen heute den Analytiker milder gegenüber Irregularitäten und Asymmetrien im Patchwork territorialer Politik. Die Europäische Union wird bereits mit dem Begriff »*treaty federalism*« bedacht, der aus der Sphäre der kanadischen Indianer-Rechte stammt[68] und vor allem dem Schutz von Rechten der Bürger dient.

Nicht-territorialer Föderalismus ist eine Vision im Zeitalter der Globalisierung, die die Souveränitätsdebatten obsolet werden lässt, die auch viele Föderalismustheorien beherrscht haben. Ein symmetrischer Föderalismus – nur von einigen Pfadabhängigkeiten historisch beeinträchtigt –, der sich in jedes *rational-choice*-Forschungsdesign einfügt, ist ein Traum – und nicht einmal ein schöner!

1   Vgl. M. Singer: Fremd. Bestimmung. Zur kulturellen Verortung von Identität. Tübingen 1997, S. 38 ff.
2   Zit. nach Th. Meyer: Identitätspolitik. Vom Mißbrauch kultureller Unterschiede. Frankfurt/Main 2002, S. 71.
3   Vgl. Fraser in: N. Fraser / A. Honneth: Umverteilung oder Anerkennung? Eine politisch-philosophische Kontroverse. Frankfurt/Main 2003, S. 231.
4   Vgl. Ch. Taylor: Was ist die Quelle kollektiver Identität? In: N. Dewandre / J. Lenoble (Hg.): Projekt Europa. Postnationale Identität: Grundlage für eine europäische Demokratie? Berlin 1994, S. 46.
5   Vgl. B. Westle: Traditionalismus, Verfassungspatriotismus und Postnationalismus im vereinigten Deutschland. In: O. Niedermayer / K. von Beyme (Hg.): Politische Kultur in Ost- und Westdeutschland. Opladen 1996, S. 64.

6   Vgl. Lenoble in: N. Dewandre / J. Lenoble (Hg.): Projekt Europa (Anm. 4), S. 184.
7   Vgl. S. Benhabib: Kulturelle Vielfalt und demokratische Gleichheit. Politische Partizipation im Zeitalter der Globalisierung. Frankfurt/Main 1999, S. 52.
8   Vgl. R. Brubaker: Nationalism Reframed. Nationhood and the national question in the New Europe. Cambridge 1996, S. 16 ff. sowie R. Brubaker: Ethnicity without Groups. Cambridge / Mass. 2004, S. 11 ff.
9   Vgl. A. Seliaas: Reframing Nationalism Reframed – the quadruple nexus. Working Paper. Oslo 2005, S. 3.
10  Vgl. C. Calhoun: Critical Social Theory. Culture, History, and the Challenge of Difference. Oxford 1995, S. 202.
11  Vgl. P. A. Kraus: Europäische Öffentlichkeit und Sprachpolitik. Frankfurt/Main 2004, S. 187.
12  Vgl. S. Benhabib: Kulturelle Vielfalt (Anm. 7), S. 25.
13  Vgl. E. Gellner: Reason and Culture. Oxford 1992, S. 178.
14  Vgl. Edward F. Haskell: Lance: A Novel About Multicultural Men. New York 1941.
15  Vgl. A. Mintzel: Multikulturelle Gesellschaften in Europa und Nordamerika. Passau 1997, S. 25.
16  Vgl. C. Hatvany: Demokratie in multinationalen Staaten. Grundlagen und Bausteine für ein normatives Konzept politischer Inklusion und seine Anwendbarkeit in den heterogenen Staaten Osteuropas. Heidelberg, Mag. Diss. 2004, S. 106.
17  Vgl. W. Kymlicka: Politics in the Vernacular: Multiculturalism and Citizenship. Oxford 2001, S. 21.
18  Vgl. M. Keating / J. Loughlin: The Political Economy of Regionalism. London 1997, S. 40.
19  Vgl. D. C. Umbach: Föderalismus und Regionalismus. In: U. Männle (Hg.): Föderalismus zwischen Konsens und Konkurrenz. Baden-Baden 1998, S. 111.
20  Vgl. D. Gerdes (Hg.): Aufstand der Provinz. Regionalismus in Westeuropa. Frankfurt/Main 1980, S. 206 ff.
21  Vgl. M. Hechter: Internal Colonialism: The Celtic Fringe in British National Development, 1536-1966. Berkeley 1975.
22  Vgl. R. Sturm: Nationalismus in Schottland und Wales. Bochum 1981, S. 165 ff.
23  Vgl. R. Inglehart: The Silent Revolution. Changing Values and Political Styles Among Western Publics. Princeton 1977.
24  Vgl. D. Gerdes: Regionalismus als soziale Bewegung. Westeuropa, Frankreich, Korsika. Vom Vergleich zur Kontextanalyse. Frankfurt/Main 1985, S. 95.
25  Vgl. H. Abromeit: Der verkappte Einheitsstaat. Opladen 1992, S. 15.
26  Eurobarometer. Umfrage im Auftrag der Europäischen Kommission. 45 (1996), S. 88 f. sowie 42 (1995), S. 67, 69).
27  Eurobarometer (Anm. 26) 45 (1996), S. 88 f.
28  Vgl. L. Moreno: The Federalization of Spain. London 2001, S. 25, 60, 68f, 115.
29  Vgl. F. Plasser / P. A. Ulram: Regionale Mentalitätsdifferenzen in Österreich. In: H. Dachs (Hg.): Der Bund und die Länder. Über Dominanz, Kooperation und Konflikte im österreichischen Bundesstaat. Wien 2003, S. 433, 438.
30  Vgl. F. W. Scharpf: Entwicklungslinien des bundesdeutschen Föderalismus. In: B. Blanke / H. Wollmann (Hg.): Die alte Bundesrepublik. Kontinuität und Wandel. Opladen 1991, S. 146.
31  Vgl. P. Le Galès: Regional Economic Policies: An Alternative to French Economic Dirigisme? In: Regional Politics and Policy. Jg. 4 (1994) Nr. 3, S. 72-91.
32  Vgl. J. Dieringer / R. Sturm: Gesellschaftliche Regionalisierung? Zur Nachhaltigkeit EU-induzierter Dezentralisierungsprozesse in Mittel- und Osteuropa. In: Jahrbuch des Föderalismus 2005. Baden-Baden 2005, S. 50-70.
33  Vgl. J. Dieringer / R. Sturm: Gesellschaftliche Regionalisierung? (Anm. 32) sowie R. Sturm / J. Dieringer: Theoretische Perspektiven der Europäisierung von Regionen im Ost-West Vergleich. In: Jahrbuch des Föderalismus 2004. Baden-Baden 2004, 21-35.
34  Vgl. N. Glazer: Affirmative Discrimination: Ethnic Inequality and Public Policy. New York 1975, S. 221.
35  Vgl. W. Kymlicka: Multicultural Citizenship. Liberal Theory of Minority Rights. Oxford 1995, S. 4.
36  New York Times vom 29. Mai 2006, S. E 3.

37  Vgl. F. Hampson / J. Reppy (Hg.): Earthly Goods: Environmental Change and Social Justice. Ithaca 1996, S. 154 ff., 122 ff.

38  Vgl. M. Keating / J. Loughlin: The Political Economy of Regionalism. (Anm. 18), S. 20.

39  Vgl. N. Luhmann: Weltgesellschaft (zuerst 1971). In: Ders.: Soziologische Aufklärung 2. Opladen 1975, S. 51-71.

40  Vgl. J. Habermas: Können komplexe Gesellschaften eine vernünftige Identität ausbilden? In: Ders.: Zur Rekonstruktion des Historischen Materialismus. Frankfurt 1976, S. 111.

41  Vgl. R. Burger: Die falsche Wärme der Kultur. Fußnote zu einem neuen Bedürfnis. In: Informationen zur politischen Bildung. Nr. 3/1992, S. 11.

42  Vgl. R. L. Watts: Federalism, Federal Political Systems, and Federations. In: Annual Review of Political Science. I (1998), S. 121.

43  Vgl. K. von Beyme: Die Parlamentarischen Regierungssysteme in Europa. 3. Aufl., München 1973, sowie ders.: Die parlamentarische Demokratie. Entstehung und Funktionsweise. Opladen u. Wiesbaden, 1999, S. 314.

44  Vgl. H. Abromeit: Der verkappte Einheitsstaat. (Anm. 25), S. 14 f.

45  Vgl. K. C. Wheare: Federal Government (zuerst 1946). 4. Aufl., London 1963.

46  Vgl. T. Conlan: From New Federalism to Devolution. Twenty-Five Years of Intergovernmental Reform. Washington D.C. 1998.

47  Vgl. A. Alen: Der Föderalstaat Belgien: Nationalismus – Föderalismus – Demokratie. Baden-Baden 1995, S. 46.

48  Vgl. W. Riker: Federalism. Origin, Operation, Significance. Boston 1964, S. 145, 153.

49  Vgl. S. K. Mitra: The nation, state and the federal process in India. In: U. Wachendorfer-Schmidt (Hg): Federalism and Political Performance. London 2000, S. 51.

50  Vgl. D. Braun (Hg.): Public Policy and Federalism. Aldershot 2000, S. 34f, 45.

51  Vgl. A. Benz: Föderalismus als dynamisches System. Opladen 1985, S. 7.

52  Vgl. D. C. Umbach: Föderalismus und Regionalismus (Anm. 19), S. 11.

53  Vgl. D. J. Elkins: Beyond Sovereignty: Territory and Political Economy in the Twenty-First Century. Toronto 1995, S. 13, 166.

54  Vgl. B. Marin / R. Mayntz (Hg.): Policy Networks: empirical evidence and theoretical considerations. Frankfurt/Main u. Boulder/Col. 1991.

55  Vgl. M. Keating/ J. Loughlin: The Political Economy of Regionalism (Anm. 18), S. 11.

56  Vgl. J. A. Frowein u.a. (Hg.): Das Minderheitenrecht europäischer Staaten. Berlin 1994, Teil 2, S. 534.

57  Vgl. T. Evers (Hg.): Chancen des Föderalismus in Deutschland und Europa. Baden-Baden 1994, S. 64.

58  Vgl. D. J. Elkins: Beyond Sovereignty (Anm. 53), S. 260.

59  Vgl. G. Lehmbruch: Der unitarische Bundesstaat in Deutschland: Pfadabhängigkeit und Wandel. In: A. Benz / G. Lehmbruch (Hg.): Föderalismus. Analysen in entwicklungs-geschichtlicher und vergleichender Perspektive (PVS-Sonderheft 32, 2001). Wiesbaden 2002, S. 54.

60  Vgl. K. von Beyme: Politische Theorien im Zeitalter der Ideologien 1789-1945. Wiesbaden 2002, S. 247 ff.

61  Vgl. G. Lehmbruch: Der unitarische Bundesstaat in Deutschland (Anm. 59), S. 392.

62  Vgl. F. W. Scharpf: Der deutsche Föderalismus – reformbedürftig und reformierbar? MPIfG Working Paper 04. Köln 2004, S. 2.

63  Vgl. G. Lehmbruch: Parteienwettbewerb im Bundesstaat. Regelsysteme und Spannungslagen im Institutionengefüge der Bundesrepublik Deutschland. Opladen 1998.

64  Vgl. E. Grande: Parteiensystem und Föderalismus. Institutionelle Strukturmuster und politische Dynamiken im internationalen   Vergleich. In: A. Benz / G. Lehmbruch (Hg.): Föderalismus (Anm. 59), S. 209.

65  Vgl. D. M. Brown: Fiscal Federalism: The New Equilibrium between Equity and Efficiency. In: H. Bakvis / G. Skogstad (Hg.): Canadian Federalism. Oxford 2002, S. 97.

66  Vgl. A. Assmann: Erinnerungsräume. Formen und Wandlungen des kulturellen Gedächtnisses. München, 1999, S. 348.

67  Vgl. R. L. Watts: Daniel J. Elazar: Comparative Federalism and Post-Statism. In: Publius, Jg. 30 (2000) Nr. 4, S. 4.

68  Vgl. Th. O. Hueglin: From Constitutional to Treaty Federalism: A Comparative Perspective. In: Publius, Jg. 30 (2000), Nr.4, S. 141.

# Referentinnen und Referenten, Autorinnen und Autoren

● **Europa quo vadis? – Regierbarkeit, Demokratie und Friedensfähigkeit der EU. Statements und Diskussion am 22. Februar 2005**

*Gesine Schwan* – Präsidentin der Europa-Universität Viadrina Frankfurt (Oder) seit 1999; Politikwissenschaftlerin – Geb. 1943, Studium der Romanistik, Geschichte, Philosophie und Politikwissenschaft in Berlin und Freiburg/Breisgau. Promotion 1970, Habilitation 1975, 1971 Assistenz-Professorin am FB Politische Wissenschaft der FU Berlin, seit 1977 dort Professorin für Politikwissenschaft. 1977-1984 und erneut seit 1996 Mitglied der Grundwertekommission beim Parteivorstand der SPD; 1985-1987 Vorsitzende der Deutschen Gesellschaft für Politikwissenschaft. Herausgeberin u.a. der Zeitschrift für Politikwissenschaft ab 1996. Forschungsthematik: Demokratietheorien, Politische Philosophie und Politische Kultur – Anschrift: Europa-Universität Viadrina, Große Scharrnstraße 59, 15230 Frankfurt (Oder).

*Volker Rittberger* – Vorsitzender des geschäftsführenden Stiftungsvorstands und des Stiftungsrates der Deutschen Stiftung Friedensforschung seit 2003; Politikwissenschaftler – Geb. 1941, Jura- und Politikwissenschaftsstudium in Freiburg und Genf, 1972 Promotion (PhD) an der Stanford University (USA). 1971 Wiss. Mitarbeiter der Hessischen Stiftung Friedens- und Konfliktforschung. Seit 1973 Professor für Politikwissenschaft, Schwerpunkt Internationale Beziehungen / Friedens- und Konfliktforschung, an der Universität Tübingen. Langjährig beratend tätig für das Auswärtige Amt, die Hessische Stiftung Friedens- und Konfliktforschung, den Projektverbund Friedens- und Konfliktforschung in Niedersachsen und das Bundesministerium für Bildung und Forschung – Anschrift: Eberhard Karls Universität Tübingen, Institut für Politikwissenschaft, Melanchthonstr. 36, 72074 Tübingen.

● **Kulturelle Vielfalt – Grenzen der Duldsamkeit? Statements und Diskussion am 26. April 2005**

*Manfred Lahnstein* – Politiker, Manager, Unternehmensberater – Geb. 1937; Studium in Köln, Bildungsreferent und 1965-1967 Sekretär beim Europäischen Gewerkschaftsbund in Brüssel. 1967-1973 Kabinettchef bei der EG-Kommission. 1973-1982 in Bundeskanzleramt und Bundesfinanzministerium tätig; 1982 Bundesminister der Finanzen im Kabinett Helmut Schmidt. 1983-1994 Vorstandsmitglied der Bertelsmann AG, 1994-1998 dort Mitglied des Aufsichtsrates und seit 1998 Sonderbeauftragter des Vorstands. 1994 Gründung der Beratungsgesellschaft Lahnstein & Partner. Seit 1996 Professor für Kultur- und Medienmanagement an der Hochschule für Musik und Theater Hamburg. Lahnstein ist Präsident der Deutsch-Israelischen Gesellschaft, Vorsitzender im Board of Governors der Universität Haifa und Vorsitzender des Kuratoriums der ZEIT-Stiftung – Anschrift: Herrengraben 3, 20459 Hamburg.

*Ernst Gottfried Mahrenholz* – Verfassungsrechtler, Hochschullehrer – Geb. 1929 in Göttingen, Studium der Theologie und der Psychologie, dann der Rechtswissenschaften; Promotion. Nach Stationen in der niedersächsischen Kommunal- und Landesverwaltung 1965-1970 Direktor des NDR-Funkhauses Hannover. 1970-1974 Staatssekretär und Chef der Niedersächsischen Staatskanzlei, 1974-1976 Niedersächsischer Kultusminister, 1976-1981 Abgeordneter des Niedersächsischen Landtages, 1981-1994 Richter am Bundesverfassungsgericht, ab 1987 dessen Vizepräsident. Seit 1991 Professor an der Universität Frankfurt/Main. Seit 1994 Rechtsanwalt für die Fachgebiete Rundfunk- und Presserecht sowie Verfassungsrecht in Karlsruhe. Mahrenholz ist Präsident der Deutsch-Israelischen Juristenvereinigung – Anschrift: Steinhäuserstraße 17, 76135 Karlsruhe.

● **Gesundheit: Ware oder öffentliches Gut? Statements und Diskussion am 31. Mai 2005**

*Ellis Huber* – Mediziner, Gesundheitspolitiker, Vorstand der Securvita-Krankenversicherung, Hamburg – Geb. 1949, Studium der Geschichte, Germanistik und der Humanmedizin in Freiburg, 1981-1992 Gesundheitsdezernent in den Bezirken Wilmersdorf und Kreuzberg in Berlin. 1986-1992 Abteilungsleiter beim Paritätischen Wohlfahrtsverband, Landesverband Berlin, 1987-1999 Präsident der Berliner Ärztekammer. Seit 1999 Geschäftsführer der Securvita GmbH, seit 2001 Vorstand der Securvita BKK. Vorsitz im Berliner Bündnis für ein soziales Gesundheitswesen e.V. – Anschrift: Burchardstr. 17, 20095 Hamburg.

*Karl W. Lauterbach* – Prof. Dr. med. Dr. Sc. (Harvard); Direktor des Instituts für Gesundheitsökonomie und Klinische Epidemiologie (IGKE) der Universität zu Köln, seit 2005 Mitglied des Bundestages – Geb. 1963; Studium der Humanmedizin in Aachen, Düsseldorf und USA sowie von ›Health Policy and Management‹ und Epidemiologie an der Harvard School of Public Health. Lehrtätigkeit in Harvard und Boston. Forschungsschwerpunkte: Gesundheitspolitik, Prävention chronischer Krankheiten und Medizinethik. Mitglied des Sachverständigenrates für die Konzertierte Aktion im Gesundheitswesen (seit 1999), Mitglied der Kommission für die Nachhaltigkeit in der Finanzierung der Sozialen Sicherungssysteme (»Rürup-Kommission«) seit 2002 – Anschrift: Deutscher Bundestag, Platz der Republik 1, 11011 Berlin.

● **Wie gehen wir mit dem Fundamentalismus um? Statements und Diskussion am 7. Juli 2005**

*Karl Kardinal Lehmann* – Prof. Dr. theol., Bischof von Mainz, Vorsitzender der Deutschen Bischofskonferenz – Geb. 1936, 1956-1964 Studium der Philosophie und der Theologie in Freiburg und Rom, 1964-1967 Assistent an den Universitäten München und Münster, 1968 Berufung auf den Lehrstuhl für katholische Dogmatik und Theologische Propädeutik in Mainz, 1971 Professor für Dogmatik und Ökumenische Theologie in Freiburg/Breisgau. 1983 Wahl zum Bischof von Mainz, 1987 Wahl zum Vorsitzenden der Deutschen Bischofskonferenz, Wiederwahl 1992 und 1999, daneben vielfältiges Engagement in Kirche, Wissenschaft und Gesellschaft – Anschrift: Bistum Mainz, Bischofsplatz 2a, 55116 Mainz.

*Nadeem Elyas* – Vorsitzender des Zentralrates der Muslime in Deutschland (ZDM) (1995-2005) und langjähriger Sprecher des Vorgremiums Islamischer Arbeitskreis in Deutschland, Dr. med. – Geb. 1945 in Mekka / Saudi Arabien; seit 1964 in Deutschland lebend, Medizinstudium in Frankfurt/Main, Facharztausbildung in Frauenheilkunde, Geburtshilfe und Zytologie in Bad Soden, Krefeld und Aachen, Parallelstudien in Islamwissenschaften. Breites Engagement in Institutionen und Einrichtungen gegen Rassismus und zur Verständigung zwischen den Religionen, u.a. als Mitglied des Interkulturellen Rates in Deutschland – Anschrift: Postfach 1224, 52232 Eschweiler.

● **Europa sieht Deutschland: Die baltische Perspektive. Festvortrag zum Tag der Deutschen Einheit am 3. Oktober 2005**

*Mart Laar* – Ministerpräsident Estlands 1992-1994 und 1999-2002, Historiker und Pädagoge – Geb. 1960 in Viljandi / Estland, Studium an der Universität von Tartu, tätig als Lehrer, Parlamentarier und im estnischen Kulturministerium als Leiter einer Abteilung für historisches Gedenken. Als estnischer Premierminister begann Laar 1992 radikale und marktorientierte Reformen. Der »Vater des estnischen Wirtschaftswunders« erhielt verschiedene Auszeichnungen. Heute ist er Abgeordneter des estnischen Parlaments Riigikogu (Reichstag) und Mitglied der Beratungsgruppe für Technologien der Informationsgesellschaft der EU-Kommission. Mart Laar ist Autor mehrerer Bücher über Geschichte und Politik Estlands – Anschrift: Riigikogu, Lossi plats 1a, 15165 Tallinn, Estland.

● **Positionsbestimmung für die deutsche Außenpolitik – Schritte zu einer neuen Weltfriedensordnung? Statements und Diskussion zum Osnabrücker Friedenstag am 26. Oktober 2005**

*Wolfgang Schäuble* – Mitglied des Bundestages, Stellv. Vorsitzender der CDU/CSU-Bundestagsfraktion für Außen-, Sicherheits- und Europapolitik seit 2002, Dr. jur. – Geb. 1942 in Freiburg, Studium der Rechts- und Wirtschaftswissenschaften, Mitglied des Bundestages seit 1972, 1984-1989 Bundesminister für besondere Aufgaben und Chef des Bundeskanzleramtes, dann Bundesminister des Inneren. 1998-2000 Bundesvorsitzender und seither Präsidiumsmitglied der CDU – Anschrift: Bundesministerium des Innern, Dienstsitz Berlin, Alt-Moabit 101 D, 10559 Berlin.

*Claudia Roth* – Mitglied des Bundestages, Parteivorsitzende von BÜNDNIS 90 / DIE GRÜNEN seit 2004 – Geb. 1955 in Ulm, Studium der Theaterwissenschaften, Dramaturgin, ab 1982 Managerin der Band »Ton Steine Scherben«, ab 1985 Pressesprecherin der grünen Bundestagsfraktion. 1989-1998 Mitglied des Europäischen Parlaments, seit 1998 Mitglied des Bundestages, 2003-2004 Beauftragte der Bundesregierung für Menschenrechtspolitik und Humanitäre Hilfe im Auswärtigen Amt – Anschrift: Deutscher Bundestag, Platz der Republik 1, 11011 Berlin.

*Klaus-Peter Siegloch* – Stellv. Chefredakteur des ZDF und Leiter der Hauptredaktion Aktuelles – Geb. 1946 in Hamburg, Studium der Politikwissenschaften, Soziologie und Volkswirtschaft, 1973-1986 Redakteur und Moderator beim NDR, seit 1987 beim ZDF, 1995-1999 Leiter des

ZDF-Studios in Washington, ab 1999 Moderator des »heute-journal« – Anschrift: ZDF, 55100 Mainz.

● **»Erinnerung an 1945« – Olivier Messiaen: »Et expecto resurrectionem mortuorum« und Johannes Brahms: »Ein deutsches Requiem«. Einführung beim Konzert zum Osnabrücker Friedenstag am 6. November 2005**

*Stefan Hanheide* – Priv.doz. Dr. phil. habil., Akad. Rat an der Universität Osnabrück seit 1992 – Geb. 1960, Studium der Fächer Musik und Französisch für das Lehramt an Gymnasien an der Universität Osnabrück, Promotion 1988, seit 1990 Wissenschaftlicher Mitarbeiter für historische Musikwissenschaft an der Universität Osnabrück, Habilitation 2003, Mitglied im Institut für Kulturgeschichte der Frühen Neuzeit der Universität Osnabrück, Mitglied im Wissenschaftlichen Rat der Osnabrücker Friedensgespräche – Anschrift: Universität Osnabrück, Fachbereich 3, Musik / Musikwissenschaft, 49069 Osnabrück.

● **Beiträge zur Friedensforschung: Gerechtigkeit vor Gewalt. Im Spannungsfeld zwischen Politik und Ethik**

*Jochen Oltmer* – Dr. phil. habil., Apl. Professor für Neueste Geschichte und Vorstand des Instituts für Migrationsforschung und Interkulturelle Studien (IMIS) der Universität Osnabrück. Geb. 1965, Studium der Geschichte und Politikwissenschaften, 1995-2001 Wiss. Assistent; 2001-2005 Wiss. Oberassistent. Autor und Herausgeber von Büchern zur Geschichte von Arbeitsmarkt, Wanderungen und Wanderungspolitik im 19. und 20. Jahrhundert sowie zur Historischen Regionalforschung der Neuzeit – Anschrift: Universität Osnabrück, FB Kultur- und Geowissenschaften / IMIS, 49069 Osnabrück.

*Reinhold Mokrosch* – Dr. phil. et theol. habil. Geb. 1940 in Hamburg, Prof. für Evangelische Theologie / Praktische Theologie und Religionspädagogik an der Universität Osnabrück seit 1984, hier seit 1992 Direktor der Forschungsstelle für Empirische Wertforschung und Werterziehung in Gesellschaft und Religion, seit 1997 Vorsitzender des Wissenschaftlichen Rates der Osnabrücker Friedensgespräche – Anschrift: Universität Osnabrück, 49069 Osnabrück.

*Klaus von Beyme* – Prof. Dr. phil. Dr. h.c., o. Professor für Politikwissenschaft an der Universiät Heidelberg. Geb. 1934, 1956-1961 Studium der Sozialwissenschaften, Geschichte und Kunstgeschichte in Heidelberg, München, Paris, 1963 Promotion in Heidelberg, 1967 Habilitation an der

Philosophischen Fakultät der Universität Heidelberg, 1967-1973 o. Professor für Politikwissenschaft in Tübingen, 1974 ff o. Professor für Politikwissenschaft in Heidelberg; zahlreiche weitere Funktionen, u.a. 1982-1985 Präsident der International Political Science Association, 1983-1990 Mitglied des Research Council am Europäischen Hochschulinstitut Florenz, 1990 ff Mitglied des Kuratoriums am Wissenschaftszentrum Berlin, seit 1995 Mitglied der Akademie Berlin-Brandenburg; 2001 Ehrendoktor der Universität Bern. – Anschrift: Universität Heidelberg, Institut für Politische Wissenschaft, Marstallstr. 6, 69117 Heidelberg.

# Abbildungsnachweis

Uwe Lewandowski, Osnabrück: Fotos S. 17, 18, 23, 27, 30, 45, 50, 63,
67, 80, 85, 89, 98, 99, 108, 129, 135, 140
Medienzentrum Osnabrück: Foto S. 147
Kunsthaus Lempertz, Köln (Copyright): S. 152